JN107219

プラクティス
法学実践教室

II

《憲法編》

[第5版]

高乗正臣
奥村文男
編著

青柳卓弥　太田航平
杉山幸一　髙澤弘明
高乗智之　成瀬トーマス誠
松村比奈子　村松伸治
山﨑将文　吉田直正

成文堂

はしがき

21世紀に入った日本の社会は，国際化・情報化の波を受けて，いま大きく変わろうとしています。法律の世界も例外ではなく，司法制度改革とそれに伴う「法科大学院」（ロー・スクール）の設置が現実のものとなってきました。また，これまでの大学における法学教育のあり方も見直され，複雑さを増している現代社会で真に通用する能力の養成が叫ばれるようになりました。

平成12年にスタートした「法学検定試験」は，まさにこのような意図をもつものと思われます。「法学検定試験」は，法学部の学生に限らず，経済・経営学部や商学部，国際関係学部などの社会科学系の学生，文学部などの人文科学系の学生，また理・工学部に在籍し企業や官庁に就職しようとする学生だけではなく，すでに企業や官庁に勤務している一般社会人をも対象とするものです。

この検定試験は，法律学の知識・能力の客観的到達度をはかろうとするもので，これまで行われてきた英語検定や簿記検定に通じる性質のものになりそうです。この意味から，「法学検定試験」の合格者には，一定水準の法律学の知識・能力を有することが客観的に証明され，これは，就職試験の際などに，自分をアピールする有効な手段になると思われます。現に，一流企業の中には採用や配属を決める際に，「法学検定試験」の結果を重視している会社が少なくないといわれています。

本書は，まさに「法学検定試験４級」合格のための学習教材として編集されたものです。「急がば回れ」の諺にあるように，まずは「４級」合格を視野に入れ，ついで「３級」合格を目指してもらうことが本書の狙いであるといえます。

本書の編集方針は次の７つの点にあります。

第１に，まず現在の学問的水準を踏まえ，アカデミックな論述姿勢を基本としました。

第２に，本書で扱う各項目は，いずれも現在実施されている「法学検定試験」の項目に準拠しました。

第３に，重要なポイントがどこにあるのかを明確にするために，各節・項の頭に「キーワード」と「キーポイント」を示しました。

第４に，初学者のために，できる限り解説を平易かつ簡潔にするとともに，各段落ごとに重要と思われる点を「point」として示しました。

第５に，初学者が自分の理解度を確認できるように，各項の終わりに【演習問題】を掲載し，それに対する「解説および正解」を巻末に載せました。

第６に，「法学・民法・刑法編」には，日常用語と意味が異なっていたり，一見難解と思われる「法律用語」の解説を巻末に掲載しました。

第７に，「法学・民法・刑法編」「憲法編」ともに，同じテーマが繰り返し出てくる箇所がありますが，これはそのテーマが重要だという証拠でもあるので，繰り返し学習してもらいたいと思います。

一部に誤解があるようですが，法律学の学習の要点は，決して暗記力に頼ることではありません。本当の実力をつけるためには，基礎的な論点を正しく理解して，それを自分の頭でしっかりと考えることが何よりも重要です。本書が，法律を学び生かそうとする学生・社会人のための一助になることを願っています。

終わりに，本書の企画・編集について，成文堂の土子三男氏に多大のお世話になりました。

ここに改めて感謝の意を表したいと思います。

平成14年３月

編　　者

本書は，幸いにも多くの読者の好評を得て，第２版を刊行することになりました。この第２版では，更に読者の利便を考えて，「憲法用語の基礎知識」を挿入しましたのでご利用いただきたいと思います。

編　　者

今回，本書の第３版を刊行する運びとなりました。第２版刊行後，編著者の佐伯先生が逝去され，また，最近行われた法律改正に対応するため，本書を大幅に改訂することにしました。特に，今回は，憲法をより深く理解できるよう説明を詳細にするとともに，重要判例の内容をできる限り掲載しました。執筆者も現在第一線で活躍している若手研究者に加わっていただきました。

第３版の編集については，成文堂の阿部耕一社長，土子三男取締役に一方ならぬお世話になりました。ここに心より感謝の意を表したいと思います。

平成22年３月

編　　者

平成24年，法学検定試験は，法科大学院が定着したことを受けて新しい制度に移行しました。現在は，ベーシック（基礎）コース，スタンダード（中級）コース，アドバンスト（上級）コースとなっています。

本書は，新制度でいうベーシック・コース合格のための教材ということになります。

今回，最近の法律改正と判例の変更などに対応するため，改訂することにしました。

平成29年３月

編　　者

本書は，初版刊行以来22年の間，多くの読者の好評を得て版を重ねてきました。今回，最近の法律改正と判例の動向に対応するため改訂するとともに，第５章第８節「憲法改正」を新たに増補しました。

令和５年12月

編　　者

◈目　　次◈

◆判例の出典は下記のように略記した◆

最大判＝最高裁判所(大法廷)判決
最決＝最高裁判所決定
大阪高判＝大阪高等裁判所判決
東京地判＝東京地方裁判所判決
民集＝最高裁判所民事判例集
集民＝最高裁判所裁判集民事
刑集＝最高裁判所刑事判例集
高民(刑)集＝高等裁判所民事(刑事)判例集
行集＝行政事件裁判例集
下民(刑)集＝下級裁判所民事(刑事)裁判例集
判時＝判例時報

〈憲　法　編〉

〈憲　法　編〉

◈第1章　憲　　法◈

第1節　憲　　法

第1項　憲法の意味

Key Word	国家の三要素，形式的意味の憲法，実質的意味の憲法，固有の意味の憲法，近代的［立憲的］意味の憲法（人権保障，権力分立）
Key Point	領土，国民，統治権（主権）の三要素から構成される国家における統治作用や組織のあり方を規定する内容の根本法を固有の意味の憲法という。個人の人権保障を目的として，国家権力の制限を図る内容の憲法を近代的意味の憲法という。これら実質的意味の憲法に対して，形式的に成文の憲法典の形をとる法規範を形式的意味の憲法という。

1　国家の三要素

Point　国家とは領土・国民・統治権（主権）の三要素から構成される社会組織のことである。

およそ政治権力（統治権）によって，一定の領域（領土）に住む住民（国民）が法的に強制力を伴って組織化された場合，それら三要素からなる社会組織は国家と定義される（**国家の三要素**）。一般に，このような国家の統治形態を基礎づける根本法が憲法と呼ばれる法規範であるが，以下のように大きく，形式的意味の憲法，実質的意味の憲法の，二つの意味で用いられている。

2　形式的意味の憲法

Point　形式的意味の憲法とは，成文の憲法典の形式をもつ法規範のことである。

憲法の形式に注目して，成文の憲法典の体裁をもつ法規範をすべて**形式的意味の憲法**という。たとえば，1946年「日本国憲法」，1788年「アメリカ合衆国憲法」，1958年「フランス第五共和制憲法」，1949年「ドイツ連邦共和国基本法（ボン基本法）」など，現在の多くの諸国の成文憲法がこれにあたる。したがって，今日でも成文の憲法典をもたないイギリスには，この意味での憲法はないことになる。「イギリスに憲法なし」とは形式的意味の憲法がないという意味である。

形式的意味の憲法では，その内容がいかなるものであるかは問われないから，かつてのスイス連邦憲法のように特定の方法による動物の殺害方法を禁止した動物愛護的な規定もここでいう憲法に含まれることになる。

3　実質的意味の憲法

Point　実質的意味の憲法とは，特定の内容をもった法規範のことである。

憲法の実質的内容に注目して，ある特定の内容（後述）をもつ法規範を**実質的意味の憲法**という。この意味の憲法は，さらに固有の意味の憲法と近代的［立憲的］意味の憲法の二つに分けることができる。

Point　固有の意味の憲法とは，実質的意味の憲法のうち国家の統治形態を定めた内容の法規範のことである。

「およそ国家あるところに憲法あり」といわれるように，古代国家の出現（あるいは，よりさかのぼって政治社会の発生）以来，政治権力の存在するところには，必ずや国家の統治形態や統治組織，国家権力の行使の仕方を規定したルールが存在した。いうなれば，法学概論における「およそ社会あるところに法あり」の憲法版である。このような内容をもった憲法を**固有の意味の憲法**と呼ぶ。これは，そもそも憲法を意味するConstitution（英・仏）やVerfassung（独）という語が語源的には構成する，組織するという動詞から派生したものであることからもわかるように，言葉の本質的（固有の）意味において，国家権力の統治作用，統治組織および権力相互間の関係を規定したものである。

したがって，歴史を通じてあらゆる国の憲法は，内容的には固有の意味の憲法という形態で存在している。成文化された憲法典をもたないイギリスにおいても，国家権力が存在し機能している以上，このような内容の憲法にあたるものは必ずやあるもので，議会制定法のほか，憲法習律，判例法などの慣習法の形で存在している。明治維新直後に発布された五箇条の御誓文は新政府の統治原則を定めている点で固有の意味の憲法にあたる。また，大日本帝国憲法下の「皇室典範」は重要な統治機構である天皇についての制度を規定しているのでこれにあたる。現行の日本国憲法の場合も，憲法附属関連法といわれる国会法，内閣法，裁判所法，皇室典範のほか，公職選挙法等がこれに含まれる。

かつて，美濃部達吉が定義した広義の実質的意味の憲法である「国家の根本法」が，ここでいう固有の意味の憲法にあたる。

Point 近代的〔立憲的〕意味の憲法とは，実質的意味の憲法のうち，個人の人権を保障し，国家権力を制限する内容の法規範のことである。

固有の意味の憲法の中で，さらに以下のような特定の内容をもった憲法を**近代的意味の憲法**あるいは**立憲的意味の憲法**という。つまり，18世紀末のアメリカの独立革命やフランス革命に見られるように近代市民革命の結果，市民層によって，個人の人権保障を目的として専断的な国家権力の行使を制限する意図で制定された政治的自由主義の内容をもった憲法をこのように呼ぶ。1789年のフランス人権宣言第16条は「権利の保障が確保されず，権力の分立が定められていない社会は，すべて憲法をもつものではない」と規定し，近代的意味の憲法の内容が，**人権保障と権力分立制**とからなることを典型的に示している。もっとも，1788年に制定されたアメリカ合衆国憲法は，合衆国憲法の批准賛成派であるフェデラリストによる憲法典上に「権利章典」を規定することは自然権に由来する人権の内容を縮減することになるという主張の下，当初三権分立を定めた統治規範のみで国民の人権を保障した「権利章典」をもたなかった。しかし，批准反対派であるアンティ・フェデラリストからの批判を受けた結果，後に1791年，憲法修正という形で10ヶ条の人権規定が追加され，近代的意味の憲法としての体裁を整えた。したがって，「18世紀に憲法をもっていたのはイギリスのみである」といわれるのは，18世紀初頭において早くもこのような意味の憲法をもっていたのは，17世紀を通じて絶対王政を倒し立憲政治の伝統を確立していたイギリスだけであったことを意味している。現在，自由民主主義体制を基調とする西側諸国の憲法は，近代的意味の憲法を基本としている。

美濃部博士がかつて，狭義の実質的意味の憲法と定義したところの「立憲制の国家に於ける国家の根本法」がこれにあたる。

【演習問題 1-1】次の憲法の意味についての説明のうち誤っているものを一つ選べ。

1．形式的意味の憲法とは，成文の憲法典の形式をもつものである。
2．実質的意味の憲法とは，議会制定法や判例法を含むものである。
3．固有の意味の憲法とは，憲法の本質的な要素である人権規定をもったものである。
4．立憲的意味の憲法とは，権力分立制と人権規定をもったものである。

第2項　憲法の特質

Key Word	自由の基礎法，制限規範，授権規範，最高法規，自然権，社会契約説，抵抗権，権力分立制，違憲審査制
Key Point	近代憲法の特質としては，①個人の人権を保障するための自由の基礎法，②国家権力を制限するための制限規範性，③憲法を国法秩序の頂点におく最高法規性があげられるが，これらは個人が自然権をもつという自然権思想や，社会契約説等の近代自然法思想を背景として生成されてきた。

1　自然権・社会契約・抵抗権

Point　社会契約説によれば，生まれながらに自由・平等といった自然権をもった個人は，自然状態における無秩序を回避するために社会契約によって国家を設立した。

実質的意味の憲法，とりわけ近代市民革命の産物として制定された近代的意味の憲法は，おのずから市民革命を支えた近世啓蒙思想，特に J. ロック（英）に代表される思想の影響を受けた特質をもっている。すなわち，近代自然法思想に基づく自然権思想および社会契約説によれば，人間は造物主（＝神）によって自由・平等に創られたが（**自然権**），各個人が自然権をもった自然状態においては「万人の万人に対する闘争」（ホッブズ）という状態に陥ってしまい，すべての人間が安全に生存することはできない。そこで，ロックによれば，各人は自己のもつ自然権の一部を信託して，生命・自由・財産を保護するために契約によって国家（政府）を設立した（**社会契約**）。したがって，国家が当初の設立目的に反して個人の人権を不当に侵害した場合，個人は新たに政府を樹立する権利（**抵抗権**）を有するとされる。このような自然権思想，社会契約説，抵抗権思想の内容は，1776年のアメリカ独立宣言や同時期のアメリカ諸邦の憲法あるいは1789年フランス人権宣言等の諸規定に端的に見ることができるが，より一般的に，近代的意味の憲法の特質としては以下の三点に集約することができる。

2　自由の基礎法

Point　近代憲法の第１の特質は，「個人の尊厳」に基づき人権を保障することにある。

近代憲法は，自然権思想の影響を受けて人間は生まれながらに自由・平等であるといった不可侵・不可譲の人権を保障することを第一の目的とする。よって，その特質は**自由を根拠づける基礎法**である。このような人権規範のより中核には人間人格の不可侵性を価値とする「個人の尊厳」原理が存在する。これは憲法の中の憲法と呼ぶべき「根本規範」であり，超実定法上の自然法である「正義の法」を実定法化したものである。したがって，「個人の尊厳」原理はそれ以外の人権規範の上位規範としての効力を有し，その内容を規律する。（「個人の尊厳」＞人権規範）

3　制限規範性・授権規範性

Point　近代憲法の第２の特質は，個人の人権を保障するために，国家権力を制限することにある。

実質的意味の憲法は，一般に固有の意味の憲法である場合，国家機関に国家権力の行使を授権する性格（**授権規範性**）をもつが，さらに，近代憲法の場合その意味は，国家権力を制限しその専横による個人の人権の侵害を防止するという性格（制限規範性）に重点が移る。具体的制度としては，統治規範においてJ. ロック，C. L. モンテスキュー（仏）ら近世の啓蒙思想家が唱えた**権力分立制**を採用することによって，人権保障に奉仕するという形をとる。つまり，人権規範を統治規範の上位規範に位置づける（人権規範＞統治規範）ことによって，権力の濫用に歯止めをかける。

4　最高法規性

Point　近代憲法の第３の特質は，人権保障を行い国家権力を制限するために，憲法を国法秩序の最高位に位置づけることにある。

上述の通り，憲法自身の中に「個人の尊厳」＞人権規範＞統治規範という法の段階構造が存在するのであるが（憲法規範の価値序列），憲法全体とそれ以外のあらゆる法形式との間においても，憲法＞法律＞命令＞処分という上位規範と下位規範の段階性があり（国法秩序の段階構造），憲法を形式的効力において国法秩序の最高法規としている（**形式的最高法規性**）。このような形式的最高法規性は，憲法がとりもなおさず自由の基礎法であり，人権保障という内容を有していることに実質的根拠を求めることができる（**実質的最高法規性**）。さらに，憲法の最高法規性を支える制度として裁判所による**違憲審査制**が採られている。

【演習問題 1-2】次の近代憲法の特質についての説明のうち誤っているものを一つ選べ。

1．近代憲法は，個人の人権保障をする根拠となる自由の基礎法である。
2．近代憲法は，個人の人権の制限を行う根拠となる意味で制限規範である。
3．近代憲法は，国家権力に権限を授与する授権規範である。
4．近代憲法は，国法秩序の中で最高法規である。

第３項　憲法の分類

Key Word	成文憲法，不文憲法，硬性憲法，軟性憲法，欽定憲法，民定憲法，協約憲法
Key Point	近代憲法は市民革命を支えた社会契約説を基礎に制定されたものであるから，一般に成文憲法，硬性憲法，民定憲法という性格をもつ。

1　存在形式による分類

Point　成文憲法（成典憲法）とは，憲法の存在形式において成文化されているものをいう。

憲法の存在形式について，成文化されているか否かによって**成文憲法**と**不文憲法**の別に，成文の憲法典があるか否かによって**成典憲法**と**不成典憲法**の別に分類される。近代憲法のほとんどが成文憲法（成典憲法）という形式をとるのは，社会契約によって政府を設立したときの契約文書こそが憲法であると考えられたためである。

なお，一般に不文憲法といわれるイギリスの憲法は，成文の憲法典をもたない点で不成典憲法ではあるが，議会制定法の形で成文化されている点では正確には成文憲法といえる。

2　改正手続による分類

Point　硬性憲法とは，憲法改正手続において，通常の法律の改正よりも厳格な手続が要求されるものをいう。

憲法改正手続の難易について，改正要件が通常の法律と同じ程度か，それ以上かによって**軟性憲法**と**硬性憲法**に分類される。前者は法律同様に単純過半数で改正されるのに対して，後者は議会での特別多数決を要件とする以外に，国民投票による承認あるいは特別の憲法会議での議決を要件とするなど厳格な手続を必要とする。議会制定法などからなるイギリスの憲法が当然に軟性憲法であるのを除いて，ほとんどの近代憲法は硬性憲法という性格をもつ。これは，既述のように近代憲法が自由の基礎法であるがゆえに国法秩序において最高法規とされる以上，その改正について通常の法律以上に厳格な要件を必要とされるのは当然だからである。

なお，両者の別はあくまでも手続要件の難易によるものであり，実際に改正がなされている頻度によるものではない。

3　制定主体による分類

Point　民定憲法とは，国民が憲法制定権力に基づき制定した憲法をいう。

憲法の制定主体について，君主が制定した**欽定憲法**，国民が制定した**民定**

憲法，君主と国民との合意の下に制定された**協約憲法**に分類される。近代憲法の多くが民定憲法であるのは，国民が憲法制定権力をもつというシェイエス流の国民主権論思想を根拠に，個人間の社会契約によって政府が設立されたと考えられたからである。

なお，1791年のフランス第一共和制憲法や現在のベルギー憲法に見られるように，国民の憲法制定権力によって立憲君主制を採用する憲法が制定された場合も，これを民定憲法と呼ぶ。

【演習問題 1-3】次の憲法の分類についての説明のうち正しいものを一つ選べ。

1．イギリスには成文の憲法典がないので，不文憲法の国である。
2．アメリカ合衆国憲法は，頻繁に憲法修正が行われているので軟性憲法である。
3．日本国憲法は，天皇によって公布されたので欽定憲法である。
4．フランス第一共和制憲法は，立憲君主制を定めているので欽定憲法である。

第2節　立憲主義と法の支配

第1項　立憲主義の意味

Key Word	近代立憲主義，自由権，消極国家，自由国家，権力分立制，国民主権，制限選挙制，現代立憲主義，参政権，普通選挙制，社会権，積極国家，社会国家，福祉国家，行政国家現象，議会主義の復権，「国民内閣制」論，司法国家化
Key Point	近代立憲主義は，消極国家観の下で自由権の保障を中心とする一方で（政治的・経済的自由主義），国民主権原理を建前としながら，制限選挙制を採用するなど国民の政治参加に一定の限界を設けた。現代立憲主義は，参政権の拡大による普通選挙制の導入により国民の政治参加を保証すると同時に，積極国家観に立脚して社会権の保障を行った結果，行政国家現象が進展した。

1　古典的立憲主義・中世立憲主義

Point　政治権力の制限という意味での立憲主義の歴史は，古くは古代のギリシャ・ローマ以来，中世イギリスにかけて進展していった。

およそ権力保持者による政治権力の濫用を防止し，権力名宛人である国民の利益を保護するという意味での立憲主義の萌芽は，古典古代のギリシャ・ローマに見ることができる。アリストテレスやプラトンによる「混合政体論」においては，政治権力を分割し，君主・貴族・民衆の各階層に分担させ，相互に牽制させ合うことによって均衡を保つという古典的立憲主義が出現していた。また，中世に入るとイギリスでは，マグナ・カルタ（大憲章）以来，身分制議会の下で封建諸侯（貴族層）の身分的特権を国王による権力濫用から擁護するという形で中世立憲主義が進展していった。このような立憲主義は市民革命を経て近代立憲主義へと，さらに資本主義の矛盾の顕在化，社会主義革命の勃発，ファッシズムの台頭といった近代立憲主義の現代的危機を乗り越え，現代立憲主義へと変容を遂げていった。

2　近代立憲主義

Point　近代立憲主義においては，個人の自由権（「国家からの自由」）を中心に保障するために，国家の役割としては消極国家・自由国家観が求められた。また，国家権力の制限のために権力分立制が要請された。

市民革命の結果，中世以来の身分制社会から解放された個人は，身分に由来する特権ではなしに，自然権思想に基づく生来の自由・平等という人権を保障されるにいたった。市民革命の担い手であった市民層は，経済活動の自由や信教の自由を求めた結果，近代憲法においては「国家からの自由」という意味の**自由権**の保障が中心となった。

さらに，個人の自由権をより十分に保障するためには，国家は市民社会の自律性を尊重し（私的自治の原則），個人の私的領域への介入は治安維持，国防，外交などの必要最小限にとどめるべきであるという**消極国家**観が求められた。このような**自由国家**の下での自由競争の結果，資本主義経済は高度に発展していった。

また，自由権の保障は，単に消極国家観を要請するにとどまらず，より積極的に国家権力の制限を必要とする。近代憲法に最も影響を与えたモンテスキューの三権分立に代表される**権力分立制**はこの意味で極めて自由主義的価値をもったものである。

Point　近代立憲主義においては，国民主権原理が採用された一方で，すべての国民の政治参加を認めない制限選挙という限界があった。

近代立憲主義は，上述のように政治的自由主義，経済的自由主義を内容とするものであるが，民主主義的側面においては一定の限界を有した。そもそも市民革命では，国民が憲法制定権力をもつという**国民主権原理**を根拠に近代憲法が制定されたが，法律上現実に参政権を行使できる国民は，「教養と財産」を有した市民層を中心とする一部に限られる**制限選挙制**が採られていた。

3　現代立憲主義

Point　現代立憲主義においては，参政権（「国家への自由」）の拡大により，全国民の政治参加を認める普通選挙制が採用された結果，国民の人権が十分保障される基盤が確立した。

参政権拡大運動の結果，19世紀半ばに全国民に参政権を付与する**普通選挙制**が採用されたことにより，近代憲法が想定していた国家権力と個人との関係は変容することになる。もはや個人の人権を保障するためには国家権力を最小化すれば足りるのではなく，国民が選挙というプロセスを通じて，間接的ではあれ公権力の行使に積極的に関与することによって，人権の侵害に歯止めがかけられると考えられるようになった（権力と自由の同化）。民主主義がしばしば「自同性の原則」と定義されるように，治者と被治者の同一性を確保することが自由の保障に不可欠であるといえる。

Point　現代立憲主義においては，「個人の尊厳」をより徹底させるために実質的な自由・平等を内容とする社会権（「国家による自由」）が保障されるようになり，国家の役割としては積極国家・社会国家・福祉国家へと移行した。

自由国家観に基づく自由競争の結果，資本主義経済は高度に発展したが，社会的・経済的強者と弱者の格差という社会矛盾を引き起こすことになった。また，参政権の拡大は社会的緊張を議会内にも生じさせていった。このような状況の中で近代憲法が目的とした「個人の尊厳」を貫徹するためには，むしろ実質的な自由・平等の実現を目指す**社会権**の保障が要請されることなった。1919年のワイマール憲法は，資本主義諸国の憲法として初めて社会権の保障と財産権の制約を規定したものとして，当時「最も民主的で進歩的な憲法」と評された。

社会権の保障に伴い，国家の役割は一定の限度内において積極的に個人の私的領域に介入して社会政策や福祉政策，経済政策を行うべきであるという**積極国家**観に基づく**社会国家・福祉国家**へと変容していった。

Point 現代立憲主義における積極国家の進展は，行政権の肥大化を生じさせた。行政国家現象に対する立憲主義的・民主主義的コントロールのために，議会主義の復権，司法国家化という傾向がみられる。

第一次大戦後から第二次大戦期にかけては，資本主義の矛盾の表面化に乗じる形で，旧ソ連に代表されるような「民主集中制」を唱え権力分立制を否定する共産主義国家や，ナチス・ドイツに典型的に見られる議会制民主主義を否定するファッシズム的独裁国家が登場したが，そこでは国家権力の濫用による著しい人権侵害が行われてきた。

一方で，第二次大戦後の自由民主主義諸国においても，社会権の保障にともなう社会・福祉国家的政策の推進に際して，高度の専門性・技術性が必要とされ，もはや議会制民主主義の過程を中心とした国家権力の行使は困難となり，むしろ官僚を中心とする行政府が政策決定において主導権を握るようになった（**行政権の肥大化**）。このような傾向は，フランス第五共和制憲法の下で大統領が強大な権限を行使する例（「ドゴール独裁」）に顕著に見られるように，第二次大戦後の先進民主主義諸国に一致した現象となった（**行政国家現象**）。

以上のような社会・福祉国家の下での行政権の優位に対しては，行政権への民主主義的コントロールや立憲主義的コントロールを図る必要が指摘されるようになった。前者は，**議会主義の復権**により主権者である国民から選挙で選ばれた代表者（＝議会）を通じて民主的正当性を担保するものである。さらに近年は，行政権の優位を前提とした上で，内閣の成立と政策決定に国民の多数派の民意が直接反映されるような制度を整えるべきであるという「**国民内閣制**」論が提唱されている。後者は，「憲法的正義」の実現のために裁判所の**違憲審査制**を活性化して行政権の濫用による人権侵害に歯止めをかけようというものであり，このような傾向を**司法国家化**という。第二次大戦後の西側諸国では「違憲審査制革命」といわれるような司法国家化の潮流があり，1989年の「ベルリンの壁」崩壊後にはこのような傾向はかつての東側諸国（旧共産圏諸国）にも広がりつつあるという意味で「憲法ゲマインシャフト」の成立がいわれている。

【演習問題 1-4】次の立憲主義についての説明のうち誤っているものを一つ選べ。

1．近代立憲主義では，自由権の保障が中心で社会権はまったく保障されなかった。
2．近代立憲主義では国民主権原理の下，当初から普通選挙制が採用されていた。
3．現代立憲主義では，自由権・参政権のほか新たに社会権が保障された。
4．現代立憲主義では行政権の肥大化に対し，一般に司法国家化の傾向がある。

第2項　権力分立制

Key Word	「抑制と均衡」，二権分立制（ロック型），三権分立制（モンテスキュー型），アメリカ型（三権同格型），「厳格な権力分立制」，フランス型（立法府優位型），「緩やかな権力分立制」
Key Point	人権保障という目的を達成する手段である権力分立制は，モンテスキューの三権分立制を原型とするが，歴史的な経緯で裁判所による違憲審査制を認める三権同格型（アメリカ型）と，これを認めない立法府優位型（フランス型）に分類できる。

1　権力分立制の意義

Point　近代憲法において確立した権力分立制は，人権保障のために権力を抑制する自由主義的な制度的装置である。

かつてイギリスの歴史家アクトン卿が絶対主義について，「権力は腐敗する。絶対権力は絶対に腐敗する」と述べたように，国家権力が一人の為政者や一機関に集中することは，権力の濫用や恣意的行使を引き起こし，国民の権利・自由が侵害されるおそれがあると考えられた。そこで，国家権力の作用を立法権・行政権・司法権の三つに種別し，それぞれを異なった独立の国家機関が分担して，相互に「**抑制と均衡**」（チェック・アンド・バランス）をはかり，権力の暴走に歯止めをかけようとする自由主義的な制度的装置が，絶対王政による専制支配への対抗原理として近代立憲主義の憲法において取り入れられた。これが，権力分立あるいは三権分立と呼ばれる制度である。

1789年フランス人権宣言第16条にいう「およそ権利の保障が確保されず，権力の分立が定められていない社会はすべて，憲法をもつものではない」との言説は，近代憲法の核心が人権保障と権力分立制にあることを意味している。現在，自由民主主義国家では憲法上，権力分立制を政治制度として採用している。

2　近代の権力分立制の原型（ロック型，モンテスキュー型）

Point　三権分立制の原型はモンテスキューに始まりアメリカ建国の父マディソンに受け継がれ，フランス人権宣言やアメリカ合衆国憲法に影響を与えた。

近代憲法の原理に影響を与えた権力分立制としては，J. ロックとC. L. モンテスキューの思想をあげることができる。

ロックは，1688年のイギリスの名誉革命を正当化するために1690年に『統治二論』を著し，そのなかで社会契約論の立場から国家権力を制限するために，①立法権，②執行権（＝行政権・司法権），および③連合権（＝外交権）を分化し，①を議会に，②・③を国王に分担させる権力分立論を説いた。ロックの権力分立論では，国王に帰属する執行権の内容である行政権と司法権が未分化である点で，実質的には**二権分立制**というべきものであり，現在の三権分立制とはやや異なるものであった。

これに対して，**モンテスキュー**は絶対王政下のフランスで『法の精神』（1748年）を著し，「イギリスの国制について」と題する章のなかで18世紀イギリスの立憲君主政体をモデルとした権力分立制を説いた。そこでは国家権力を，①立法権，②万民法に関する事項（宣戦・講和，外交，治安維持，防衛）の執行権（＝行政権），③市民法に関する事項（裁判）の執行権（＝司法権）に分け，それぞれを別個の機関に委ねるなど，後にフランス人権宣言に代表される近代憲法が採用した**三権分立制**の原型を示した。また，アメリカ建国の父**J．マディソン**が合衆国憲法の批准を推進するために著した『フェデラリスト』のなかで，専制支配を予防するための制度として説いた三権分立制は，モンテスキュー流の権力分立制の影響を受け継いだものであり，後にアメリカ合衆国憲法に典型的に体現された。

3　三権分立制の二つのモデル（三権同格型，立法府優位型）

Point　アメリカでは裁判所への信頼から違憲審査制をともなった三権同格型の三権分立制が，フランスでは議会への信頼から違憲審査制のない立法府優位型の三権分立制が採用された。

近代憲法が採用した権力分立制（三権分立）は，市民革命期に国民代表機関である議会や，裁判所が果たした役割の相違に応じて，二つのモデルに分けることができる。

アメリカでは，独立革命以前の英本国の議会による圧制や植民地議会による人権侵害から，植民地人たちの立法府への不信感が強かったのに対して，裁判所に対しては植民地裁判所が伝統的に植民地人たちの権利・自由を保障する役割を担ってきたことに由来する信頼があったために，立法・行政・司法の三権を同格におく**三権同格型**の「**厳格な権力分立制**」が確立した。ここでは，裁判所による法律に対する違憲審査制が認められ，「憲法による人権保障」=「法律からの人権保障」という型が採られたほか，通常の裁判所による司法権は，民事・刑事・行政事件のすべてに及び，行政裁判所の設置は認められなかったように，裁判所の役割が重視された。

一方フランスでは，市民革命期に議会は国民の代表者として絶対君主に対峙して国民の人権を保障する立場であったのに対して，裁判所は「法服貴族」と呼ばれる貴族層から構成されアンシャン・レジューム（旧体制）を擁護する立場であったことから，議会への信頼と裁判所への不信が伝統的に根強くあり，**立法府優位型**の「**緩やかな権力分立制**」が確立した。「法律は一般意思の表明である」（フランス人権宣言第6条）というJ. J. ルソー以来の伝統的な民主主義観も，このような議会中心主義に影響を与えた。ここでは，裁判所による違憲審査制は採用されず，「法律による人権保障」という型が採られたほか，通常の裁判所には行政訴訟管轄権はなく，別に行政機関である行政裁判所がおかれたように，裁判所の役割は重視されなかった。

第3項　法の支配と法治主義

Key Word	法の支配，憲法の最高法規性，適正手続，違憲審査制，法治主義，形式的法治国家論，法律による行政，法律の留保，法実証主義，「悪法も法である」，実質的法治国家論，「闘う民主制」
Key Point	英米法系における「法の支配」の原理では憲法の最高法規性が認められたが，大陸法系における形式的法治国家論では憲法は法律と同列とされていた。第二次大戦後の大陸法系諸国では，憲法の最高法規性を認める実質的法治国家論へと変容した。

1　近代立憲主義と外見的立憲主義

Point　近代立憲主義の思想的背景には英米法系の「法の支配」があり，ドイツの外見的立憲主義には大陸法系の「法治主義」が影響を与えた。

個人の権利・自由を保障するために国家権力を制限するという立憲主義思想の考え方は，近代立憲主義の憲法においては自然権思想に基づく人権保障と権力分立制という形で実現されていた。一方で，第一次世界大戦前のドイツに代表される**外見的立憲主義**といわれる憲法においては，君主の権限が強い下での権力分立制に基づき権利保障を行うという点で一定の成果を上げながらも，ファッシズムの台頭の前には不十分な形で終わってしまった。前者の型の憲法は，思想的背景として英米法系における「**法の支配**」(rule of law) の原理が大きな影響を与えたが，後者の型の憲法はドイツ流の「**法治主義**」(Rechtsstaatlichkeit)，「**法治国家**」(Rechtsstaat) の観念によって支配されていた。ちなみにフランスは，18世紀後半の憲法制定期には自然権思想の強い影響の下，近代立憲主義の憲法の原形の一つである「人権宣言」を制定したが，法治主義の考え方（「法律適合性」の原理）が第三共和制期に支配的になった結果，後にナチス・ドイツによる占領下での人権侵害に対しては無力であった。

2　法の支配の意義

Point 「法の支配」の原理は，中世イギリスの「高次法」の観念に始まり，英米法系の根本原理としてイギリスの市民革命の思想的背景をなし，権利保障に大きな寄与をした。

政治権力の専断的な行使を認める「人の支配」に対して，国民の権利・自由を保障するために，あらゆる国家権力を法によって拘束するという意味の「**法の支配**」の原理は，中世イギリス以来のコモン・ローの優位を説く法優位の思想（「高次の法」の観念）を淵源として，近世以降，英米法系における根本原理として発展してきた。13世紀の法律家ブラクトンによる「国王といえども神と法の下にある」という言葉は，ジェイムズ1世の治世下で絶対主義を批判した裁判官エドワード・コーク（クック）卿によって引用され，後にピューリタン革命や名誉革命の進展において立憲君主制の重要な原理となった。さらに，19世紀末に憲法学者 A. V. ダイシーは，法の支配をイギリスにおける人権保障の伝統にとって重要な憲法原理の一つであるとした。

3　法の支配の内容

Point 「法の支配」の原理は，個人の人権保障のために，法の内容・手続の適正を要請し，それを担保するために，憲法を最高法規とし，裁判所による違憲審査権の行使を認めることを内容とする。

現在，法の支配の内容としては，①憲法の**最高法規性**，②権力によって侵されない個人の人権，③法の内容・手続の両面における公正を要求する**適正手続**，④権力の恣意的行使をコントロールする裁判所の役割に対する尊重，の四点が重要であるとされている。

①憲法の最高法規性とは，憲法を国法秩序の最高規範と位置づけるもので，立法府の制定する法律，行政府の制定する命令等の下位規範が上位規範である憲法によって規律されるという**形式的最高法規性**を意味する（憲法>法律>命令）。

日本国憲法98条にいう「最高法規性」とは，このような憲法の形式的最高法規性のことである。

②権力によって侵されない個人の人権という観念は，中世における身分的特権の保障にとどまらず，人間が生まれながらにもっている自由・平等は何

人によっても侵害されないという自然権思想によって裏づけられたものである。憲法が不可譲・不可侵の人権を保障したことは，憲法の形式的最高法規性に実質的根拠を与えているという意味で**実質的最高法規性**という。

日本国憲法は97条で人権の永久不可侵性を規定すると同時に，第３章「国民の権利及び義務」において詳細な人権規定をおいているが，これは憲法の「最高法規性」を支える実質的根拠となっている。

③法の内容・手続の公正を要求する**適正手続**とは，英米法において due-process of law と呼ばれるもので，法律の内容・手続の両面にわたって公正さが要求される。

日本国憲法は31条に**適正手続**の保障をおいている。

④権力の恣意的行使をコントロールする裁判所の役割の重視とは，最高法規である憲法によって保障された人権が権力の濫用によって侵害された場合，裁判所が**違憲審査権**を行使することによって憲法の規範性を維持し，人権保障に奉仕することを意味する。しばしば，裁判所が「憲法の番人」であると称される所以はここにある。もっとも，英米法系においても「国会主権」の原理が確立したイギリスにおいては未だこのような制度はなく，アメリカにおいても憲法典上は違憲審査の制度はなかったが，憲法制定後の1803年，マーベリー対マディソン事件において判例法上，裁判所の違憲審査権の行使が認められるにいたった。このような違いは，イギリスにおいては名誉革命後，法的主権者であるとされた議会に対する信頼が，国民の権利の擁護者であった裁判所に対してと同程度にあったのに対して，アメリカでは，伝統的に植民地期以来，英本国の議会や植民地議会に対する不信感と植民地裁判所に対する信頼感とが存在していたことに由来する。

日本国憲法81条が規定する**違憲審査制**は，アメリカ流の制度を成文化したものであると考えられている。

4　法治主義の意義と形式的法治国家論の限界

Point　ドイツ，フランスの大陸法系における「法治主義」は，19世紀当初は議会制定法によって行政権をコントロールするという意味で，立憲主義的な意義をもっていたが，後に形式的法治国家論の下で「法律の留保」は権利侵害の根拠となってしまった。

法の支配の考え方に対して，19世紀におけるフランス・ドイツなどの大陸法系の諸国においては，議会が制定する法によって行政府や司法府を拘束し，国民の権利を保障しようという**法治主義**の考え方が出現した（法律による権利保障）。ドイツでは当初，フランス革命の影響の下で，カントの「人間が支配せずに法が支配するところに自由がある」という自由主義的国家論を継承した自由主義的な**法治国家論**が，1848年の三月革命の過程において立憲君主制の立場から唱えられた。

しかし，ドイツにおける法治主義の観念は，19世紀後半以降，ビスマルク憲法の下で議会に議席をもつ自由主義勢力（＝市民層）が政治的に脆弱であったことや，**法実証主義**が支配的になり「**悪法も法である**」と考えられるようになった結果，権利が保障されているかどうかという実質よりも，国家目的を法律に従って実現する手続として「**法律による行政**」が行われているかどうかという形式が問題とされる**形式的法治国家論**へと，その内容を変容させた。

そもそも，形式的法治国家論の主唱者であるオットー・マイヤーによれば，「法律による行政」の原則の中には，行政権が国民の権利を制限するには議会が制定する法律の根拠が必要であるという「**法律の留保**」（Vorbehalt desGesetzes）があり，行政権を法律によってコントロールしようとしたように，「法律による行政」の原則は元来，立憲主義の契機を胚胎しているものであった。しかし，形式的法治国家論における①憲法の最高法規性を認めない，②自然権としての人権を認めない，③法の内容における公正を要求しない，④裁判所による違憲審査制がないといった諸条件の下で，後に「法律の留保」が，法律をもってすればいかなる権利の制限もなしうるという意味で解釈されるようになると，「法律による行政」の原則は，権利保障のための立憲主義的な機能ではなく，憲法（権利）〈法律〉命令という構図の下で，ナチス・ドイツによる権利侵害を正当化する機能を果たすようになってしまった。

5　実質的法治国家論への変容

Point　形式的法治国家論は，第二次大戦後，法律の内容の適正を違憲審査制によってコントロールすることにより，権利保障をより十分行うことが可能な実質的法治国家論へと変容した。

第二次大戦後のドイツ・フランスにおいては，形式的法治国家論の下でのナチズムの暴走という負の経験に照らし，①法律の内容の適正さが求められ，②違憲審査制を導入することによって，不当な内容の法律を憲法を基準にして排除するシステムが採用された（「法律からの自由」および「憲法による自由」）。

とりわけ戦後ドイツ憲法は，「自由で民主的な基本秩序」を基本原理とし，それを破壊する者の基本権を喪失させること，それに反する政党を違憲とすることなどを旨とする「**闘う民主制**」を採用した上で，行政権が形式的な法律のみならず適正な内容をともなった「法」によっても拘束を受けることを規定した。さらに，違憲審査制についてドイツでは法律の憲法適合性の判断を行う特別の憲法裁判所が設置された。一方，フランスでは一種の行政機関である憲法院による違憲審査権の行使が，特に1970年代以降活発に行われている。このことは，ドイツにおいては，議会による全権委任法の制定によってナチスの独裁が誕生したという経緯から，行政府のみならず議会に対しても不信感が強まった結果，従来からあった裁判所に対する不信感が相対的に低下したものの，フランスにおいては依然，革命期以来の伝統である司法府への不信感が残っていることを意味する。

このように，大陸法系の諸国における形式的法治国家論は実質的法治国家論へと変容した結果，その内容は英米法系にいう「法の支配」にかなり接近したといえる。

【演習問題 1-5】次の法の支配についての説明のうち誤っているものを一つ選べ。

1．法の支配では，憲法の最高法規性が求められている。
2．法の支配では，個人の人権の不可侵性が求められている。
3．法の支配では，一般に違憲審査制が求められている。
4．法の支配では，法の手続の適正のみが求められている。

◈第2章　日本憲法略史◈

第1節　帝国憲法の特色と運用

第1項　帝国憲法の特色

Key Word	明治維新，五箇条の御誓文，民選議院設立建白書，欽定憲法，国体，皇室典範，立憲君主制，輔弼，統帥権，責任政治，法律の留保，立法の委任
Key Point	帝国憲法は，議会の設置，国務大臣の輔弼，司法権の独立，臣民の権利義務の保障など近代立憲政治の原則を採用したが，統帥権の独立や立法の委任の多用などの問題を含んでいた。

1　明治維新と明治新政府

Point　明治新政府の政治目標は「五箇条の御誓文」に示されていた。

わが国の憲法の歴史を振り返ると，**明治維新**のもつ意義は大きい。それは，長い間続いた封建制度と身分上の差別を否定し，合理的な立憲政治を確立する基礎を固めたからである。

明治維新の改革は，まず，1867年10月の「大政奉還」，同年12月の「王政復古」の大号令で始まった。これによって，翌1868年（明治元年），徳川幕府は消滅し，鎌倉幕府以来およそ700年間続いた摂関政治・将軍政治は幕を下ろした。

ところで，明治新政府の政治目標は「広ク会議ヲ興シ万機公論ニ決スヘシ」とする「五箇条の御誓文」（明治元年）第1条に示されていた。**五箇条の御誓文**は，明治天皇によって発せられたものであり，天皇以下多くの公卿・諸侯が神前において厳粛に誓うという形で公にされたものである。御誓文には，前記のほか「上下心ヲ一ニシテ盛ニ経綸ヲ行フヘシ」とか「旧来ノ陋習ヲ破リ天地ノ公道ニ基クヘシ」という言葉が見られ，それが近代的な民主主義思想に裏打ちされていたことがわかる。この考え方は，これまで政治的な発言権が認められなかった公卿，諸侯，武士などにも広く発言権を認めようとする「公議思想」と呼ばれるものである。

Point　近代国家建設のためには憲法の制定が急務であった。

さて，近代国家の建設のためには，近代的な官僚制の確立や軍隊の創設もさることながら，まず何をおいても国の法制度の整備が急務であった。そこで，わが国も先進諸国と同じく憲法を制定し，民選の議会を設置する必要があった。明治7年，板垣退助，副島種臣，後藤象二郎，江藤新平らの手による「**民選議院設立建白書**」が出されたのを機に，この気運は一気に盛り上がった。明治天皇は，翌8年に「立憲政体の勅諭」を発し，元老院や大審院を設置，また地方官会議を開くことを定めるとともに，「国家立憲ノ政体ヲ立テ」ることを明らかにした。

そこで，元老院はこの勅諭に基づいて，国憲（憲法）取調委員に命じて憲法の立案にあたらせ，明治11年と13年に草案を提出させたが，わが国の国体に合わないという理由で採択されなかった。一方，当時の政府部内では民選議院の開設について急進派と漸進派との対立が起こり，明治14年，早期に国会を開設すべきだとする急進派の大隈重信らは敗れて野に下った。これを機に，政府も憲法の制定と国会の開設の必要性を感じ，明治23年を目標に国会を開設することを明らかにして，憲法の制定作業もこれに合わせることになった。

2　帝国憲法の制定

Point　明治15年，伊藤博文は憲法調査のためヨーロッパ特にドイツに派遣された。

このような状況下，政府は伊藤博文に憲法の起草を命じ，伊藤をヨーロッパに派遣して各国の憲法制度を調査させることにした。明治15年，伊藤はヨーロッパに到着した後，ベルリンでグナイスト，ウィーン大学でシュタインらの学者に師事して，主に南ドイツの諸憲法，さらにプロイセン憲法やベルギー憲法などを学んで，翌16年夏に帰国した。

帰国後，伊藤は井上毅，伊東巳代治，金子堅太郎を起草委員として，精力的に憲法および附属法令の草案作成にあたった。委員の中では，井上が中心となった。井上は，伊藤がヨーロッパに派遣されている間，国内で憲法の研究を続け，古事記や日本書紀をはじめとする古典，歴史書を詳細に検討して，憲法の内容が単なる外国の模倣でなくわが国の伝統や文化に根ざしたものであるべきだと考えていた。起草委員は真剣な議論を経て，ようやく明治21年に成案を作成，天皇に奏上した。

Point　帝国憲法は明治天皇によって制定発布された「欽定憲法」である。

この間，政府は，明治18年に太政官を廃止して内閣を設置し，21年に市町村制を発布するとともに枢密院を創設し，憲法・皇室典範その他の附属法令の審議を行った。枢密院は天皇の最高の諮問機関であることから，帝国憲法は君主が民選議院の議決を経て制定する「君民協約憲法」ではなく，「欽定憲法」であるとされる。このようにして，帝国憲法は明治21年に枢密院に諮詢された後，翌22年２月11日に「大日本帝国憲法」として制定発布され，その上諭により，翌23年の11月29日の第１回帝国議会開会の時から施行された。

3　帝国憲法の特色

帝国憲法は，本文７章，76条から構成されており，明治23年から昭和22年５月に至る56年の間，１ヶ条の改正もなされず円滑に実施されてきた。以下，帝国憲法の主要な特色をあげてみよう。

Point　帝国憲法３条の規定（天皇の不可侵）は天皇の政治的無答責を意味した。

帝国憲法の制定以前から，わが国には「**国体**」という概念があった。憲法の起草者およびその意図を継承した学者によれば，「国体」とは統治権の所在の問題であり，統治権行使の態様の問題である「政体」と区別される。帝国憲法が，君主の権威により君主によって制定された「欽定憲法」とされたのも，この「国体」によるものとされる。

これによると，帝国憲法の制定は，これまでの絶対君主制から**立憲君主制**へという「政体」を変更するものではあったが，「国体」を変更するものではないとされた。わが国の「国体」は，憲法１条の「大日本帝国ハ万世一系ノ天皇之ヲ統治ス」と第４条前段の「天皇ハ国ノ元首ニシテ統治権ヲ総攬」するという規定に示されている。

また，天皇の地位や皇位の継承について，国民がその可否を論ずべきでないことも「国体」の内容とされた。例えば，第３条の「天皇ハ神聖ニシテ侵スヘカラス」の規定，第２条の「皇位ハ皇室典範ノ定ムル所ニ依リ皇男子孫之ヲ継承ス」，第17条１項の「摂政ヲ置クハ皇室典範ノ定ムル所ニ依ル」の規定はその具体例である。

ところで，前記第３条の規定については，一部に天皇を神格化し絶対君主制を示すものだとする誤解があるが正しくない。このような君主を神聖不可侵とする規定は，立憲君主制憲法にはよく見られる規定であり，特異なものでもなければ帝国憲法独自のものでもない。その意味は，天皇（君主）には政治的責任がないこと（政治的無答責，大臣責任制）を示すものである。

Point 帝国憲法下の皇室典範は憲法と同格のものであった。

帝国憲法も諸国の憲法と同じく改正手続規定をもつ。上に見た，皇位の継承や摂政の設置について皇室典範が定めるという趣旨は，それらが憲法に規定されていると国民が改正手続に基づいてそれを決定することになり「国体」に反することになるから，これを避けるために皇室の自治に委ねる点にある。これに加えて，憲法74条１項が「皇室典範ノ改正ハ帝国議会ノ議ヲ経ルヲ要セス」と定めることによって，その改正は皇族会議と枢密院に諮詢してなされるものとされた。このことは，皇室典範は憲法と同格あるいはそれ以上の権威が認められることを意味した。

Point 帝国憲法は権力分立制度を採用していた。

帝国憲法は立憲主義を採用し，立法・行政・司法の三権を別の機関に分担させる権力分立の制度をとった。前述の「国体」の考えから，天皇が統治権を総攬するという建前はとったが，その統治のしくみは絶対主義的なものではなかった。

まず，立法権については，「天皇ハ帝国議会ノ協賛ヲ以テ立法権ヲ行フ」（５条）と定め，「凡ソ法律ハ帝国議会ノ協賛ヲ経ルヲ要ス」とされた。たしかに，天皇は憲法の規定の上では法律を裁可する権能をもってはいたが，帝国議会の議決を経た法律案を天皇が不裁可にした例は一件もなかった。それは，議会が議決した法案を尊重することが立憲君主制のあり方だと考えられていたからである。

帝国議会は貴族院と衆議院で構成された。貴族院は皇族・華族および勅任議員，衆議院は民選の議員でそれぞれ組織された。両議院の権能は，衆議院が予算の先議権をもつほかは対等であり，議会の意思形成には両院の合意が要求された。

ついで，行政権は国務各大臣の「**輔弼**（ほひつ）」をもって行うものとされ，司法権は天皇の名において法律により裁判所が行うことが定められていた。ここにいう「補弼」とは，国務大臣の側から積極的な助言によって天皇を補佐することを意味し，後述する**統帥権**や栄典の授与以外の国政全般にわたった。

Point　「統帥権の独立」の拡大解釈が責任政治の原理の例外を形成した。

この大臣責任制は当初は順調に機能していたが，昭和時代に入り統帥権との関連で問題となった。軍の指揮命令権である「統帥権」の独立という慣行は，憲法の施行以前から存在していたが，それが憲法施行後までもちこされたのが原因である。つまり，統帥事務については国務大臣の補弼が排除され，軍の内部の者が補弼すべきものとされた。「統帥」の意味が厳密に作戦・用兵に属する事柄（軍令事項）に限られるのならば，事柄の性質上，技術的・専門的事項に関するものとして問題とはならないが，それが昭和期に入って拡大解釈され政治的決定に属する事柄（軍政事項）までも含むとされた。このような「統帥権の独立」の結果，軍が内閣の支配の外に位置することとなり，「責任政治」の原則に対する重大な例外を形作ることとなった。さらに，昭和11年，内閣の構成員である陸海軍大臣はそれぞれ現役の陸海軍大中将であることを資格要件とする制度が復活したため，陸海軍は内閣の進退を左右する政治的影響力をもつに至った。

Point　臣民の権利保障は「法律の留保」を伴うものであった。

帝国憲法は，その第２章で「臣民」の権利を保障したが，保障のしかたは当時の西欧諸国の憲法と同じく「法律の留保」を伴うものであった。ここにいう「法律の留保」とは，憲法で保障される権利・自由は議会で制定される「法律」によってのみ制約できるという意味をもつ。つまり，行政府の意思のみでは国民の権利・自由を制限できないという点で重要な意義をもつものであった。

しかし，これらの権利保障も，緊急勅令制度（８条）と「立法の委任」の濫用のために大きな影響を受けた。ここにいう「立法の委任」とは，法律で定めるべき事柄を同じ法律の規定で命令に規制を委ねることをいう。人的ないし物的な動員を広く命令に委任する国家総動員法（昭和13年）などはその例である。

【演習問題 2-1】次の記述のうち誤っているものがどれか。

1．明治政府の政治目標は「五箇条の御誓文」に示されていた。
2．帝国憲法は，君主と臣民によって作られた「君民協約憲法」といわれている。
3．帝国憲法は，権力分立制を採用していた。
4．帝国憲法下の皇室典範は憲法と同格のものであった。

第２項　帝国憲法の運用

Key Word	内閣官制，行政裁判所，法令の違憲審査，命令制定権，執行命令，独立命令，緊急勅令
Key Point	帝国憲法は立憲主義政治の原則に立っていたが，行政裁判所や政府の広範な命令制定権を認める側面をもっていた。

1　内閣制度

Point　帝国憲法下の内閣は憲法上の機関ではなく，内閣官制によって定められていた。

帝国憲法は，「国務各大臣ハ天皇ヲ補弼シ其ノ責ニ任ス」（55条１項）と定め，国務各大臣の個別責任制を採用し，内閣制度については規定を置いていない。すなわち，内閣は憲法上の機関ではなかった。けれども，実際の運用では，明治18年に内閣が制度化され，22年の**内閣官制**以来，国務各大臣の集合体としての「内閣」が存続し，国政の指導的地位を占めてきた。

ところで，帝国憲法は「文武官の任命」を天皇の権能と定め（10条），国務大臣は天皇によって任命されるのが建前であった。けれども，実際には天皇の単独の意思で国務大臣を選任したことはなく，まず元老（維新の元勲）の意見を聞いて選任し，元老がいなくなった後は重臣会議（内閣総理大臣経験者で構成）の意見を聞いて選任した。

2　司法制度

Point　司法権は民事・刑事の裁判に限られ，行政事件には及ばなかった。

憲法の制定当時，フランスやドイツにならって，司法は民事および刑事の事件を裁判することとされ，行政事件の裁判はこれに含まれないと考えられていた。このことは，行政事件が最初から司法府の権限の外にあることを意味した。しかも，行政部の機関である**行政裁判所**の裁判権は法律によって狭く限定されていたから，行政官庁の違法行為によって権利を侵害された者の救済は狭い範囲に限られた。

また，帝国憲法下の司法裁判所は，民事・刑事の裁判に適用される**法令の違憲審査**についてもこれを否定したから，憲法の最高法規性を具体的に保障する制度をもたなかった。

3　内閣の命令制定権

Point　政府に広い命令制定権が認められていた。

前述したように，法律を制定するためには帝国議会の議決が必要とされたが，一方で政府に広範な**命令制定権**が認められていた。

帝国憲法８条と９条の規定がこれである。９条は，政府に対して法律の実施の細目を定める「**執行命令**」と法律の有無にかかわらず制定できる「**独立命令**」の二つの権限を認めていた。執行命令はどこの国でも認められるものであるが，独立命令は法律によらずに国民の権利・義務を規制するという点で問題であった。

さらに，８条は「公共ノ安全ヲ保持シ又ハ其ノ災厄ヲ避クル為」に条件つきではあるが，政府に対して法律に代わるべき命令（**緊急勅令**）を制定できる権能を与えたことは無視できない。

【演習問題 2-2】帝国憲法に関する以下の記述のうち，誤っているものはどれか。

1．帝国憲法にも皇室典範があったが，その改正については帝国議会の議決が必要であった。
2．帝国憲法下の帝国議会には貴族院と衆議院があり，貴族院は皇族・華族および勅任議員によって構成されていた。
3．帝国憲法による国民の権利保障は，当時のヨーロッパ諸国と同様，「法律の留保」を伴うものであった。
4．行政権は国務各大臣の輔弼をもって行うものとされ，司法権は天皇の名において法律により裁判所が行うことが定められていた。

第2節　日本国憲法の制定

第1項　憲法の成立過程

Key Word	ポツダム宣言，バーンズ回答，近衛文麿，幣原喜重郎，憲法問題調査委員会，民政局，マッカーサー・ノート，マッカーサー草案
Key Point	占領下，連合国軍最高司令官マッカーサーの指示によって日本側は憲法改正作業を開始したが，政府の改正案が拒否され，その後は総司令部民政局の手で極秘のうちに憲法改正草案が作成され，それに基づいて日本国憲法が成立した。

1　ポツダム宣言の受諾

Point　ポツダム宣言受諾に関する日本政府の申入れに対する連合国の回答（バーンズ回答）は，降伏の時より天皇と日本政府の権限は連合国軍最高司令官の制限の下にあるとするものであった。

太平洋戦争（大東亜戦争）も終盤に近づいた昭和20年7月，アメリカ，イギリス，中華民国の政府代表は，わが国に対する戦争終結の条件を意味する「ポツダム宣言」を議定し，8月8日にソ連もこれに加入した。

ポツダム宣言は，「日本国政府は，日本国国民の間における民主主義的傾向の復活強化に対する一切の障害を除去すべし。言論，宗教及び思想の自由並びに基本的人権の尊重は，確立せらるべし」(10項) とし，「前記諸目的が達成せられ且つ日本国国民の自由に表明せる意思に従い平和的傾向を有し且つ責任ある政府が樹立せらるるにおいては，連合国の占領軍は，直ちに日本国より撤収せらるべし」(12項) と述べていた。

日本政府の内部では，このポツダム宣言を受諾することが天皇を中心とするわが国の伝統的な国柄 (国体) を護ることと矛盾しないかの点について意見が激しく対立した。このため，日本政府は8月10日，「宣言は，天皇の国家統治の大権を変更するの要求を包含し居らざることの了解の下に受諾す」という申し入れをしたのに対して，連合国側から翌11日，次のような回答 (**バーンズ回答**) があった。「降伏の時より，天皇及び日本国政府の国家統治の権限は，降伏条項実施のため，その必要と認むる措置を執る連合軍最高司令官の制限の下に置かるるものとする」(傍点の「制限の下に置かるる」の英語原文は subject to である。この言葉は「隷属する」または「服従する」という意味であるが，これを翻訳した外務省は，宣言受諾に反対して徹底抗戦を主張する陸軍首脳に配慮して「制限の下に……」と訳したものと思われる)。

この回答を受けた後も，日本政府部内では意見の対立が解消せず結論が出なかったため，8月14日，異例であるが最終的に天皇の判断によってポツダム宣言の受諾が決定された。翌15日，鈴木貫太郎内閣が総辞職，16日にはトルーマン大統領がアメリカが単独で日本を占領管理する方針を明らかにした。ついで，9月2日，日本と連合国の間に降伏文書が調印され，わが国はポツダム宣言を誠実に履行する義務を負うこととなった。

2　マッカーサーの憲法改正指示

Point　マッカーサーは，ほぼ同時期に近衛文麿と幣原喜重郎の2人に憲法改正の必要を指示した。

当時の日本政府は，ポツダム宣言の条項を実施するために大日本帝国憲法を改正する必要があるかどうかの点について，明確な認識はもっていなかったが，総司令部 (GHQ) としては憲法改正が不可欠であると考えていた。

昭和20年10月4日，鈴木内閣の後を受けた東久邇宮内閣の国務大臣**近衛文麿**は，マッカーサー元帥と会見した際，憲法改正の必要性とその基本方針を指示された。翌日，東久邇宮内閣は総辞職するが，近衛は憲法学者佐々木惣一博士を迎えて熱心に憲法改正作業を始めた。

ついで，10月9日に成立した幣原内閣の首相**幣原喜重郎**は，同月11日のマッカーサーとの会見において憲法改正の指示を受けた。幣原の考えは，大日本帝国憲法は極めて弾力性のある憲法だから，日本を民主主義化するための憲法改正は必要ないというものであった。しかし，近衛の憲法改正作業が始まった以上，政府としてもこれを無視できないということから，国務大臣松本烝治を主任とする「**憲法問題調査委員会**」(松本委員会）を設置して，近衛の作業とは別に審議を始めた。

ところが，11月1日，近衛が戦争犯罪人として逮捕される状勢になったことから，総司令部の態度が急変した。総司令部は声明を出して，近衛は憲法改正作業と一切関係ないと述べた。事実，12月6日，近衛に逮捕命令が出たが，近衛は16日早朝自殺した。このため，近衛・佐々木の憲法改正作業は実際の意味をもつことなく終わった。

3　マッカーサー・ノート

Point　マッカーサーは憲法問題調査委員会の改正案の採用を拒否した。

憲法問題調査委員会は，清水澄博士，美濃部達吉博士，野村淳治博士，宮澤俊義東大教授など当時の一流の学者を集め，憲法改正の必要があるか否か，必要があるとすればどの点を改正すべきかを審議した。10月27日の第1回総会から総会7回，調査会15回を開いて，昭和21年1月末までに草案が作成された。

委員会の改正案の骨子は，①天皇が統治権を総攬するという原則は変更しない，②議会の権限を拡大し，その結果として天皇の大権事項を削減する，③国務大臣の責任を国政全般に拡大させ，国務大臣は議会に対して責任を負う制度とする，④国民の権利・自由の保障を強化し，その侵害に対する法的救済を完全なものにする，というものであった。

総司令部は，当初，日本政府の憲法改正作業を静かに見守っていたが，日本の占領に権限をもつ極東委員会が昭和21年2月末に発足する状勢もあり，憲法問題を早く解決させる必要性を感じていた。そのような時期，2月1

日，毎日新聞はその第一面に「憲法問題調査委員会の試案」を掲載した。委員会の審議は非公開で行われ，閣議においても秘密は厳重に守られていたから，このスクープ記事は関係者を驚かせた。スクープされた案は宮澤教授の筆にかかるもので，委員会で最終的にまとめた案ではなかった。それはともかく，総司令部は早速，新聞に掲載された委員会案を英訳して検討した結果，案の内容は本質的に帝国憲法とほとんど変わらず，これを受け入れることはできないと判断した。

この時点で，マッカーサーは，日本の憲法改正案を総司令部の**民政局**で作成させることを決意した。

Point マッカーサーは民政局に対して憲法草案の作成を命じ，憲法改正の３原則を示した。

２月３日，マッカーサーは民政局長ホイットニーを呼び，改正案の細部は民政局に委ねるが，次の事項だけは入れよと述べて，黄色の紙に記したメモを手渡した。これが後にいう「**マッカーサー・ノート**」である。ノートには，わが国の憲法改正の基本原則として，次の３点が示されていた。①天皇は，国家元首の地位にある。皇位の継承は世襲である。天皇の義務および権能は，憲法に基づき行使され，憲法の定めるところにより，人民の基本的意思に対し責任を負う。②国家の主権的権利としての戦争を廃棄する。日本は，紛争解決のための手段としての戦争，および自己の安全を保持するための手段としてのそれをも放棄する。日本はその防衛と保護を，今や世界を動かしつつある崇高な理想に委ねる。③日本の封建制度は，廃止される。皇族を除き華族の権利は，現在生存する者一代以上におよばない。予算の制度は英国の制度に倣うこと。

4　民政局の憲法起草作業

Point 民政局での憲法草案作成は極秘のうちに進められ，２月13日に日本政府側に示された。

２月４日，民政局員25名は会議室に集められた。席上，ホイットニー局長は，今後一週間，民政局は憲法制定会議の役割を果たすことになると述べた。局長はマッカーサー・ノートを読み上げた後，憲法制定作業はリンカーン誕生日の2月12日にまでに終えること，作業は極秘にすること，秘密を守るために暗号を使うことなどを指示した。

作業は，ケーディス次長，ハッシー海軍中佐，ラウエル陸軍中佐らを中心に，立法，行政，司法など八つの委員会に分かれて進められた。メンバーの内訳は，陸軍将校11人，海軍士官4人，軍属4人，秘書を含む女性6人で，弁護士資格をもつ者が3人いたが，憲法の専門家は一人もいなかった。

このような民政局での憲法起草作業は，早くも2月10日に終了した。

この事情をまったく知らない日本政府は，2月8日，委員会の最終案にいくつかの修正を加えた「憲法改正要綱」を総司令部に提出した。その後，総司令部から日本政府に対して，2月13日に会談をしたいとの申し入れがあったため，日本政府側は8日に提出した「改正要綱」の説明のつもりでこの会談に臨んだ。

ところが，2月13日の会談の冒頭，ホイットニー局長は日本政府の改正要綱を全面的に拒否し，いきなり民政局が作成した憲法草案（いわゆるマッカーサー草案）を示した。この**マッカーサー草案**は，これまでの日本政府の改正案とはまったく異なり，国民主権，象徴天皇制，戦争放棄，軍備不保持，土地と天然資源の国有，一院制議会の採用などをその内容とするものであった。

会談に出席していた松本国務大臣と吉田茂は，示されたマッカーサー草案の革新性と総司令部の脅迫的な姿勢に驚いた。とくに，ホイットニーは，日本政府がこの草案を受け入れない場合には天皇の身位（person of Emperor）は保障できないと述べ，さらに，日本政府がこれを受諾しなければ，政府の頭越しに日本国民に提示するとも述べた。

その後，幣原首相と松本国務大臣はそれぞれ総司令部を訪ね，改正草案について再考を求めたが，総司令部の態度は強硬で草案の原則は動かせないことが明らかとなり，日本政府はもはやこの草案を受け入れる以外に道はないとの結論に達し，2月25日の臨時閣議でマッカーサー草案の受け入れを決定した。

5　日本国憲法の成立

日本政府は，2月26日からマッカーサー草案の対案の起草に着手し，3月11日を完成の日と定めていたが，総司令部が3月4日に日本側案の提出を求めてきたので，松本と法制局の佐藤達夫が総司令部に行き折衝にあたった。民政局では日本側案の英訳を行いつつ交渉を重ね，作業は徹夜に及んだ。5日の夕刻，総司令部との協議が終わり，松本は交渉の経過を閣議に報告，ついで，6日，政府はこれを自らが作成した「憲法改正草案要綱」として閣議決定した後，国民に公表した。これに対して，マッカーサーは声明を発表し，この「要綱」を全面的に支持する旨を明らかにした。

昭和21年4月10日，衆議院議員の総選挙が行われ，この改正草案が議論の対象となるはずであったが，総司令部による徹底した言論統制・検閲の実施と国民生活の極度な窮乏状態から，憲法改正問題に対する世論は活発ではなかった。最近の研究によって，当時の総司令部が行った検閲の実態が明らかにされている。それによると，当時の新聞・ラジオ・雑誌はもちろん，地方の同人誌や個人の手紙にいたるまで徹底的な検閲が行われた。削除または掲載・発行禁止の対象となるものとして，総司令部に対する批判，総司令部が憲法を起草したことに対する批判，極東軍事裁判（東京裁判）批判，解禁されていない報道の公表，検閲制度への言及まで，周到なものであった。当時の日本国民は，いわば「閉ざされた言語空間」にいたのである。

このような状況の下，政府は大日本帝国憲法の改正手続に従って，憲法改正案を第90帝国議会に提出した。改正案は衆議院と貴族院においてそれぞれわずかな修正が加えられたが，圧倒的多数で可決され，枢密院の諮詢を経て，11月3日，天皇によって裁可され，上諭を付して公布され，公布の日から起算して6ヶ月経過した日から施行するという規定（100条1項）に基づき，翌昭和22年5月3日から施行された。

第2項　憲法制定の法理

Key Word	法学的意味における革命，憲法改正限界説，憲法改正無限界説，ハーグ陸戦法規，非常大権説，占領管理法
Key Point	占領下に成立した日本国憲法の効力については，有効説，無効説，および占領管理法説など，学説が分かれている。

1　有効説１・「八月革命説」

Point　八月革命説は，ポツダム宣言を受諾したと同時に，わが国に法学的意味の「革命」が起ったと主張する。

宮澤俊義教授が主張した説である。宮澤教授は憲法の改正には限界があるという立場（**憲法改正限界説**）に立ち，次のように述べる。

まず，教授は，日本の政府がポツダム宣言の受諾に際して「国体護持」の条件を付す申入れをしたが，それに対する８月11日の連合国の回答を問題とする。このいわゆるバーンズ回答は，前に引用した文言のほか，「最終的の日本国の政治の形態は，『ポツダム』宣言に遵い，日本国国民の自由に表明する意思により決定されるべきものとする」というものであった。教授によれば，これは「日本の政治についての最終的な権威が国民の意思にある」ということ，すなわち「国民が主権者であるべきだ」ということを意味しているから，この回答を前提にポツダム宣言を受諾したと同時に，わが国に**法学的意味における「革命」**が起こり（正当な法的手続を経ずに主権者が代わり），天皇主権から国民主権に変わったという。日本国憲法は，この法学的意味における「革命」によって新たに主権者となった日本国民によって有効に制定された憲法であるという。

ところで，ここで注意すべきことは，教授は，この「革命」によって帝国憲法が廃止されたとは見ていない点である。教授によれば，帝国憲法の規定は「革命」によってもたらされた新しい建前に抵触する限度において変わったと見るべきものであって，その建前に抵触しない限度においてはどこまでも帝国憲法の規定によって事を運ぶのが当然だ，とする。この意味からすれば，日本国憲法の成立が帝国憲法73条の定める改正手続によって行われたことは妥当ということになる。

この点について，同じ革命説をとる清宮四郎教授は宮澤教授とは異なった見解を示す。清宮教授は，ポツダム宣言の受諾と同時に「明治憲法は根底から動揺し，第73条も，憲法改正規定としての資格が疑われるに至った」と述べ，日本国憲法は，「明治憲法にもとづいて制定されたのではなくて，国民が，国民主権の原理によって，新たに認められた憲法制定権にもとづき，その代表者を通じて制定したものとみなされるべき」であると述べる。つまり，清宮教授によれば，「その制定行為を明治憲法第73条による改正行為となし，新法と旧法とのあいだに『法的連続性』をもたせることは，法的には説明できない」ということになる。

2　有効説２・「改正説」

Point　改正説は，憲法改正無限界説を前提として，日本国憲法は帝国憲法の全面的改正であると主張する。

佐々木惣一博士によって代表される見解である。佐々木博士は，改正手続による憲法改正には何ら限界がないという立場（**憲法改正無限界説**）に立って，日本国憲法は帝国憲法の全面的な改正憲法であり，有効に成立したとする。

つまり，現行憲法は帝国憲法73条の定める天皇の提案，帝国議会の議決，天皇の裁可という手続によって成立したものであるから，内容的に帝国憲法を全面的に変更したとしても，革命によって成立した憲法ということはできないとする。博士によれば，日本国憲法は天皇が裁可・制定されたものであるから「欽定憲法」であるということになる。

ところで，博士は，上で見たバーンズ回答にいう「最終的の日本国の政治の形態」の内容について，回答は何もいっておらず，その内容の決定については「日本国人」の自由に表明した意思に委ねているのであるから，ポツダム宣言の受諾後も，帝国憲法は従来通り完全に有効であるとする。さらに，回答にいう最終的な日本の政治形態の選択・決定は，占領政策とはかかわりなく，日本側の自由意思によってなされうるとする。

3　無効説

Point　無効説は，占領下には国家の統治意思の自由がないことなどを根拠に現行憲法は無効であると主張する。

井上孚麿教授，相原良一教授などによって唱えられた説である。この見解は，憲法改正限界説を前提にして，改正の時期や方法などを理由として現行憲法が無効であることを主張する。

まず，第1に，帝国憲法が改正された時期は，わが国の国家統治の権限が連合国軍最高司令官に従属している時期，すなわち国家の統治意思の自由のない時期になされたこと，第2に，現行憲法の成立過程の全般にわたって占領軍による「不当な威迫，脅迫，強要」が存在したこと，さらに第3に，帝国憲法の改正は，占領者は絶対的な支障がないかぎり占領地の現行法を尊重すべきことを明記する**ハーグ陸戦法規**（1907年）に違反していること，などを根拠に現在も現行憲法は無効であるとする。

4　占領管理法説

Point　占領管理法説は，占領期間中，日本の主権が連合国軍最高司令官にあったことから，帝国憲法も現行憲法も「占領管理法」であると主張する。

竹花光範教授の立場がこれである。まず，竹花教授は，ポツダム宣言および降伏文書に基づいて行われた占領軍の日本統治は，間接統治の方式によったが，占領期間中，日本の主権が連合国軍最高司令官の手にあったことは明らかだとする。すなわち，占領下においては「占領軍の意思」が実質的には最高規範であり，最高司令官の指示が憲法に優越したから，それが憲法の規定と矛盾するときは憲法の効力が停止する状態となった。そうだとすれば，ポツダム宣言の受諾により，帝国憲法はその性格を変えたと解さねばならない。つまり，帝国憲法は，占領軍の占領施策に不都合でないかぎりにおいて有効であるにすぎないものとなった。帝国憲法は，一種の「**占領管理法**」に変質したとする。

さらに，教授は，憲法が国家の最高法規といえるのは，国家の法秩序の中で最高の強制力を有するからであって，強制力の最高性が失われた法規が「憲法」であるはずがないという。日本国憲法の成立過程も「占領管理法」

となった帝国憲法を全面的に改めるという方式で行われたということになる。そもそも，憲法は主権すなわち憲法制定権力を行使して作られ，改められるべきである。憲法改正権は，憲法に定められた条件の下にその行使が義務づけられている憲法制定権と考えてよい。したがって，主権なくして（占領下に）憲法の制定も改正もありえないということになる。とすれば，「日本国憲法」なるものは，名称は「憲法」であっても，実体はポツダム宣言受諾後の帝国憲法と同様，占領軍がわが国を占領統治するための基本法，すなわち「占領管理法」だといわざるをえないとする。

ところで，現行憲法の政体法的規定は「暫定基本法」として有効であるとする見解として，小森義峯教授の「**非常大権説**」がある。この見解は，ポツダム宣言の受諾と現行憲法の成立を，帝国憲法31条の定める天皇の非常大権の発動として説明する。つまり，ポツダム宣言の受諾は天皇の非常大権の発動によってなされたものであるから，それを原点として成立した現行憲法は「暫定基本法」としての性格を有するに過ぎず，「憲法」としての性格を有しない。憲法としては，占領期間中といえども，あくまで帝国憲法が厳存した。帝国憲法は占領下では「仮死」ないし「冬眠」の状態にあったが，占領解除の時点において「法理上当然に非常大権の発動は解除され，帝国憲法は完全に復原した」とする。

5　学説の検討

これまで，学界の多数説は八月革命説を支持してきた。各種試験の解答に際しては，この説を理解しておけば足りるであろう。しかし，学問的にはそれぞれの見解について疑問がある。ここで，その疑問の一端に触れておこう。

まず，八月革命説が指摘するバーンズ回答の受容が果たして天皇主権から国民主権への移行を要求しているかは疑問である。革命説が論拠とする「国民の自由に表明する意思」による政府の樹立という文言は，大西洋憲章や国連憲章を見ても解るとおり，「外国の干渉を受けることなく，自国のことは自国で決める」という意味での民族自決原則の表明としかとれない。バーンズ回答やポツダム宣言の文言のみを「国民主権」の要求だと解釈することには無理がある。また，そこでいう「日本国国民」という文言も，天皇に対立する国民という意味ではなく，日本国家を構成する天皇を含む日本人と解すべきであろう。つまり，ポツダム宣言は日本国の最終的な政治形態（天皇の地位を含む政治形態）は，日本国の構成員自体が自由にその意思を表明して決定すべきことを要求したものであって，この文言から国民主権の要求を導き出すことには無理があろう。

さらに，革命説は法的意味での革命によって主権が天皇から国民に移行したとするが，事実の上で誤っている。事実からいえば，主権は天皇から国民に移行したのではなく，紛れもなく連合国軍最高司令官に移行したのである。「国家意思を最終的に決定する力」という意味での主権が国民に移ったなどということは，事実の基礎を欠くものといわざるをえない。

つぎに，改正説がポツダム宣言受諾後も帝国憲法が従来通り完全に有効だとする点には疑問がある。先のバーンズ回答が示すとおり，天皇および日本政府の国家統治の権限が連合国最高司令官の制限の下に置かれる状況の中で，現行憲法が成立したのであるから，占領期間中，帝国憲法はその機能を停止していたと解さざるをえない。

また，無効論に対しても疑問がある。この見解が述べるとおり，憲法の成立過程において占領軍による「不当な威迫，脅迫，強要」があったことは事実である。けれども，強要あるいは強制があったとしても，日本国民が最終的に自発的意思によってこれを受け容れたとすればどうか。現行民法96条の示す法理（詐欺または強迫による意思表示はこれを取消すことができる）を援用して，日本国民が取消さないかぎり強迫による意思表示も有効として扱われることにならないか，という疑問が残る。さらに，非常大権説が根拠とする帝国憲法31条は，元来，戦時または国家事変の際に軍隊の活動のために必要な限度内で法律によらずに国民の権利・自由を制限できることを定めた規定であることから，これをもって憲法の全面停止を意図した規定とは解釈できないのではないか，という疑問がある。

これまで見てきたように，それぞれの学説には理論的な難点がある。このことは，主権を否定された占領下に，占領軍による威圧，強制によって成立させられた現行憲法の法的性格を合理的に説明することが，いかに至難の業であるかを間接的に証明するものである。前述した学説の中では現行憲法を占領管理法として位置づける見解が比較的妥当であるといえる。ただし，独立回復時以降に，天皇を含む日本国民が日本国憲法に対して「憲法」としての黙示の承認を与えたと見れば，その時点で日本国憲法は性格を変えて主権国家日本の正式な「憲法」となったと解することができよう。

【演習問題 2-3】日本国憲法の成立過程に関する以下の記述のうち誤っているものはどれか。

1．憲法草案は帝国憲法の改正案として第90帝国議会で審議・議決され，昭和21年11月3日に公布された。
2．八月革命説は憲法改正に関して改正限界説に立っている。
3．佐々木博士に代表される改正説は憲法改正限界説に立っている。
4．占領管理法説は，占領下においては日本の主権は連合国軍最高司令官の手にあったと主張する。

◈第３章　日本国憲法の基本原理◈

第１節　憲法前文と基本原理

Key Word	裁判規範，人類普遍の原理，平和的生存権，三大原理，人間の尊厳
Key Point	日本国憲法は，国民主権，基本的人権の尊重，平和主義を基本原理とするが，この三つを基本原理とする規定そのものは存在しない。

第１項　日本国憲法の前文の意義と性質

Point　日本国憲法の前文は，憲法の一部をなし，本文と同じ法的性質をもつが，裁判規範としての性質を有しない。

前文とは，１条以下の本文の前に置かれる文章をいう。「日本国憲法典」を見ると，まず「朕は，……公布せしめる。」という文章があり（これが上諭であり），それに続いて天皇の署名と印章（御名御璽）があり，さらに内閣総理大臣とその他の国務大臣の署名がある。その後に，「日本国憲法」という表題があり，「日本国民は，……」で始まる文章が四段落にわたって続く。この本文の前の四段落からなる文章が「日本国憲法」の前文である（前文というタイトルはない）。

日本国憲法の上諭は，日本国憲法が明治憲法の改正手続に基づいて制定されたものであることを告げた文書（公布文）であるにすぎないが，これに対して，前文は憲法典の一部をなし，本文と同じ法的性質をもつと解される。つまり，前文は，日本国憲法96条１項の「この憲法の改正は，……」にいう「この憲法」の一部をなすゆえに，前文を改正するときには，当然に憲法の改正手続を経なくてはならない。加えて，前文は，日本国憲法の基本原理を掲げたものであるから，「憲法中の憲法」としての性質をもつゆえに，前文の第一段中の，「これは**人類普遍の原理**であり，この憲法は，かかる原理に基くものである。われらは，これに反する一切の憲法，法令及び詔勅を排除する」という規定は，憲法の改正手続をもってしても改正され得ない限界を画し，憲法改正権を法的に拘束する規範であると解される。

このように，前文が法規範としての性質をもつことは一般に認められているが，それが**裁判規範**としての性質を有するものであるかどうかについては，今なお見解が分かれている。ここで，**裁判規範**とは前文を直接根拠として裁判所に救済を求めることのできる法規範のことをいうが，前文の内容が抽象的であって具体性に欠けることなどから，**裁判規範**としての性格をもたない，と一般に解されている（通説）。ところが，裁判規範性をもつかどうかで特に問題となるのが，前文第二段の，「われらは，全世界の国民が，ひとしく恐怖と欠乏から免かれ，平和のうちに生存する権利を有する」というところから導き出される**平和的生存権**である。学説では，前文の**平和的生存権**を９条の平和主義や13条の幸福追求権と結合させつつ，それが裁判規範性・具体的権利性を認めることができるとし，新しい人権の一つとして認められるとする見解も近時有力になっている。しかし，**平和的生存権**は，その主体・内容・性質などの点でなお不明確であって，裁判で争うことのできる具体的な法的権利性を認めることは困難である，と一般に解されている。

第２項　前文における基本原理

Point　国民主権，基本的人権の尊重，平和主義という三つの基本原理は，前文に明確に現れている。

日本国憲法は，国民主権，基本的人権の尊重，平和主義の三つを基本原理（**三大原理**）とする。もっとも，この三つを基本原理だと書いた規定が日本国憲法の中に存在するわけではない。三大原理は，主として学説によって構成されたものである。

基本原理とは，憲法を基礎づけ，憲法秩序を指導する根本原則を示すが，日本国憲法の三つの基本原理は，その前文に規定されている。前文の第一段の第1文は，「主権が国民に存すること」，つまり国民主権の原理を謳い，ついで，それと関連させつつ，「自由のもたらす恵沢」の確保と「戦争の惨禍」からの解放という，人権（自由）と平和の二つの原理を宣明し，そこに日本国憲法制定の目的があることを示している。それを受けて第一段の第2文は，「国政は，国民の厳粛な信託によるものであつて，その権威は国民に由来し，その権力は国民の代表者がこれを行使し，その福利は国民がこれを享受する」と述べて，全国民が国家権力の究極の淵源であるという国民主権とそれに基づく代表民主制の原理を宣言し，最後に，第3文で，以上の諸原理を「**人類普遍の原理**」であると説いている。

第二段は，「日本国民は，恒久の平和を念願」するとして，平和主義への願いを切望し，そのための態度として，「平和を愛する諸国民の公正と信義に信頼して，われらの安全と生存を保持しようと決意した」と宣言する。このような態度は，他力本願（他者依存的な受け身の平和主義）であるとの批判もあるとはいえ，さらに第二段の最後で，平和と人権をからめて，全世界の国民が「平和のうちに生存する権利」（**平和的生存権**）を有することを確認し，平和主義への強い熱意を表明する。

第3項　基本原理の相互関係

Point　三つの基本原理は，相互に不可分な関係をもつ。

前文に盛られた国民主権主義，人権尊重主義，平和主義の原理は，次のように相互に緊密に関連している。

まず，基本的人権の保障は，国民主権と平和主義の原理と結びついている。人権は人間の権利であるので，「**人間の尊厳**」の原理なしには認められないが，国民が国政を最終的に決定する権威を有するという国民主権の原理も，国民がすべて人間として平等に尊重されてはじめて成立するし，戦争のない平和な状態が実現されてはじめて「人間の尊厳」に値する生活を営むことが可能となる。このように，基本的人権も国民主権，平和主義もともに「人間の尊厳」という最も基本的な原理を根拠とする。

次に，国民主権は，それがうまく機能しないことには，平和の確保も人権の保障もありえないとともに，他方，人間の自由（人権）と国民の生存は平和なくして確保されないという意味で，平和主義の原理もまた，人権および国民主権の原理と密接に結びついている。

【演習問題 3-1】憲法前文の性質に関する次の記述のうち，通説に照らして，正しいものはどれか。

1．日本国憲法の前文は，上諭と同様に公布文であるにすぎないから，憲法典の一部をなすものではない。

2．日本国憲法の前文は，本文と同じ法的性質をもつものではない。

3．日本国憲法の前文は，その内容が抽象的であって具体性に欠けることから，裁判規範としての性質をもたない。

4．日本国憲法の前文は，憲法の基本原理を掲げたものであるから，具体的事件に対して，裁判所が本文の各条項より優先的に直接適用すべき規範である。

第2節　国民主権主義

Key Word	統治権，最高・独立性，最終的な決定権，国権，国家法人説，天皇機関説，象徴天皇制，国民全体説，プープル主権説，有権者主体説，直接民主制，間接民主制，国民審査，国民投票，住民投票
Key Point	多義的に用いられる主権という用語には，三つ意味がある。また，日本国憲法は，間接民主制を原則とするが，例外として直接民主制も認める。

第1項　主権の意味

Point　主権の意味には，三つの用法がある。

主権の概念は多義的であるが，一般に，①国家権力そのもの（**統治権**），

②国家権力の**最高・独立性**（国内にあっては最高，国外に対しては独立という性質），③国政についての**最終的な決定権**，という三つの異なる意味に用いられる。

①の国家権力そのものを意味する主権とは，立法権，行政権，司法権を総称する統治権とほぼ同じ意味で，日本国憲法41条にいう「国会は，国権の最高機関」という場合の「**国権**」がそれにあたる。

②の国家権力の最高・独立性を意味する主権は，憲法前文の第三段における，「自国の主権を維持し」という場合の主権がその例であり，そこでは特にその対外的側面に着目して，国家権力の独立性を指すものとして使用されている。

③の国政の最終的な決定権としての主権は，国の政治のあり方を最終的に決定する力または権威という意味であり，それが君主に存する場合が君主主権，国民に存する場合が国民主権と呼ばれる。憲法前文第一段で「ここに主権が国民に存することを宣言し」や，１条で「主権の存する日本国民の総意に基く」という場合の国民主権の主権がこれにあたる。

第２項　国民主権と君主主権

Point　日本国憲法の象徴天皇制は，国民主権と対立しない。

国民主権の観念は，本来，君主主権との対抗関係の下で成立し，主張されたものである。国民主権は，歴史的に君主主権の否定というかたちであらわれた。帝国憲法には明文規定はなかったが，上諭，１条，４条から天皇に主権があるとする学説もあった。ただそのような中にあって，戦前のドイツの**国家法人説**（国家は法人であり，その法人が統治権の主体であり，君主はその最高機関であると説く）は，帝国憲法の下で，統治権の主体は国家であり，天皇は国家の機関であると説いた美濃部達吉などの**天皇機関説**に具体化された。しかし，これも国民主権の確立した日本国憲法の下では，もはやその有用性を失っている。また，日本国憲法の**象徴天皇制**は，主権者である国民の総意に基づくので，国民主権と原理的に対立するものでもない。

第3項　主権の保持者

Point　主権をもつ国民の概念には，三つの学説がある。

主権をもつ国民の概念については，国民全体（国籍保持者の総体）として広くとらえる立場（**国民全体説**）と，政治的意思決定能力をもった市民の総体としての「人民」ととらえる立場（人民＝**プープル主権説**），あるいはドイツの国家法人説を基礎に有権者の総体（選挙人団）としてとらえる立場（**有権者主体説**）がある。従来の通説は，国民全体説であるが，プープル主権説と有権者主体説も一部の者により有力に主張されている。

第4項　国民主権の原理を具体化する規定

Point　日本国憲法は，間接民主制を原則とするが，直接民主制も三つを具体的に規定している。

国民主権を具体化する方法には，国民が直接に国家の意思を決定する方法（**直接民主制**）と，選挙で選んだ代表者を通して決定する方法（代表民主制＝**間接民主制**）がある。国民主権とそれに基づく直接民主制・間接民主制を具体化した憲法本文の条項としては，国民の公務員選定罷免権を保障し，普通選挙を保障した15条1項・3項，国会を国権の最高機関とした41条，両議院を全国民を代表する選挙された議員で組織するものとした43条1項，内閣が行政権の行使について，国会に対し連帯して責任を負うものと定めた66条3項，最高裁判所の裁判官の任命に関する国民審査を定めた79条2項・3項，憲法改正の際の国民投票を認めた96条1項などがあげられる。

日本国憲法は，間接民主制を原則とするが，例外として，上の最高裁判所裁判官の**国民審査**，憲法改正の**国民投票**に加えて，地方自治特別法の**住民投票**（95条）について直接民主制を認めている。

【演習問題3-2】国民主権の原理に関するつぎの記述のうち，誤っているものはどれか。

1．国民主権とは，国政について最終的に決定する力または権威が国民に帰属することをいう。
2．日本国憲法の象徴天皇制は，主権者である国民の総意に基づくので，国民主権と原理的に対立するものではない。
3．日本国憲法は，代表民主制を採用しており，直接民主制は地方自治特別法の住民投票や憲法改正の国民投票等きわめて少ない。
4．日本国憲法においては，主権者である国民が法律案の発案を求めることができるイニシアティブを認めている。

第3節　基本的人権の尊重主義

Key Word	臣民の権利，法律の留保，永久の権利，自然権，公共の福祉，内在的制約説，自由国家的公共の福祉，社会国家的公共の福祉，比較衡量論，二重の基準論，優越的地位，合理性の基準，より厳格な基準
Key Point	日本国憲法は，帝国憲法とは異なった精神に立脚して，人権を保障するが，それは無制限ではなく，公共の福祉により制約をうける。公共の福祉については，内在的制約説，比較衡量論，二重の基準論がある。

第1項　日本国憲法の人権と帝国憲法の権利との比較

Point　日本国憲法の基本的人権は，帝国憲法の臣民の権利とは根本的に異なる。

基本的人権とは，人がただ人間であることにより当然に有する権利のことであるとされる。近代諸国の憲法は，この人権の保障を確立することを主要な目標とした。帝国憲法も，その第2章「臣民権利義務」において，臣民の権利自由の保障を定めていたが，帝国憲法の権利自由の保障は，決して十分なものとはいえなかった。すなわち，①近代国家における人権保障の発達の歴史を見ると，人権は，前国家的な人間の固有の権利として観念されていたが，帝国憲法下の各種の権利自由は，「居住及移転ノ自由」（22条）や「言論著作印行集会及結社ノ自由」（29条）などのように，**「法律の留保」**をともない，「法律ノ範囲内」で認められていたから，法律をもってすれば，どのような制限を加えることもできた。②帝国憲法においては，法律にかわる緊急勅令（8条）や独立命令（9条）を発することが認められ，また，戒厳（14条），非常大権（31条）のような臣民の権利を停止できる制度が認められており，人権は大きな制限を受けていた。③帝国憲法の規定する臣民の権利は，人権カタログの中で，いわゆる伝統的な自由権の域にとどまるものであった。④平等に関して，帝国憲法は公務員就任資格の平等（19条）しか保障していなかった。⑤通常裁判所に違憲立法審査権が認められず，行政権による人権侵害に対する救済も，通常裁判所とは別の行政裁判所の管轄に属したために，臣民の権利自由の保障は不十分であった。

これに対して，日本国憲法は，帝国憲法とは根本的に異なった精神に立脚して，基本的人権を保障している。①日本国憲法の基本的人権は，君主や国家が与えたものではなく，人間が生まれながらにしてもつ固有の権利であり，「侵すことのできない永久の権利」（11条・97条）として前国家的な**自然権**に基づくものである。②日本国憲法の人権は，法律をもってしても侵しえない一定の権利の基本性・自然権的性格をもつ（もっとも，法律によっていかなる場合でも何らの制約を加えることができないということを意味するものではない）。③緊急勅令，独立命令，戒厳，非常大権のごときものは，すべて廃止され，命令は法律に委任された委任命令や法律を執行するための執行命令にかぎられ，人権はむやみに制限を受けることはない。④日本国憲法の基本的人権は，18・19世紀の憲法に定める自由権のみならず，20世紀型のいわゆる社会権を採用している。⑤日本国憲法は14条1項において法の下の平等を基本原則と定め，個別に夫婦の同等と両性の本質的平等（24条）など，平等権の徹底化を図っている。⑥日本国憲法は裁判所に違憲立法審査権を与えることにより，裁判所に憲法の番人としての役割を果たさせるとともに，行政訴訟についても通常裁判所が管轄権を有し，権利自由の保障を完全に実現できるようにしている。

第2項　基本的人権の限界

Point　基本的人権は，絶対に無制限のものではなく，公共の福祉により制約される。

日本国憲法の基本的人権が法律をもってしても侵すことのできない「**永久の権利**」であるとしても，それは絶対に無制限のものであるわけではない。人権は個人に保障されるものであるが，個人は社会との関係を抜きにして生きることはできないから，個人の人権も他人の人権との関係で制約されるのは当然である。日本国憲法は，基本的人権の制約原理として「**公共の福祉**」をあげている。

1　人権と公共の福祉

日本国憲法は，人権の一つ一つに制限の根拠を規定するのではなく，「公共の福祉」による制約が存する旨を一般的に定める方式を採用する。すなわち，12条で，国民は基本的人権を濫用せず，つねに「公共の福祉」のために利用する責任を負うことを定め，13条で，国民の権利については，「公共の福祉に反しない限り」において国政の上で最大の尊重を必要とすると定める。ただし，職業選択の自由（22条1項）と財産権の保障（29条）については，「公共の福祉」による制約がある旨を特別に規定する。

2　内在的制約説

内在的制約説は，1955年以来，学界に登場し，次のように説き，通説となった。①公共の福祉とは，人権相互の矛盾・衝突を調整するための実質的公平の原理を意味する。②この意味での公共の福祉による制限は，すべての人権に論理必然的に内在している。③憲法13条の公共の福祉は，自由権を各人に公平に保障するための「必要最小限度」の規制を意味するのに対して（**自由国家的公共の福祉**），憲法22条・29条の公共の福祉は，社会権を実質的に保障するための「必要な限度」の規制を意味し，社会的強者の自由を政策的に規制する**社会国家的公共の福祉**を含むとする。しかし，この説には，人権の具体的限界についての判断基準として，「必要最小限度」と「必要な限度」という抽象的な原則しか示されず，人権を制約する立法の合憲性を判定するのに極めて不明確であるとの批判がある。この批判に対応して注目されたのが，**比較衡量論**と呼ばれる違憲審査の基準である。

3　比較衡量論

比較衡量とは，要するに，「基本的人権を制限することによって得られる利益またはその価値と，それを制限しないことによって維持される利益または価値とを比較衡量して，前者の利益またはその価値が高いと判断される場合には，それによって人権を制限することができる」というものである（「博多駅テレビフィルム提出命令事件」（最大決昭和44・11・26刑集23・11・1490)。この最高裁判所の判決のほか，「全逓東京中郵事件」（最大判昭和41・10・26民集29・4・572）においても，この基準が採用され，有力な見解となった。しかし，この比較衡量論は，比較の準則が必ずしも明確でなく，とくに国家権力と国民との利益の衡量が行われる場合には，概して，国家権力の利益が優先するのではないかという批判がある。そこで，登場したのが，アメリカの判例上で確立された「二重の基準論」である。

4　二重の基準論

二重の基準論は，表現の自由をはじめとする精神的自由は民主主義の政治過程の確保にとって不可欠の権利であり，また人格的自律と密接な関係をもつことから，それは経済的自由に比べて**優越的地位**を占めるとし，人権を規制する法律の違憲審査にあたって，経済的自由の規制立法に関して適用される**合理性の基準**は，精神的自由の規制立法については妥当せず，**より厳格な基準**によって審査されなければならないとする理論である。この二重の基準論は，学説において広く支持されているばかりでなく，判例においても採り入れられている（「小売商業調整特別措置法違反事件」最大判昭和47・11・22刑集26・9・586,「薬事法距離制限違憲判決」最大判昭和50・4・30民集29・4・572)。ただ，最高裁の判決では，精神的自由について厳格な違憲審査基準を用いて違憲判決を下した例はなく，二重の基準論が実際に採用されているとはいえない状況にある。

【演習問題 3-3】人権の限界に関するつぎの記述のうち，妥当でないものはどれか。

1．臣民の権利自由について「法律の留保」をともなった帝国憲法とは異なり，日本国憲法は，人権を法律をもってしても侵しえない権利とする。
2．基本的人権といえども絶対無制約ではなく，公共の福祉により制約をうけるが，公共の福祉による制限は，すべての人権に論理必然的に内在するものではない。
3．憲法13条の定める公共の福祉は人権の一般的制約原理となりうる。
4．人権を制限することによって得られる利益と，それを制限しないことによって維持される利益を比較衡量して，前者の利益が高い場合に，人権を制限できるというのが比較衡量論である。

第4節　平和主義

Key Word	戦争放棄，不戦条約，侵略戦争，自衛戦争，個別的自衛権，集団的自衛権，自衛力，非核三原則
Key Point	憲法前文は平和主義を宣言し，これを具体化して9条において戦争放棄，戦力の不保持，交戦権の否認を規定する。

第1項　世界史の中の9条

Point　戦争放棄をうたった憲法は，日本国憲法だけではない。

日本国憲法は，第二次世界大戦の悲惨な体験を踏まえ，戦争に対する深い反省に基づいて，前文において，「政府の行為によつて再び戦争の惨禍が起ることのないやうにすることを決意し」，かくして，「恒久の平和を念願し」，平和主義を基本原理として採用するとともに，その具体化・徹底化として9条において**戦争放棄**を宣言した。

ただ，戦争放棄をうたった規定は，なにも日本国憲法だけではなく，国際法では1928年の**不戦条約**や，憲法では，1791年のフランス憲法，1891年のブラジル憲法などがあり，第二次世界大戦後では，たとえば，1946年のフランス第四共和国憲法，1947年のイタリア共和国憲法，1949年のドイツ連邦共和国基本法，1972年の大韓民国憲法などがある。しかし，これらはいずれも侵略戦争の制限ないし放棄をうたったものにすぎない。これに対して，平和主義を具体化した日本国憲法９条は，１項で国権の発動たる戦争と武力の行使および武力による威嚇を放棄し，それを徹底させるために２項において戦力の不保持を明示したうえで，さらに国の交戦権を否認している点において，世界に比類のない徹底した恒久平和主義をとる。それで，９条は世界の憲法の歴史の上に画期的な意義をもつ条文であると一般に評されることになる。

とはいえ，９条１項の戦争放棄には，「国際紛争を解決する手段としては」という留保が付されている。通常の国際法上の用語例によると，「国際紛争を解決する手段としての戦争」とは，「国家の政策の手段としての戦争」と同じ意味であり，具体的には，**侵略戦争**を意味する故に，９条１項で放棄されている戦争は侵略戦争であり，**自衛戦争**は放棄していないという解釈が生じる（通説，政府解釈）。

第２項　自衛権

Point　日本政府は，自衛権を憲法によって放棄することはできないとしている。

自衛権とは，外国からの違法な侵害に対し，自国を防衛するため，緊急の必要がある場合，それを反撃するために武力を行使しうる権利である。国際連合憲章51条は，「個別的または集団的自衛の固有の権利を害するものではない」と定めて，**個別的自衛権**・集団的自衛権の行使を認めている。

従来から，日本政府は，自衛権が主権国家固有の権利であるので，憲法によって放棄することはできないとし，そのような自衛権を根拠とした自衛のための最低限の実力としての**自衛力**の保持を正当化している。しかし，このような政府見解に対しては，学説上反対もある。

また，**集団的自衛権**とは，自国と密接な関係にある国が武力攻撃を受けた場合，自国に対する攻撃とみなして反撃を行う権利である。従来の政府見解は，日本も国際法上は集団的自衛権を有するが，憲法上はその行使は禁止されているというものであった。しかし，日本国憲法の施行から65年以上が経過し，わが国を取り巻く安全保障環境が根本的に変容するなかで，平成26年7月1日，政府（安倍内閣）は集団的自衛権の行使を容認する閣議決定を行った。これを受けて，集団的自衛権の行使を可能にする「平和安全法制整備法」が平成27年9月に国会で可決・成立し，平成28年3月29日から施行されている。

なお自衛権に関連して，わが国には**非核三原則**（核兵器をつくらず，もたず，もちこませずの三原則）があるが，政府見解によれば，防衛用の核兵器の保持も憲法上禁止されていないと説明されている。

【演習問題 3-4】政府解釈により，憲法9条において放棄ないし禁止されていないとされるものはどれか。

1．集団的自衛権
2．海外での必要最小限を超える武力の行使
3．国際紛争を解決する手段としての戦争
4．攻撃用の核兵器の保持

◈第4章　基本的人権◈

第1節　人権とは何か

第1項　人権の意味

Key Word	人権，基本的人権，バージニア権利章典，アメリカ独立宣言，フランス人権宣言，人間の尊厳
Key Point	人権は人間が人間であるがゆえに認められる生来的，前国家的，不可侵，不可譲渡で永久の権利であるとされる。

「**人権**」という語は，英語でいう human rights の訳語であるが，日本国憲法の規定の中には，その語は用いられていない。憲法には，11条と97条に「**基本的人権**」(fundamental human rights) という用語が見られる。今日の憲法学説の多くは，この「基本的人権」と「人権」とをほぼ同じ意味のものとして理解している。ところで，この「人権」という語は，憲法上の権利（つまり実定法上の権利）という意味で用いられるよりも，むしろ自然法的・理念的な意味で用いられることが多い。その理由は，「人権」概念が成立する歴史的背景に自然権の思想が存在したからである。

自然権思想と社会契約説については第1章第1節第2項で触れたが，ここにいう「人権」とは，すべての人間が当然に享有すべきもの，言葉を換えれば，人間が人間として本質的に有する前国家的な生来の権利であると定義することができる。

このような人権思想の萌芽は，1776年6月の**ヴァージニア権利章典**に見ることができる。その1条は「すべての人は，生まれながらに等しく自由で独立しており，一定の生来の権利（inherent rights）を有する」と定め，つづく同年7月4日の**アメリカ独立宣言**の中にも，「すべての人は平等に造られ，造物主によって一定の奪いがたい権利が付与され，その中に生命，自由及び幸福追求が含まれることを，自明の真理と信ずる」という一節が見られる。その後，この人権の観念はマサチューセッツ憲法（1780年）をはじめとする各州憲法に受け継がれ，1791年，アメリカ合衆国憲法への権利章典の追加という形で結実した。さらに，フランスは1789年の「**人権宣言**」（正確には「人及び市民の権利宣言」）において，人間の自由と平等，一定の生来の奪いがたい権利を宣言し，ここに近代憲法の核心である人権の観念が確立した。

以上見たように，一般に，人権は人間が人間であるがゆえに認められる生来的，前国家的，不可侵，不可譲で永久の権利であるとされるが，何故に人間がただ人間であるということから，これらの人権が保障されるのか，その論拠については議論がある。古くは，旧約聖書に依拠して「神の似姿論」による人権保障の正当化が行われた時代があったが，近代国家の正当化を説く社会契約論の登場の後は，自然法（J. ロック），理性・道徳的人格性（I. カント），功利主義（J. S. ミル），経済的階級（K. マルクス），正義（J. ロールズ）など，さまざまな理論が展開されたが，今日の段階における人権の理念的根拠として一般に受け容れられているものは「**人間の尊厳**」の観念といえる。しかし，これに対しても，何故に人間に尊厳があるのかという問に理論的に答えることは至難の業であろう。

【演習問題4-1】次の説明のうち，誤っているものはどれか。

1．人権とは，人間が人間であるがゆえに認められる生来的な権利といわれる。
2．人権は，その性質上，前国家的権利とされる。
3．人権は，憲法上の権利すなわち実定法上の権利の意味として用いられる。
4．人権の理念的根拠として一般に受け容れられているものは「人間の尊厳」の観念である。

第2項　人権と基本権

Key Word	基本権，市民権，自然権，自然法，実証主義
Key Point	人権が人間であれば誰でもが生まれながらに有している権利という意味であるのに対して，基本権は人間としての個人ではなく，国家の一員としての個人に属する権利であり，前国家的に存在するものではなく，国家が存在してはじめて保障される権利も含むものとして用いられる。

憲法を学ぶ上で，「人権」とは異なる意味で「**基本権**」という語が用いられることがある。ここにいう人権と基本権とはどのような差異があるかが問題となる。

前記のフランスの「人及び市民の権利宣言」でも，その名称からして，すべての人間に保障される「人権」と，人権とはいえない「市民の権利」とが存在するという意味を含むものであった。アメリカでは，憲法上の権利を意味する言葉として civil rights という語が用いられる。より明確なのはドイツである。ドイツの憲法学では「人権」（Menschenrechte）と「**市民権**」（Bürgerrechte）という語が区別して用いられ，前者は前国家的な性質をもち，国籍を問わず何人に対しても保障される権利・自由であるとされ，後者はドイツ国民のみに保障される権利・自由を指すとされる。この人権と市民権を合わせて，一般に「基本権」（Grundrechte）という語が用いられてきた。

先に述べたように，人権が人間であれば誰でもが生まれながらに有している権利という意味であるのに対して，基本権は人間としての個人ではなく，国家の一員としての個人に属する権利であり，前国家的に存在するものではなく，国家が存在してはじめて保障される権利も含むものとして用いられる。たしかに，今日，日本国憲法が保障している権利・自由は，上で見た人権と呼ばれる権利のみではない。日本国憲法は，日本国民であることを前提として，日本国民のみに保障されると考えられる権利のカタログを示している。

このように，人権を人間固有の超憲法的な自然権として把握し，憲法の規定で直接認められる基本権と区別すべきであるとする見解によると，人権は通常の用法よりも狭く厳密に捉えられることになる。すなわち，人権とは，①すべての人間に認められた権利であり，特定の階級または特定の者に限って例外的に認められる権利ではないこと。②自然法的な根拠をもち，憲法の規定は憲法制定以前から論理的に成立している人権を確認したのに過ぎないから，憲法の規定を改正・削除しても人権は存続すること。③他人に義務を課したり，他人の権利を侵害するものではないこと。他人の権利を侵し，他人に義務を課すには特別な法の根拠が必要であること。国家との関係も同様であり，国家に特別の義務を課す権利は人権ではないとされること。

この見解によれば，国家賠償請求権（17条），刑事補償請求権（40条）はもとより，裁判所という国家の制度を前提とする裁判を受ける権利（32条）やその性質上国籍を有する日本国民のみに認められる参政権（15条，72条，95条，96条），さらに後述する社会権（25条-28条）も厳密にいえば人権には含まれないこととなる。

以上に見た前国家的な人権という考え方は，思想史の上でしばしば復活，再生してくる。それは制定法が不完全な場合，専制政治による圧政下の時代やその直後など，国家権力に対する強い不信が存在する時期に，国民の権利・自由の擁護を法理論の形で補うために，実定法を超える権威あるものとして主張された。しかし，この**自然権**ないし**自然法**の考え方に対しては，①具体的な内容をもった権利を時と場所を超越して妥当する永久の権利として捉えることは困難であること，②国家状態の前に自然状態があるという命題は，論理的な推論としてならばともかく，時間的な先後関係として実証的に捉えることはできないこと，自然権または自然法の観念は，実定法のみちびきの星としては設定できるとしても，実定法の解釈としては採用できない，という**実証主義**からの批判がある。

今日のわが国の憲法学界においては，上に見た人権の概念を広く基本権・自然権と互換的に用いているのが現状である。以下，本書で使用する人権の概念も便宜上，通説的理解に従って広い意味で用いることにする。

【演習問題 4-2】次の説明のうち，誤っているものはどれか。

1．ドイツの憲法学では人権と市民権という語が区別して用いられ，後者はドイツ国民のみに保障される権利・自由を指すとされている。

2．人権を人間固有の超憲法的な自然権として把握し，憲法の規定で直接認められる基本権と区別すべきであるとする見解によると，国家賠償請求権や参政権は人権ではないとされる。

3．日本国憲法が保障している権利・自由の中には，人間が生まれながらに持っているとされる人権とはいえない権利もある。

4．実証主義の立場からすれば，実定法の解釈に際して，場合によっては自然権または自然法の観念を採り入れることができると考える。

第2節　人権の分類

Key Word	自由権，国家からの自由，受益権あるいは国務請求権，参政権，社会権，制度的保障
Key Point	国家から干渉を受けない権利を自由権といい，国家に対して積極的な給付または利益を請求する権利を受益権あるいは国務請求権という。国民が直接にまたは代表者を通じて間接に，政治に参加することができる権利を参政権といい，資本主義経済のもたらした弊害の克服のために社会国家的な立場から保障された権利を社会権という。

憲法で保障される人権は，基準のとり方によってさまざまに分類できるが，一般的には次のように分類できる。

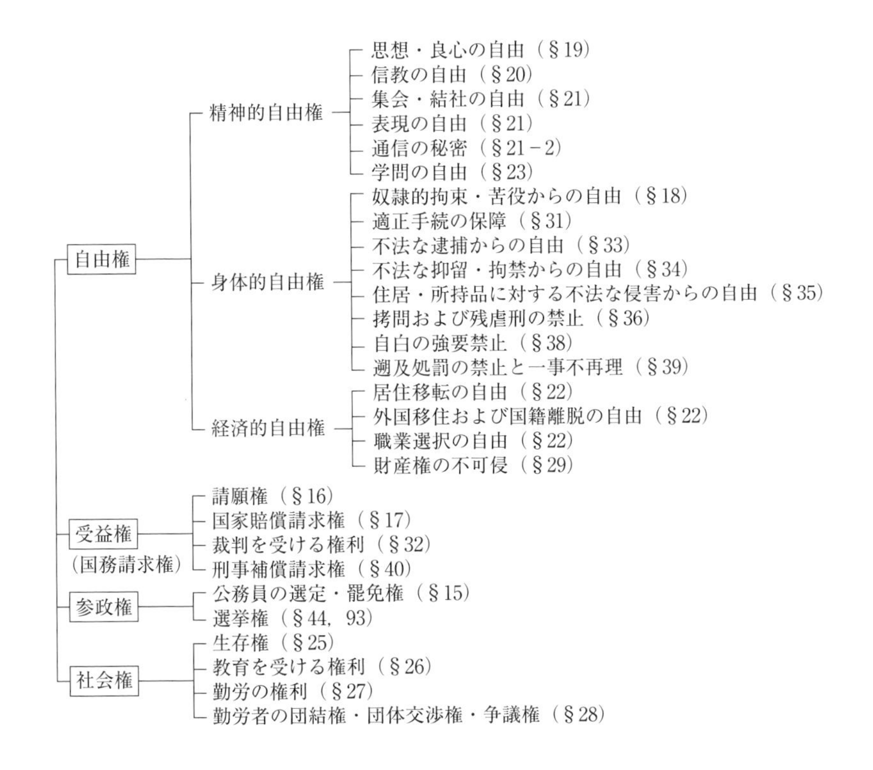

まず，各人がその自由な活動を国家権力によって拘束されない権利を，自由権という。**自由権**は，専制独裁政治の時代に国家がその利益のために国民を犠牲にしてきたという歴史の反省に立って，国民が国家の干渉を否定し，国民各個人が国家から不利益や弾圧を受けないことを要求するものである。その意味で，「**国家からの自由**」を意味する。その性質上，国家の不作為を求める消極的な種類の人権を包括的に意味し，人権の中でも最も古典的な権利である。自由権はさらに精神的自由権，身体的自由権および経済的自由権に分けられる。

次に，国家に対して積極的な給付または利益を請求する権利を**受益権**あるいは**国務請求権**という。自由権とは反対に，自己の利益のために国家の作為（行為）を求める積極的な種類の権利を意味する。この場合は国の犠牲において国民が利益を受けるという関係である。受益権としては，請願権，裁判を受ける権利，国家賠償請求権，刑事補償請求権があげられる。この受益権を広く解すると，後述の社会権も含まれることになるが，その成立過程の歴史的・思想的根拠が異なるという意味で，両者は区別される。

ついで，国民が直接にまたは代表者を通じて間接に，政治に参加することができる権利を**参政権**という。この場合は国家と国民とが対立する利益をもつ場合ではない。「公務員を選定し，及びこれを罷免することは，国民固有の権利である」（15条1項）ことは，民主政治がすべて国民の意思に由来することからの帰結である。選挙権，被選挙権，公務就任権，最高裁判所裁判官の国民審査権，憲法改正の国民投票権，地方自治特別法に対する住民の同意権がこれに属する。

最後に，20世紀における資本主義経済のもたらした弊害の克服のために社会国家的な立場から保障された権利を**社会権**という。資本主義経済の発展が生み出した経済的格差をはじめとする諸種の弊害を是正することにより，社会的・経済的弱者に人間としての生存を確保しようとする理念に基づく権利である。国民の間に生じた経済的格差を是正するためには，富裕な階級に対しては，その経済活動の自由を制限し，その利益を国家に供出させ，その財源を経済的弱者の保護に割り当てる必要がある。このような社会政策によって資本家と労働者の不平等な状態を緩和して，国民の間に実質的な平等を確保し，社会的弱者に「健康で文化的な最低限度の生活」を保障しようとする。このような理念に立つ国家を社会国家あるいは福祉国家という。日本国憲法も社会国家の理念に立つ。

ところで，憲法の人権保障規定の中には，直接に個々の国民に権利としての人権を保障するのではなく，一定の制度そのものを客観的に保障する規定がある。これを**制度的保障**という。この制度的保障の理論は，ドイツのワイマール憲法の解釈論として形成されてきたものであるが，日本国憲法の解釈に際しても有用であるとされている。

制度的保障の理論は論者によって若干その内容を異にするが，その特徴については次のように要約できる。①制度的保障は，国民の人権を保障することを究極の目的とはするが，それを直接の目的としない客観的法規範（国に対する義務づけ規範）である。人権保障と制度的保障との関係は，目的と手段の関係にあるといえる。②制度的保障は，伝統的に形成されてきた制度を保障するものである。例えば，大学の自治（23条），政教分離原則（20条），私有財産制度（29条），地方自治制度（８章），婚姻および家族に関する制度の保障（24条）などが，これである。③制度的保障は，制度の総体ではなく，その核心的（本質的）部分を法律で変更することを許さないとするものである。制度の周辺部分については法律による変革は認められる。④制度的保障は，行政部，司法部のみでなく，立法部も規範的に拘束する。

【演習問題 4-3】次の説明のうち，正しいものはどれか。

1．制度的保障は，伝統的に形成されてきた制度を保障するものであり，日本国憲法の下では，大学の自治（23条），政教分離原則（20条），地方自治制度（８章）などが例としてあげられる。

2．資本主義経済のもたらした弊害の克服のために社会国家的な立場から保障された権利を一般に，受益権という。

3．国民各自がその自由な活動を国家権力によって拘束されない権利を自由権といい，その性質上，国家の作為を求める積極的な種類の人権を包括的に意味する。

4．社会的・経済的弱者に人間としての生存を確保しようとする理念に基づく権利である社会権には，生存権，教育を受ける権利，裁判を受ける権利，労働基本権などがある。

第３節　人権の享有主体

人権保障を定めた憲法第３章の表題が「国民の権利及び義務」とされていることから，すべての国民が人権の享有主体であることには異論がない。ただし，未成年者の場合には，その精神的・身体的未成熟性から，現実の法制度の中で一定の制約規定が存在する。まず，民法５条は「未成年者が法律行為をするには，その法定代理人の同意を得なければならない」と定め，その行為能力を制限し，同法731条は婚姻可能年齢を定め，憲法24条で保障される婚姻の自由を制約している。また，18歳未満の者には参政権が保障されず（公職選挙法９条），18歳未満の者による選挙運動が禁止されている（同法137

条の2)。さらに，表現の自由に関しては，各都道府県の青少年保護育成条例において青少年に対する有害図書の販売・閲覧等が禁止されている。この点について，岐阜県青少年保護育成条例による有害図書の指定と自販機への収納禁止の違憲性が争われた事件に対して，最高裁は「青少年の健全な育成を阻害する有害環境を浄化するための規制に伴う必要やむをえない制約であり，憲法21条に違反しない」と判示した(最判平成1・9・19刑集43・8・785)。

人権の享有主体としては，天皇・皇族，法人，外国人，特別な公法関係としての公務員・在監者の場合が問題となる。

第1項　法人と外国人の人権

Key Word	自然人，人格者，八幡製鉄事件，性質説，文言説，マクリーン事件最高裁判決，入国する自由，再入国の自由，参政権，公務就任権，当然の法理，経済的自由，塩見訴訟，
Key Point	個々の人権の性質に着目して，その性質上，外国人にも保障されるものと，保障されないものとを区別すべきであるとするのが通説である。

1　法　　人

Point　人権は本来，自然人を対象としたものであるが，その法人の性質上ふさわしいものである限り，法人も人権の享有主体として認められる。

人権保障は，本来，前述したように人間が人間であるがゆえに当然もつべき権利であるという自然権思想に由来するものであるから，**自然人**たる個人を対象としたものであり，法人を対象としたものでないことは明らかである。

ところが，時代の進展に伴って社会の組織化が顕著となり，法人の社会的必要性が認められるようになったため，法人にも人権の享有主体としての地位を認めるべきであると説かれるようになった。法人とは，国が一定の目的をもって法制度の上で設けた**人格者**(権利・義務の主体となりうる資格を有する存在）であり，保障される人権の範囲と程度は法令で定められた法人の設立目的の範囲内で判断される。具体的には，自然人のみに意味をもつ権利，例えば，選挙権（15条），奴隷的拘束及び苦役からの自由（18条），不法に逮捕・監禁されない権利（33条，34条），拷問及び残虐な刑罰の禁止（36条），刑事補償請求権（40条）などについては享有できないが，法の下の平等（14条），請願権（16条），適正手続の保障（31条），経済的自由（22条，29条），裁判を受ける権利（32条），国家賠償請求権（17条）などは法人も享有しうる。

株式会社が特定の政党に対して政治献金を行うことが許されるかが争われた**八幡製鉄事件**において，最高裁は「憲法第３章に定める国民の権利および義務の各条項は，性質上可能なかぎり，内国の法人にも適用されるものと解すべきであるから，会社は，自然人たる国民と同様，国や政党の特定の政策を支持，推進しまたは反対するなどの政治的行為をなす自由を有する」（最大判昭和45・６・24民集24・６・625）と判示した。

国や地方公共団体も法人であるが，原則として人権の享有主体とはなりえない。

２　外 国 人

Point　人間であることによって当然享有すべき性質の人権については外国人にも保障が及ぶが，入国の自由，在留の権利，わが国の政治に影響を及ぼす政治活動は認められず，公務就任権や経済的自由権などについても一定の制約を受ける。

日本国憲法が人権の保障を人類普遍の原理（前文）としていることから，憲法第３章の規定は原則的に外国人にも及ぶと解し，個々の人権の性質に着目して，その性質上，外国人にも保障されるものと，保障されないものとを区別すべきであるとするのが通説である（**性質説**）。

学説の中には，人権規定に見られる「国民は」と「何人も」の主語の使い分けを重視し，前者については外国人には適用がなく，後者の場合にのみ適用があると解する立場（**文言説**）があるが，22条２項の国籍離脱の自由の例のように，憲法の規定は上述のような趣旨で厳密な使い分けをしていないと解されるから，この見解は採用できない。

以上の視点に立つと，国民であるという身分にかかわりなく，人間であることによって当然享有すべき性質の人権については，外国人にもその保障が及ぶと考えられる。具体的には，思想・良心の自由（19条），信教の自由（20条），学問の自由（23条），奴隷的拘束及び苦役からの自由（18条），婚姻の自由（24条），請願権（16条），表現の自由（21条，ただし，政治的活動に関しては後述の参政権との関係で問題となりうる）などがある。

これに対して，国民としての身分を有することを前提とする権利・自由については，外国人にはその保障が及ばないと解される。具体的には，入国の自由，滞在・居住する権利，国籍離脱の自由，参政権（公職の選挙権・被選挙権）は認められず，公務就任権，政治的意見表明の自由，経済的自由，社会権に関しては一定の制約が認められる。

マクリーン事件最高裁判決は，「外国人は，わが国に**入国する自由**を保障されているものでないことはもちろん，……在留の権利ないし引き続き在留することを要求しうる権利を保障されているものでもない」とし，「基本的人権の保障は，権利の性質上日本国民のみを対象としていると解されるものを除き，わが国に在留する外国人に対しても等しく及ぶものと解すべきであり，政治活動の自由についても，わが国の政治的意思決定又はその実施に影響を及ぼす活動等外国人の地位にかんがみこれを認めることが相当でないと解されるものを除き，その保障が及ぶ」と判示した（最大判昭和53・10・4民集32・7・1223)。出国の自由については外国人も享有しうるが，外国へ一時旅行する自由や**再入国の自由**は保障されない（最判平成4・11・16集民166・575)。

外国人の**参政権**とくに選挙権に関しては，国政選挙については「国民主権の原理」から当然否定されるが，最近，最高裁は傍論において，永住資格を有する外国人に地方公共団体の長・議員に対する「選挙権を付与する措置を講ずることは，憲法上禁止されているものではないと解するのが相当であ」り，このような「措置を講ずるか否かは，専ら国の立法政策にかかわる事柄で」あるとの判断を示した（最判平成7・2・28民集49・2・639)。

公務就任権については，「公務員に関する当然の法理として，公権力の行使または国家意思の形成への参画にたずさわる公務員となるためには，日本国籍を必要とする」という内閣法制局の見解がある（昭和28・３・25)。これを根拠に，外務公務員については法律で，一般の国家公務員については受験資格を定める規則（人事院規則８-18）で，それぞれ国籍条項を設けることで制限されている。地方公務員についても国籍条項を設ける自治体が多かったが，1980年代以降，管理職を除いた一部の公務員について国籍条項を撤廃する動きが見られ，平成17年には11府県がこれを撤廃している。公立の小中高校の教員については，上述の「**当然の法理**」により都道府県教育委員会の教員採用選考要領で国籍条項を定めているものが多い。国公立大学の教員については，公立の大学における外国人教員の任用等に関する特別措置法（昭和57年）により，教授・准教授・講師として任用することが可能となった。外国人の採用を認めていながら，管理職への昇任試験の受験を認めないことが憲法14条に違反するかが争われた事件について，最高裁は公務員の職には「住民の権利義務を直接形成し，その範囲を確定するなどの公権力の行使に当たる行為を行い，若しくは普通地方公共団体の重要な施策に関する決定を行い，又はこれらに参画することを職務とするもの（公権力行使等地方公務員）があり，これについては国民主権の原理に基づき，原則として日本国籍を有する者が就任することが想定されている」とし，その意味から「日本国民である職員に限って管理職に昇任することができることとする措置を執ること」は憲法14条１項に違反するものではないと判示した（最大判平成17・１・26民集59・１・128)。

経済的自由については，合理的理由があれば，これを制約することができると解されている。特に，国家的利益を確保する必要のある職種について，外国人の職業選択の自由を制限することは認められる（例えば，公証人法12条，電波法５条，銀行法47条，鉱業法17条，船舶法47条，弁理士法２条など)。また，財産権とくに土地の所有権について，相互主義を条件として制限することが認められる（外国人土地法１条)。

社会権については，外国人の所属国政府が責任を負うべき性質のものであるとの理由から，従来，外国人には保障が及ばないと解されてきた。しかし，社会権の保障を規定する国際人権Ａ規約（1976年発効，日本は79年批准）２条２項が内外人平等待遇の原則を定めていることから，近年は，一定の要件を有する外国人に社会権の保障を及ぼす傾向にある。教育を受ける権利（26条），労働基本権（28条）は外国人にも平等に保障されるが，勤労の権利（27条）や生存権（25条）については，一般外国人と定住外国人との間で保障の程度が異なると解される。外国人の社会権保障に関する**塩見訴訟**において，最高裁は「社会保障上の施策において在留外国人をどのように処遇するかについては，国は特別の条約の存しない限り，……その限られた財源の下で福祉的給付を行うに当たり，自国民を在留外国人より優先的に扱うことも，許されるべきことと解される」と判示した（最判平成１・３・２判時1363・68）。

【演習問題 4-4】次の記述のうち，通説・判例に照らして妥当でないものはどれか。

1．憲法第３章に定める国民の権利および義務の各条項は，性質上可能なかぎり，内国の法人にも適用されるものと解すべきであるから，会社は，国民と同様，国や政党の特定の政策を支持・推進しまたは反対するなどの政治的行為をなす自由を有する。
2．公権力の行使に当たる行為を行い，もしくは普通地方公共団体の重要な施策に関する決定を行い，またはこれらに参画することを職務とする公務員については国民主権の原理に基づき，原則として日本国籍を有する者が就任することが想定されている。
3．社会保障上の施策において外国人をどのように処遇するかについては，国は特別の条約の存しない限り，自国民を在留外国人より優先的に扱うことは許されない。
4．基本的人権の保障は，権利の性質上日本国民のみを対象としていると解されるものを除き，わが国に在留する外国人に対しても等しく及ぶものと解すべきであり，政治活動の自由についても，わが国の政治的意思決定又はその実施に影響を及ぼす活動等外国人の地位にかんがみこれを認めることが相当でないと解されるものを除き，その保障が及ぶ。

第2項　公務員，在監者

Key Word	特別権力関係，特別の公法関係，政治的行為（活動），猿払事件，地位の特殊性，職務の公共性，在監者，受刑者，刑事被告人，被疑者
Key Point	国との関係で一般国民とは異なる立場にある公務員と在監者に関しては，合理的で必要最小限度の人権制約が認められる。

1　公務員

Point　公務員については政治的行為の制限と労働基本権の制限が定められている。

公務員と在監者などは，国との関係において一般の国民とは異なった立場にある。従来，このような立場にある者に対しては法治主義の一般原則が適用されず，法律によることなく人権を制限することが許され，原則として裁判所の審査権は及ばないものとされた（**特別権力関係**論）。しかし，近年の学説・判例は，これらの特殊な法律関係を認めつつも，人権の制約はその特殊な地位に照らして合理的な理由の下，必要最小限度に限られるべきであるとし，その人権制約には原則として法律上の根拠を必要とし，裁判所の審査権も原則的に認められるべきであるとする（**特別の公法関係**の理論）。

公務員については，現行法上，政治的行為の制限と労働基本権の制限が定められている。憲法15条2項は，「すべて公務員は，全体の奉仕者であつて，一部の奉仕者ではない」と規定している。これを受けて，国家公務員法は一般職公務員の政治的行為を一律に制限している（国家公務員法102条1項[*1]，地方公務員については地方公務員法36条）。たしかに，公務員は全体の奉仕者として公共の利益のために勤務すべきであり，この職務を公正にしかも政治的中立性を保持しつつ執行しなければならないというのが憲法の要請である。

けれども，**政治的行為（活動）**の自由は，民主制に直結する重要な人権であるから，公務員の政治的中立性を損なうおそれのある公務員の政治的行為を禁止することは，その制約が合理的で必要やむをえない限度にとどまるものである限り，憲法の許容するところであるとされる。公務員の政治的行為の制限の合憲性が争われた**猿払事件**において最高裁は，①禁止目的が正当であり，②禁止目的と禁止される政治的行為との間に合理的関連性があり，③政治的行為を禁止することにより得られる利益と禁止することにより失われる利益が均衡していれば，合憲であるとした（最大判昭和49・11・6刑集28・9・393）。

その後，最高裁は公務員による政党機関誌の配布行為が問題とされた**堀越事件**において，禁止される政治的行為に限定を加え，「公務員の職務の遂行の政治的中立性を損なうおそれが実質的に認められる」ものを指すとした。そこで本件配布行為は管理職的地位になく，職務の内容や権限に裁量の余地のない公務員によって職務に全く無関係に行われたものであるから，それに該当しないとした（最判平成24・12・7刑集66・12・1337）。

国家公務員法98条2項[*2]及び地方公務員法37条1項は，公務員が同盟罷業，怠業その他の争議行為を行うことを一律に禁止し，これらの違法行為の遂行を共謀し，そそのかし，あおり，または企てた者には刑罰を科すことを規定している。公務員も労働を提供し，その対価として給与を受けるものであるから，憲法28条にいう「勤労者」に含まれるが，その**地位の特殊性**と**職務の公共性**から，一般私企業の労働者と異なる制約が認められるとするのが通説・判例の立場である。

制約の論拠としては，次のような点が指摘されている。①憲法28条の労働基本権は，資本主義経済の発達から生じた弊害を解決するため，社会的弱者である労働者にその労働条件を改善する手段として与えられたものであるが，公務員とその使用者たる国民との間にこのような原理がそのまま妥当するかは疑問である。②公務員の職務・業務は，一般私企業が利潤を追求するのと異なり，公共への奉仕を本来の目的とし，また業務も公共性の高い独占的規模で行われることから，労働基本権の行使とくに争議行為は国民生活全体の利益に重大な障害をもたらすおそれがある。③公務員の勤務条件は私企業の場合と異なり，財政民主主義により国会の制定する法律・予算に基づいて決定されるものであるから，公務員の争議行為は民主的になされるべき勤務条件決定の手続を歪曲するおそれがあり，また，政府には団体交渉を受けて勤務条件を決定する当事者能力がない。④公務員の争議行為については，勤務条件の法定，身分保障，人事院制度などの整備された代替措置が設けられている（詳細については，第10節第３項⑷を参照）。

2　在監者

Point　在監者については監獄内の秩序維持の見地から必要最小限度の人権制約が認められる。

ここにいう**在監者**とは，受刑者のほか，未決拘禁にある刑事被告人・被疑者や死刑囚，労役場留置者を含み，広く刑事収容施設（刑務所や拘置所，警察署の留置場）に強制的に収容されている者を意味する。これらは，それぞれ拘禁の目的が異なるから，その人権の制約について一律には論じられない。

受刑者については，強制的に刑務所内に身体を拘束されるものであるから，集会・結社の自由，居住・移転の自由，職業選択の自由が当然制限されるのは議論の余地がないが，信書の発受，新聞・図書等の閲読，接見，喫煙の禁止などが問題となりうる。刑事収容施設及び被収容者等の処遇に関する法律は，外部者との交通（信書の交換，面接）に関する制限規定を置いているが，法律の根拠がなくても，刑務所の規律，保安の維持，脱走の防止などの要請から，必要最小限度の人権の制約は許されると解されている。

未決拘禁者に対する喫煙の全面禁止が憲法13条に違反するかが争われた事件において，最高裁は，通謀の防止などの監獄内の秩序維持，罪証隠滅の防止の観点から喫煙禁止という程度の自由の制限は必要かつ合理的であると述べ，喫煙の自由が「憲法13条の保障する基本的人権の一に含まれるとしても，あらゆる時，所において保障されなければならないものではない」と判示して喫煙禁止が憲法13条に違反するものでないとした（最大判昭和45・9・16民集24・10・1410）。また，未決拘禁者に対する新聞閲読の自由の制限が問題とされた「よど号ハイジャック新聞記事抹消事件」において，最高裁は，「被拘禁者の性向，行状，監獄内の管理，保安の状況，当該新聞紙，図書等の内容その他の具体的事情の下において，その閲読を許すことにより監獄内の規律及び秩序の維持上放置することのできない程度の障害が生ずる相当な蓋然性があると認められること」を判断基準に挙げて，本件処分を合憲としている（最大判昭和58・6・22民集37・5・793）。

刑事被告人，被疑者については，その拘禁目的が逃亡・証拠隠滅の防止にあり，拘禁自体は刑罰の執行ではないから，その人権の制約はより慎重になされなければならない。

*1 国家公務員法102条1項：職員は，政党又は政治的目的のために，寄附金その他の利益を求め，若しくは受領し，又は何らかの方法を以てするを問わず，これらの行為に関与し，あるいは選挙権の行使を除く外，人事院規則で定める政治的行為をしてはならない。

*2 国家公務員法98条2項：職員は，政府が代表する使用者としての公衆に対して同盟罷業，怠業その他の争議行為をなし，又は政府の活動能率を低下させる怠業的行為をしてはならない。又，何人も，このような違法な行為を企て，又はその遂行を共謀し，そそのかし，若しくはあおってはならない。

【演習問題 4-5】次の記述のうち，誤っているものはどれか。

1．在監者とは，受刑者のほか，未決拘禁にある刑事被告人・被疑者や死刑囚，労役場留置者を含み，広く刑務所や拘置所，警察署の留置場に強制的に収容されている者をいう。

2．公務員の政治的行為の制限の合憲性が争われた猿払事件において最高裁は，禁止目的が正当であり，禁止目的と禁止される政治的行為との間に合理的関連性があり，政治的行為を禁止することにより得られる利益と禁止することにより失われる利益が均衡していれば，合憲であると判示した。

3．憲法21条2項は「通信の秘密は，これを侵してはならない」と定めているから，受刑者であっても法律の根拠なく信書の発受を制限することは認められない。

4．未決拘禁者の新聞閲読の自由は，それを許すことにより監獄内の規律や秩序の維持上放置することのできない程度の障害が生ずる相当な蓋然性があると認められる場合には，これを制限することができる。

第４節　私人間における人権保障

Key Word	社会的権力，直接適用説，間接適用説，公序良俗規定，三菱樹脂事件，昭和女子大事件，日産自動車事件
Key Point	人権規定が直接適用されるのは公権力と私人との関係であり，私人間においては民法の一般条項（１条，90条，709条）とくに90条の公序良俗規定などを媒介として，間接的に適用されるにとどまるとする間接適用説が通説・判例である。

従来の考え方によると，人権は個々の国民が国家や公共団体に対して主張しうる権利であり，それは公権力による侵害から国民の権利・自由を守るという性格を有すると理解されてきた。したがって，人権保障規定はもっぱら公権力を拘束する意味を有するものとされ，個々の国民相互の関係（私人間の関係）には直接適用されるものではないと解されてきた。すなわち，本来，平等とみなされる私人相互の間では，合意のみが義務を生み出すという考えから，私的自治，契約の自由，過失責任の原則を柱とした私法（民法）の規定が適用され，憲法の人権規定の効力はこれには適用されないと考えられてきた。

ところが，資本主義経済が高度に発展した結果，人権侵害の問題は，現代においては，公権力によるよりも，むしろ私人相互の関係で多く引き起こされるようになった。一般の社会生活の中に，大企業，労働組合，政治団体，宗教団体などの**社会的権力**が登場し，国民の間に強い権力支配関係ができあがり，その政治的・経済的な優劣関係を通じて，個々の国民の自由な立場が圧迫されるという現象が顕著になってきた。例えば，大企業と中小企業との利害の対立，使用者と従業員または労働組合と組合員との関係，私立大学と学生，医師会と医師との関係，言論報道機関による一般個人の人格権の侵害の問題などがこれである。

そこで，このような私人による人権侵害は法律によって規制すべきであるが，これが不十分である場合には，憲法の人権規定を何らかの形で私人間の関係に適用する必要性が指摘されるようになった。人権の私人間効力（第三者効力）の問題といわれるものがこれである。

ところで，人権規定の中には国務請求権や生存権のように，国家に対する国民の権利のみを保障し，その性質上私人間には適用する余地のないものがある反面，性質上，私人をも直接の適用の対象としていると解されるものがある。例えば，秘密投票の保障（15条4項），奴隷的拘束・苦役からの自由（18条），婚姻の自由（24条），児童酷使の禁止（27条3項），労働基本権（28条）などがこれにあたる。問題となるのは，上記以外の規定，例えば，法の下の平等（14条1項）や精神的自由に関する規定について，これを私人間の関係にどのように適用するかの点である。具体的には，企業（使用者）が特定の従業員をその思想や性別を理由として給与等の処遇の面で差別したり，解雇したりすることは，民法などの規定がどうあっても，憲法の人権規定によって禁止されていると解することができるかという問題がこれである。

学説は，直接適用説と間接適用説に分かれる。間接適用説が通説である。**直接適用説**は，その私人間の関係が「社会的権力」と個人との関係である場合には，人権保障規定の直接的な適用が認められるとする立場をとる。これに対して，**間接適用説**は人権規定が直接適用されるのは公権力と私人との関係であり，私人間においては民法の一般条項（1条，90条，709条）とくに90条の**公序良俗規定**などを媒介として，間接的に適用されるにとどまるとする。間接適用説は，私法の一般条項を中間媒介にすることによって，大企業などの社会的権力から個人の人権を確保しなければならないという現代の要請と，私的自治（契約の自由）の原則を国家の介入から保障しようという要請との調整を図ろうとする点で優れている。

判例も間接適用説の立場をとる。入社試験に際し学生運動の経歴などに関して虚偽の申告をしたことを理由に本採用が拒否されたことが，思想・良心の自由（19条）及び信条による差別の禁止（14条1項）に反するか否かが争われた**三菱樹脂事件**において，最高裁は間接適用説の立場に立ち，企業は雇用の自由を有するから特定の思想・信条をもつ者の採用を拒否しても違法とはいえないと判示した（最大判昭和48・12・12民集27・11・1536）。また，私立大学で政治活動を禁止した学内規則に違反したという理由で退学処分をうけた学生がその処分の効力を争った**昭和女子大事件**において，最高裁は政治活動を理由として退学処分をすることは，直ちに学生の学問の自由及び教育を受ける権利を侵害し公序良俗に違反するものではないとして学生の訴えを退けた（最判昭和49・7・19民集28・5・790）。さらに，女子の若年定年制が問題となった**日産自動車事件**で，最高裁は「会社の就業規則中，女子の定年年齢を男子より低く定めた部分は，専ら女子であることのみを理由として差別したことに帰着するものであり，性別のみによる不合理な差別を定めたものとして民法90条の規定により無効である」と判示した（最判昭和56・3・24民集35・2・300）。

【演習問題 4-6】 次の記述のうち，誤っているものはどれか。

1. 三菱樹脂事件において，最高裁は，企業（使用者）は雇用の自由を有するが，特定の思想・信条をもつことのみを理由として採用を拒否することは許されないと判示した。
2. 直接適用説は，私人間の関係が「社会的権力」と私人との関係である場合には，人権保障規定の直接的な適用が認められるとする立場をとる。
3. 秘密投票の保障，奴隷的拘束・苦役からの自由，婚姻の自由，児童酷使の禁止，労働基本権などは，その権利の性質上，私人にも直接適用されると解されている。
4. 間接適用説は人権規定が直接適用されるのは公権力と私人との関係であり，私人間においては民法の一般条項とくに90条の公序良俗規定を媒介として，間接的に適用されるにとどまるとする。

第5節　基本的人権の限界

Key Word	法律の留保，公共の福祉，内在的制約，自由国家的公共の福祉，社会国家的公共の福祉，個人の法益の保護，社会の法益の保護，国家の法益の保護
Key Point	従来，公共の福祉は「人権相互のあいだの矛盾・衝突を調整する原理としての実質的公平の原理を意味する」と説かれてきたが，今日では，人権制約の論拠を他人の権利・利益のみに求めることは困難であると言われる。

先に述べたように，人権は侵すことのできない永久の権利として，すべての国民に保障されるものであるが，それが絶対無制限に保障されていると考えることはできない。日本国憲法は，人権の限界の確定について帝国憲法のように個別の条文に「**法律の留保**」（明治憲法22条，25条，26条，29条）を付ける方法はとらず，「公共の福祉」の概念を用いている。「公共の福祉」の文言は，憲法12条，13条，22条１項，29条２項の４箇所に見られる。12条と13条は人権の総則的規定の位置にあり，前者は憲法の保障する権利・自由の濫用禁止と公共の福祉のための利用責任を定め，後者は人権一般の制約原理を定めたものと解される。22条１項と29条２項はいずれも経済的自由権に関する個別的な制約根拠として定められている。

この「**公共の福祉**」の意義をめぐって，学者の間で長い学問的論争が展開されたが，今日の多数説は憲法13条は単なる訓示規定ではなく法的規範・裁判規範であり，12条と13条とくに13条の公共の福祉は消極的な**内在的制約**の根拠規定であるとし，憲法22条と29条の公共の福祉は積極的な政策的制約を基礎づけるものと捉える。前者を**自由国家的公共の福祉**，後者を**社会国家的公共の福祉**として区別することはよいとしても，前者が意味する「内在的制約」という用語は極めて曖昧であり不明確である。この内在的制約の意味について，宮沢教授は「人間の社会で，ある人の人権に対し規制を要求する権利のあるものとしては，他の人の人権以外には，あり得ない」として，公共の福祉を「人権相互のあいだの矛盾・衝突を調整する原理としての実質的公平の原理を意味する」と説いた。

人権の限界の正当化根拠をその内在的制約に求める見解によれば，それは①他人の生命・健康を害する行為の排除，②他人の人間としての尊厳を傷つける行為の排除，③人権と人権が衝突する場合の相互調整に限られることになる。はたして，このような説明で十分であろうか。例えば，上に見た学説によって，街の美観保持のための看板の規制や選挙の公正を確保するための各種選挙運動の制限の正当化を説明できるであろうか。表現の自由を規制する根拠として持ち出される街の美観や静穏，性道徳の維持，電波の混信の防止などは，いずれも個々人の権利には還元できない社会全体の利益であることは認められよう。人権を制約しうるのは他人の権利・利益のみだとする見解を貫くことは困難である。

公共の福祉については，次の３点に分けて考えるべきである。

1　個人の法益の保護

本来，権利・自由は他人の存在を前提として意味をもつものであるから，個人の人権の行使は当然他人の人権との相互関係で制約を受ける。各個人の利益が等しく保護されることが公共の福祉であるとすれば，他人の名誉やプライバシーを侵害するような言論・出版・報道の自由は許されないことになる。公共の福祉が，人権と人権との間での矛盾・衝突を調整する原理として理解されるのは，このような場合である。

2　社会の法益の保護

各個人が人権を享有し行使できるためには，その所属する社会の安全と秩序が保たれていることが前提条件である。社会の共同生活の秩序が維持されていることは，社会構成員すべての共通の利益であり，公共の福祉であるといえる。例えば，自動車の速度規制や産業公害の防止のために営業の自由を規制することはこれに含まれる。また，社会生活における公共道徳の確保の見地から，わいせつ文書・図画の頒布販売が禁止され，その意味で表現の自由が制限されることも，この点から説明できる。

3　国家の法益の保護

他人に対する侵害行為を禁止し，万人の生活の安全を保持するために国家という団体組織を構成し，その団体の力によって社会の秩序を維持していくのであるから，国の活動機能が正常に運営され，憲法秩序が保持されることは国家の存立のための絶対条件である。この意味から，国の正当な統治と行政機能の確保に関する国家の法益の保護は，公共の福祉に含まれる。選挙の公正を害するような無軌道な選挙運動が禁止され，国家と民主的な憲法秩序を破壊する内乱が犯罪として処罰され，国家の正常な機能を害する公務執行妨害罪が単なる暴行罪や脅迫罪と別に加重処罰されるのは，いずれも国の法益を保護するためである。もし，仮に個人の人権が常に国の法益に優先するものならば，上記の規制や制限は違憲ということになる。

以上見たように，憲法は12条と13条で人権制約原理としての公共の福祉を規定するが，このほか，22条１項と29条２項に重ねて公共の福祉による制約を明記している。これを社会国家的公共の福祉として捉えることは前述したが，この意味における公共の福祉は社会権の保障と対応するものであり，国民相互の経済的格差を是正し，多くの国民の福祉を増進させるという積極的な意味をもつものと解される。社会的弱者の保護を目的とする社会権を充実させるためには，経済的自由権である職業選択・営業の自由や財産権に対する大幅な法律による制約が予想される。巨大企業の事業活動に一定の制限を加える反面，中小企業に対しては特別の法律上の保護を与えたり（中小企業団体の組織に関する法律），カルテル，トラストなどにより市場の利益を独占することを抑制すること（私的独占の禁止及び公正取引の確保に関する法律）は，いずれも，この意味の公共の福祉に基づくものである。

このような経済的自由権に対する制約原理としての社会国家的公共の福祉については，立法府の裁量に基づく政策的な制約が認められる。国会が国民の福祉の増進のために経済的自由権に対して一定の制約を加えたときは，裁判所はその目的と手段との合理的関連性を審査する際，精神的自由権の制約の場合とは異なり，緩やかな基準によって立法者の判断を尊重することになる（二重の基準論）。

【演習問題 4-7】次のうち，「人権相互のあいだの矛盾・衝突を調整する原理としての実質的公平の原理」としての公共の福祉で説明できるものはどれか。

1．わいせつ文書・図画の頒布販売が禁止されること。
2．他人の名誉やプライバシーを侵害する言論・出版・報道の自由が規制されること。
3．街の美観を保持するため，貼り紙や看板の掲示が規制されること。
4．選挙の公正を害するような無軌道な選挙運動が制限されること。

第6節　生命・自由・幸福追求権と法の下の平等

第1項　幸福追求権の包括的権利性

Key Word	新しい人権，幸福追求権，包括的人権，プライバシーの権利，肖像権，情報プライバシー権，個人情報保護法，自己決定権，人権のインフレ化
Key Point	憲法13条の幸福追求権を根拠として，プライバシーの権利など，憲法に具体的に列挙されていない新しい人権が導き出される。

1　幸福追求権の意義

Point　憲法14条以下で列記されている人権カタログに含まれない人権が侵害された場合，幸福追求権を根拠に裁判上の救済を求めることができる。

憲法は，歴史的に国家権力により侵害されることの多かった人権を14条以下で列挙しているが，すべての人権を網羅していない。そのため，時代が進み社会が変化するにつれて，憲法制定当初には予想できなかった人権侵害が生じるおそれが増大している。そこで，憲法に列挙されていない権利（「**新しい人権**」）を導き出すため，13条後段の「生命，自由及び幸福追求に対する国民の権利」（**幸福追求権**）を包括的権利（**包括的人権**）と解し，この幸福追求権によって基礎づけられる権利を裁判上の救済を受けることのできる具体的な権利であると解するのが通説・判例の立場である（「京都府学連事件」最大判昭和44・12・24刑集23・12・1625）。

ところで，幸福追求権の範囲をめぐって，学説上，人格的生存に不可欠な権利のみ認められるとする「人格的利益説」と，人のあらゆる生活領域に関する行為の自由が広く認められるとする「一般的自由説」とが対立している。人格的利益説は，新しい人権を無制限に認めていくと人権のインフレ化を招き，かえって既存の人権保障を弱めるおそれがあること，新しい人権を認めるにあたり裁判所による恣意的な判断を許すおそれがあることを理由として一般的自由説を批判する。これに対して一般的自由説は，新しい人権を限定的に考えると人権保障の範囲が狭くなりすぎるおそれがあること，人格的生存に不可欠か否かという基準は抽象的で明確性を欠くことを理由として人格的利益説を批判する。

憲法13条を根拠に主張される新しい人権の具体例として，人格権，**プライバシーの権利**，肖像権，名誉権，自己決定権，環境権などがあげられる。

ちなみに，最高裁は「京都府学連事件」において，「何人も，その承諾なしに，みだりにその容ぼう・姿態を撮影されない自由を有」し，「肖像権と称するかどうかは別として，少なくとも，警察官が，正当な理由もないのに，個人の容ぼう等を撮影することは，憲法13条の趣旨に反し，許されない」と判示して実質的に**肖像権**を認め（最大判昭和44・12・24刑集23・12・1625），その後の「ピンク・レディー事件」において，「肖像等は，商品の販売等を促進する顧客吸引力を有する場合があり，このような顧客吸引力を排他的に利用する権利」としての**パブリシティ権**を容認した（最判平成24・2・2民集66・2・89）。

2　プライバシーの権利と自己決定権

Point　自己にかかわる情報を本人がコントロールする権利をプライバシーの権利といい，個人が一定の私的事項について本人が決定することができる権利を自己決定権という。

プライバシーの権利は，「ひとりで放っておいてもらう権利」としてアメリカ判例で発展してきたが，わが国においては「宴のあと」事件第一審判決（東京地判昭和39・9・28下民集15・9・2317）で「私生活をみだりに公開されないという法的保障ないし権利」と定義され，今日では広く「自己に関する情報をコントロールする権利（**情報プライバシー権**）」と捉えられている。プライバシーの権利は，もともと個人の私的領域に他者の関与を排除するという自由権的（消極的）性格のものとして解されていたが，情報化社会の進展とともに，個人が自己の情報についてみずから主体的にコントロールし，自己情報についての開示・訂正・抹消を請求できるという請求権的（積極的）性格が重視されるようになってきている。もっとも，請求権的側面が認められるためには，その根拠となる法令が必要と解されており，**個人情報保**

護法にその規定がみられる。

近年，個人が一定の私的な事柄について，公権力による干渉を受けずにみずから決定することができるという意味での**自己決定権**が幸福追求権の一つとして主張されている。

この自己決定権の性格について，あらゆる生活領域に適用されるとする説と，人格的自律に不可欠な領域に限り認められるとする説に分かれる。前説に対しては，人権の範囲が極端に広がり「**人権のインフレ化**」を招くという批判がなされ，後説に対しては，何が人格的自律に不可欠であるか明確でないとの批判がなされており，学説上争いがある。

今日，この自己決定権に属する事柄として主張されているのは，安楽死や輸血の拒否などにかかわる自己の生命・身体の処分に関する事柄，避妊や堕胎の自由にかかわるリプロダクション（生殖活動）に関する事柄，婚姻や離婚などにかかわる家族の形成維持に関する事柄，学校の定める校則の合憲性が問題とされる容姿や髪型および服装の自由に関する事柄などであり，様々な事項が多岐にわたって含まれているから，規制の目的，態様，手段と関連付けてどこまでが認められるか判断しなければならない。

特に，終末医療，臓器移植や生殖補助医療など，生命や医療倫理にかかわる領域においては，患者の自己決定権やインフォームド・コンセントを基調とする方向へと転換しつつあるが，宗教観・死生観・家族観・人間の尊厳の尊重など様々な問題が交錯しており，複雑な問題を含んでいる。なお，最高裁は「エホバの証人輸血拒否事件」において，「患者が，輸血を受けることは自己の宗教上の信念に反するとして，輸血を伴う医療行為を拒否するとの明確な意思を有している場合，このような意思決定をする権利は，人格権の一内容として尊重されなければならない」と判示した（最判平成12・2・29民集54・2・582）。

【演習問題 4-8】幸福追求権に関する記述のうち，最も適切なものはどれか。

1．幸福追求権から導き出される人権として，最高裁が認めたものには，プライバシー権，環境権，自己決定権がある。
2．何人もその承諾なしにみだりに容ぼう・姿態を撮影されない自由を有し，この自由は公共の福祉の要請によっても制限されない。

3．患者が，輸血を受けることは自己の宗教上の信念に反するとして，輸血を伴う医療行為を拒否するとの明確な意思を有している場合，このような意思決定をする権利は，人格権の一内容として尊重されなければならない。
4．プライバシーの権利は，幸福追求権が憲法13条で認められることから，当然に保障される権利である。

第２項　法の下の平等と合理的差別

Key Word	法適用の平等，法内容の平等，立法者拘束説，絶対的平等，相対的平等，ポジティブ・アクション（アファーマティブ・アクション）
Key Point	法の下の平等にいう平等とは，実質的平等をいい，法の執行・適用のみならず法内容の平等まで憲法は要請しているが，事実上の差異に基づいた取扱いは認められる。

近代において，すべての人を一律均等に扱う形式的平等（機会の平等）が求められたが，その後，現実の差異に着目して格差の是正を図る実質的平等（結果の平等）が求められるようになった（アファーマティブ・アクション）。憲法14条は，「すべて国民は，法の下に平等」であると規定するが，実質的平等の実現は政治的義務にとどまるといえる。「法の下に平等」とは，**法適用の平等**のみを意味するのか（立法者非拘束説），**法内容の平等**すなわち立法者をも拘束するのか（立法者拘束説）をめぐって争いがある。通説は，**立法者拘束説**に立って，法適用のみならず法内容の平等をも意味すると解する。平等の意味については，すべての者を機械的に均一に扱うという**絶対的平等**ではなく，事実上の差異に着目して社会通念からみて不合理な差別的取扱いのみが禁止されるという**相対的平等**の意味と解されている。例えば，労働基準法による妊産婦保護規定，少年法や未成年者飲酒・喫煙禁止法などによる少年に対する特別の取扱いなどは，違憲とはいえない。

憲法14条１項後段は，「人種，信条，性別，社会的身分又は門地」による差別を禁止しているが，これらの事由は歴史的にみて不合理な差別が行われてきた代表的な事項を例示的に列挙しているのであって，その他の事由に基づく不合理な差別も禁じられると解されている。

「**人種**」とは，身体的特徴によって区別される人類学上の種類をいい，「**信条**」とは，宗教や信仰のみならず思想や世界観なども含む。労働基準法３条は，私企業において信条を理由とした差別的な取扱いを禁じているが，労働者の採用決定にあたり，その思想・信条を調査することは違法でない（「三菱樹脂事件」最大判昭和48・12・12民集27・11・1536）。「**性別**」については，男女の不合理な差別の禁止を意味し，両者の肉体的・生理的な条件の違いからくる合理的な区別は認められる。例えば，定年年齢について男子を60歳，女子を55歳と定める就業規則は，性別による不合理な差別であるとして民法90条により無効であるとした判例（「日産自動車事件」最判昭和56・３・24民集35・２・300。なお，男女雇用機会均等法６条４号参照。），民法750条に規定する「夫婦同氏制それ自体に男女間の形式的な不平等が存在するわけではない」と解して合憲であるとした判例（最大判平成27・12・16民集69・８・2586）がある。さらに，最高裁は，民法733条に規定する女子の再婚禁止期間について，その立法趣旨は「父性の推定の重複を回避し，もって父子関係をめぐる紛争の発生を未然に防ぐことにある」ことから100日の再婚禁止期間を設けることは認められるとする一方で，「100日超過部分は合理性を欠いた過剰な制約を課すもの」として違憲と判示した（最大判平成27・12・16民集69・８・2427）。その後，同規定が改正され，「女は，前婚の解消又は取消の日から起算して百日を経過した後でなければ，再婚をすることができない」（民法733条１項）と規定された。なお，「事業主が，雇用の分野における男女の均等な機会及び待遇の確保の支障となつている事情を改善することを目的として女性労働者に関して行う」（男女雇用機会均等法８条）優遇措置（**ポジティブ・アクション**）が認められる場合もある。

「**社会的身分**」とは，一般にもっぱら人が社会において占めている地位をいう。社会的身分の意味について，①出生によって決定され，自己の意思で変えられない社会的地位（帰化人の子孫，特定地域の出身者），②社会において後天的に占める地位で一定の社会的評価を伴うもの，③広く社会においてある程度継続的に占めている地位と解する説に分かれるが，例示説に立つ限り，この定義を論じる意味はあまりない。学説上，社会的身分に入るかどうか争いがあるが，旧刑法200条の尊属殺重罰規定について，「尊属に対する尊重報恩は，社会生活上の基本的道義」であるとして立法目的自体の合理性は肯定しつつ，尊属殺の法定刑を死刑または無期懲役に限っている点については不合理な差別的取扱いであり，違憲であるとした判例（最大判昭和48・4・4刑集27・3・265），旧刑法205条2項の尊属傷害致死罪について，「立法目的達成のため必要な限度を逸脱しているとは考えられない」として合憲であるとした判例（最判昭和49・9・26刑集28・6・329）がある。ちなみに，尊属に関する両規定については，平成7年の刑法改正によって削除された。さらに，最高裁は，非嫡出子の相続分を嫡出子の相続分の2分の1と定めた旧民法900条4号但書の規定は，「平成13年7月当時においては，立法府の裁量権を考慮しても，嫡出子と嫡出でない子の法定相続分を区別する合理的な根拠は失われていた」（最大決平成25・9・4民集67・6・1320）と判示し，その後，平成25年に同規定は改正され嫡出子と嫡出でない子（婚外子）の相続分が同等となった。

「**門地**」とは，家系・血統などの家柄をいう。なお，貴族制度も門地にあたるが，憲法14条2項で別に規定している。

【演習問題 4-9】法の下の平等についての説明のうち，通説・判例に照らして妥当なものはどれか。

1．法の下の平等とは，法を平等に適用することのみをさす。
2．憲法14条1項後段に列記された事項に基づく差別以外の事由による差別は禁じられていない。
3．企業は，労働者の雇い入れにあたり，特定の思想・信条を持つことを理由にして雇い入れを拒否しても違法ではない。
4．男女の肉体的・生理的条件により，女性を保護するための異なる取扱いは，いかなる場合も認められない。

第７節　精神的自由

第１項　思想・良心の自由

Key Word	思想，良心，絶対的に保障，沈黙の自由，信条説，内心説
Key Point	思想・良心の自由は，内心にとどまる限り絶対的に保障される。

1　思想・良心の内容

Point　憲法19条は，沈黙の自由をも保障している。

憲法19条は，思想・良心の自由を保障している。通説は，両者を厳密に区別していないが，**思想**は主として人間の論理的・知的な判断の働きをいい，**良心**は主として倫理的・主観的な判断作用と解することができる。思想・良心の自由は人間の内面的精神活動の自由を保障するものであり，それが内心にとどまる限り，**絶対的に保障**される。それゆえ，公権力が一定の思想・良心をもつことを禁止・強制すること，特定の思想・良心をもつことを理由として不利益を課すことが禁止され，思想・良心の告白を強制することも禁止される（**沈黙の自由**）。

思想・良心の自由の保障範囲をいかに解するかについて，学説上の対立がある。思想・良心とは，「世界観，人生観，思想体系，政治的意見などのように人格形成に役立つ内心の活動がこれに該当し，単なる事実の知不知のような」判断は，憲法19条の保障範囲ではないとする限定説（**信条説**）と，「人の内心におけるものの見方ないし考え方の自由（内心の自由一般）」を意味するから，その保障範囲は広く包括的に捉える広義説（**内心説**）に分かれるが，前者の説が有力である。判例は，民法723条に定める名誉毀損に対する民事上の救済として謝罪広告の掲載を命じること（「謝罪広告事件」最大判昭和31・7・4民集10・7・785），高等学校の入学者選抜の資料とされる内申書に政治活動の事実を記載すること（「麹町中学校内申書事件」最判昭和63・

7・15判時1287・65)，最高裁判所裁判官の国民審査において×をつけない白票について罷免を可としない票に加えること（最大判昭和27・2・20民集6・2・122)，公立小学校の音楽専科の教諭に校長が入学式の際にピアノ伴奏を行うよう職務命令を発すること（「君が代ピアノ伴奏事件」最判平成19・2・27民集61・1・291)，公立高校の校長が教諭に対し卒業式における国歌斉唱の際に国旗に向かって起立し国歌を斉唱することを命じる職務命令を発すること（最判平成23・5・30民集65・4・1780など)，憲法99条の公務員の憲法尊重擁護義務に基づいて公務員就任時に宣誓をさせる（例えば国家公務員法6条1項・97条，地方公務員法31条）ことは，憲法19条に違反しないと解している。なお，最高裁は，強制加入団体である税理士会が，特定の政治団体に金員を寄付するために会員から特別会費を徴収することは，税理士会の目的の範囲外として認めなかった（「南九州税理士会事件」最判平成8・3・10民集50・3・615)。

2　思想・良心の自由の保障

Point　私人間においては，思想・良心の自由の保障規定は直接には及ばないが，間接適用される。

思想・良心の自由は私人によって侵害される場合が少なくない。私人間においては，憲法19条の規定は直接には及ばないが，民法90条や労働基準法3条の解釈を通して間接的には及ぶとするのが判例・通説の立場である。

「三菱樹脂事件」において，最高裁は私企業の契約締結の自由を認め，「企業者が特定の思想，信条を有する者をそのゆえをもつて雇い入れることを拒んでも，それを当然に違法とすることはできない」としている（最大判昭和48・12・12民集27・11・1536)。

【演習問題4-10】思想・良心の自由に関する説明のうち，正しいものはどれか。

1. 単に事態の真相を告白し，陳謝の意を表明するにとどまる程度の謝罪広告は，思想・良心の自由を侵害しない。
2. 内心に日本国憲法を否定するような思想を抱く者は，憲法19条によって保護されない。
3. 高等学校に提出する調査書に，生徒が校内でビラまきを行ったり，特定の政治思想を標榜する団体の集会に参加した旨を記載することは，思想・信条を推知させるものであるから憲法19条に違反する。

4．国家公務員の採用に際して，過去における政治活動や思想団体の所属について申告を求めることは，憲法19条違反とはならない。

第2項　信教の自由と政教分離

Key Word	信仰の自由，宗教的行為の自由，宗教的結社の自由，政教分離，制度的保障，目的効果基準
Key Point	憲法20条は，信教の自由を保障するとともに制度的保障としての政教分離原則を規定している。

1　信教の自由の内容

Point　信教の自由は，信仰の自由，宗教的行為の自由，宗教的結社の自由からなる。

憲法20条1項前段は，信教の自由を保障するが，それには信仰の自由，宗教的行為の自由，宗教的結社の自由が含まれる。**信仰の自由**には，信仰をもつ（もたない）自由，信仰を告白する（しない）自由が含まれ，これらの自由は内心の自由であるので絶対的に保障される。**宗教的行為の自由**は，積極的な宗教的行為の自由（宗教上の儀式や布教宣伝を行う自由）と，消極的な宗教的行為の自由（宗教上の行為への参加を強制されない自由）を含む。**宗教的結社の自由**とは，特定の宗教を宣伝したり，共同で宗教的行為を行うことを目的とする宗教団体を結成する自由をいう。これらの自由は，外国人にも保障されている。

2　信教の自由の限界

Point　信教の自由は内心の領域にとどまる限り絶対的な保障が及ぶが，外部に表明された場合は一定の制限を受ける。

内心における信仰の自由は，絶対的に保障される。外部的行為を伴う宗教的行為の自由や宗教的結社の自由は，他者の権利・利益を侵害したり，社会的害悪を及ぼす場合には，一定の制限を受けるが，宗教的行為は信仰と密接に関係するために，その制約には慎重でなければならない。

「加持祈禱傷害致死事件」で，最高裁は「一種の宗教行為としてなされたものであつたとしても……他人の生命，身体等に危害を及ぼす違法な有形力の行使に当るものであり，これにより被害者を死に致したものである以上，被告人の右行為が著しく反社会的なものであることは否定し得ない」（最大判昭和38・5・15刑集17・4・302）として信教の自由の保障の限界を逸脱したものと述べている。エホバの証人の「剣道実技履修拒否退学処分事件」で，最高裁は「信仰上の理由による剣道実技の履修拒否を，正当な理由のない履修拒否と区別することなく，代替措置が不可能というわけでもないのに，代替措置について何ら検討することもなく……退学処分をしたという上告人の措置は……社会観念上著しく妥当を欠く処分をしたものと評するほかはなく……裁量権の範囲を超える違法なものといわざるを得ない。」（最判平成8・3・8民集50・3・469）と判示した。さらに，「宗教法人オウム真理教解散命令事件」において，最高裁は「法令に違反して，著しく公共の福祉を害すると明らかに認められ，宗教団体の目的を著しく逸脱した行為をしたことが明らか」な宗教法人に対して解散命令を出すことは「必要でやむを得ない法的規制である」（最決平成8・1・30民集50・1・199）と述べている。

3　政教分離

Point　政教分離とは，信教の自由を確保するために，国家機関が特定の宗教団体と結びつくことを，制度として禁止することである。

憲法20条1項後段は「いかなる宗教団体も，国から特権を受け，又は政治上の権力を行使してはならない」と定め，20条3項は「国及びその機関は，宗教教育その他いかなる宗教的活動もしてはならない」と定めている。また，憲法89条は宗教上の組織・団体への公金支出を禁止して，これを財政面から裏付けている。これらの規定は信教の自由という核心部分を保障するために，**政教分離**原則を**制度的に保障**したものである。しかし，国家と宗教の関わり合いを一切排除することは困難であり，不合理でもある。そこで，国家と宗教との結びつきがどの程度許されるのかが問題となるが，最高裁は

「津地鎮祭訴訟」において，その行為の「目的が宗教的意義を持ち，その効果が宗教に対する援助，助長，促進又は圧迫，干渉等になるような行為」が憲法20条３項により禁止されている「宗教的活動」にあたると述べ，**目的効果基準**を用いて判断している（最大判昭和52・７・13民集31・４・533）。

その後，愛媛県知事が戦没者慰霊のために，靖国神社の例大祭に玉串料を奉納した行為が争われた「愛媛玉串料訴訟」で，最高裁は，目的効果基準に照らして，「県と靖國神社等とのかかわり合いが我が国の社会的・文化的諸条件に照らし相当とされる限度を超えるもの」であるから，その行為は宗教的活動にあたり，本件支出は憲法89条の禁止する公金の支出にあたり違法であると判示している（最大判平成９・４・２民集51・４・1673）。さらに，最高裁は「砂川市市有地内神社撤去訴訟」で，地方公共団体が公有地を無償で宗教的施設の敷地としての用に供する行為は，わが国の社会的，文化的諸条件に照らし相当とされる限度を超えるとして憲法89条，20条１項後段に違反すると判示した（最大判平成22・１・20民集64・１・１）。

【演習問題 4-11】信教の自由の説明のうち，正しいものはどれか。

1．政教分離の原則は，制度的保障の規定であり，国家と宗教を分離することによって間接的に信教の自由を保障しようとするものである。
2．内心の自由といえども，信仰の自由は公共の福祉による制約が及ぶ。
3．宗教的行為として行われたものであれば，たとえ他人に危害を加えても許される。
4．国は，宗教とのかかわり合いを一切もってはならないとするのが判例の立場である。

第３項　学問の自由

Key Word	学問研究の自由，研究成果発表の自由，教授の自由，大学の自治，制度的保障
Key Point	憲法23条は，個人の人権としての学問の自由だけでなく，大学の自治も保障している。

1　学問の自由

Point　学問の自由には，学問研究の自由，研究成果発表の自由，教授の自由が含まれる。

憲法23条は，学問の自由を保障する。学問の自由の内容として，学問研究の自由，研究成果発表の自由，教授の自由があげられる。**学問研究の自由**は，真理の発見や探求を目的とする研究活動の自由であり，思想の自由の一部を構成する。**研究成果発表の自由**は，学問研究の成果を発表する自由であり，表現の自由の一側面である。これらの自由は，広く国民一般に保障されていると解されるが，学術の中心としての大学の本質から見て，特に大学における学問の自由を保障した趣旨と解すことができる（「東大ポポロ劇団事件」最大判昭和38・5・22刑集17・4・370)。ところで，近年の急速な科学技術の発展により，例えば，大規模技術や遺伝子技術，医療技術などの先端技術研究に対する規制が問題になっている。このような高度な科学技術については，許可制を含む規制が容認される余地もあり，ガイドラインやクローン技術規制法はその例である。**教授**（教育）**の自由**は，学問の成果を学生に授ける自由であり，大学などの高等教育機関においてのみ認められると考えられてきた。しかし，判例は，一定の範囲において，初等中等教育機関（小学校，中学校，高校など）の教師にもこれが認められるが，教育の機会均等と全国的な教育水準を確保する要請などから「完全な教授の自由を認めることは，とうてい許されない」(「旭川学テ事件」最大判昭和51・5・21刑集30・5・615) と解している。

2　大学の自治

Point　大学の自治とは，大学の運営が大学内部の構成員の自主的判断に任せられるべきであるという原則のことで，学問の自由を保障するための制度的保障である。

大学の自治について憲法上明文規定は存しないが，学問の自由と大学の自治が密接不可分の関係にあることから，大学の自治を学問の自由そのものを保障するための**制度的保障**であると解するのが通説である。大学の自治の内容としては，①学長・教授その他の研究者の人事，②大学の施設管理，③学生の管理，④研究教育内容・方法の自主的決定，⑤予算管理（財政自治権）

があげられる。しかし，大学の自治も絶対的なものではなく一定の制限を受ける。上記の「東大ポポロ劇団事件」において，最高裁は，大学内における学生の集会に関して特別の保障を受けるのは，「真に学問的な研究と発表のためのもの」に限られ，「実社会の政治的社会的活動」にあたる場合には，大学における学問の自由と自治の保障を受けないと判示した。

【演習問題 4-12】学問の自由に関する説明で，正しいものはどれか。

1. 学問の自由は精神的自由であるから，公共の福祉による制約は受けない。
2. 教授の自由は，大学その他の高等教育機関にのみ認められるというのが判例の立場である。
3. 学生は，大学における学問研究および学習の主体で，大学に不可欠の構成員であるから，大学の自治の主体となり得る。
4. 大学の自治があるからといっても，正規の令状に基づく犯罪捜査のための警察官の学内立ち入りは拒否できない。

第４項　表現の自由

Key Word	集会の自由，結社の自由，表現の自由，自己実現，自己統治，優越的地位，二重の基準，事前抑制禁止の原則，明確性の原則，より制限的でない他の選びうる手段の原則（LRA の原則），明白かつ現在の危険の理論，利益衡量論（比較衡量論），わいせつ，検閲，税関検査，教科書検定，報道の自由，取材の自由，取材源秘匿の自由，知る権利，反論権（アクセス権）
Key Point	表現の自由は，個人の人格形成および民主主義の実現のために不可欠であることから，憲法の保障する人権の中でも優越的地位にある。

1　集会・結社の自由

Point　集会・結社の自由は，他人の自由と衝突したり，公共の福祉に反することもあるので必要最小限度の制約が許される。

憲法21条１項は「集会，結社」と「言論，出版その他一切の表現の自由」を保障すると規定している。集会とは，多数人が一定の目的をもって一定の場所に一時的に集まることをいい，結社とは，共通の目的をもって継続的に結合することをいう。**集会の自由**が保障されることにより，目的，場所，公開制の有無，方法，時間などのいかんを問わず，集会を主催し，指導しまたは集会に参加することについて公権力による制限や干渉が排除され，さらに道路，公園などといった公共施設の管理者たる公権力に対し集会の主催者がその利用を要求できることになる。**結社の自由**には，団体を結成しそれに加入する自由，その団体が団体として活動する自由，団体を結成しない自由もしくはそれに加入しない自由，加入した団体から脱退する自由が含まれる。集会・結社の自由は，民主主義の根幹にかかわるものであり，公権力が不当にそれを弾圧してはならないが，他者の権利と衝突したり公共の福祉に反することもあるので，必要最小限の規制を受ける。

最高裁は，市民会館の使用許可申請を条例の定める「公の秩序をみだすおそれがある場合」に該当するとして不許可にした事件で，「集会が開かれることによって，人の生命，身体又は財産が侵害され，公共の安全が損なわれる危険を回避し，防止することの必要性が優越する場合をいうものと限定して解すべきであり，その危険性の程度としては……明らかな差し迫った危険の発生が具体的に予見されることが必要である」と判示した（「泉佐野市民会館事件」最判平成7・3・7民集49・3・687)。また，労働組合の合同葬に使用するために福祉会館の使用許可申請を不許可にした事件では，「管理者が正当な理由もないのにその利用を拒否するときは……集会の自由の不当な制限」となり，「警察の警備等によってもなお混乱を防止することができないなど特別な事情がある場合に限られる」と判示している（「上尾市福祉会館事件」最判平成8・3・15民集50・3・549)。

集団示威行動（デモ行進）も，これを「動く集会」と考えるか，「その他一切の表現」に含まれるとするのかの議論はあるが，憲法21条により保障されることに異論はない。ただ，他の集団行動とか公共の利益（道路交通の秩序など）と衝突するおそれがあるので，公安条例により届出制ないし許可制といった事前規制がなされるのが一般的である。判例は，このような事前規制について一貫して合憲と解している（「新潟県公安条例事件」最大判昭和29・11・24刑集8・11・1866,「東京都公安条例事件」最大判昭和35・7・20刑集14・9・1243)。

2　表現の自由の意義とその制約

Point　表現の自由は，個人の人格形成と発展，民主主義の実現のために不可欠であることから，他の権利と比べて優越的地位にある。

表現の自由とは，個人が自己の内心の思想や意見などを外部に表明し，他者に伝達することの自由をいう。表現の自由を支える価値として，多様な言論の競合により真理に到達して自己の人格を発展させるという個人的価値（**自己実現**の価値），言論活動によって国家意思の形成に参加するという民主主義の実現に不可欠な社会的価値（**自己統治**の価値）を有することから，**優越的地位**にある権利として手厚く保障される。しかしながら，表現の自由といえども無制約ではなく，他者の権利や社会的利益と衝突を引き起こすこともありうることから一定の制約に服する。ただ，その場合でも，表現の自由を中心とする精神的自由を規制する立法の合憲性は，経済的自由を規制する立法よりも厳格な基準によって審査されなければならない（**二重の基準**）。

表現の自由を規制する立法の合憲性判定基準について，学説は，「**事前抑制**（表現行為がなされるに先立ち公権力が何らかの方法でこれを抑制すること）**禁止の原則**」，精神的自由を規制する立法は明確でなければならないとする「**明確性の原則**（漠然性ゆえに無効の理論）」，立法目的の達成に必要最小限度の規制手段を要求する「**より制限的でない他の選びうる手段の原則（LRAの原則）**」，ある表現行為が近い将来実質的害悪をひき起こす蓋然性が明白であり，その実質的害悪が極めて重大でその発生が時間的に切迫しており，当該規制手段がその害悪を避けるのに必要不可欠である場合に，はじめて表現行為を規制することができるとする「**明白かつ現在の危険の理論**」，対立利益の客観的な衡量を通じて妥当な結論を得ようとする「**利益衡量論（比較衡量論）**」などが提案されているが，裁判実務では利益衡量論が比較的多く用いられている。

(1)　わいせつ文書の規制

Point　わいせつ文書の頒布などを処罰する刑法175条は合憲であるとされている。

刑法175条は，わいせつな文書，図画（とが）などの頒布（はんぷ），販売，公然陳列などを処罰している。**わいせつ**とは「徒らに性欲を興奮又は刺激せしめ，且つ普通人の正常な性的羞恥心を害し，善良な性的道義観念に反するものをいい」い，

「性的秩序を守り，最少限度の性道徳を維持することが公共の福祉の内容」であるから，刑法175条は合憲であると解される（「チャタレー事件」最大判昭和32・3・13刑集11・3・997）。もっとも，「悪徳の栄え事件」において最高裁は，文書全体の芸術性・思想性により，わいせつ性を解消させる場合があることを認め（最大判昭和44・10・15刑集23・10・1239），さらに，「四畳半襖の下帳事件」では，わいせつ性の判断は，性描写の叙述の程度，その手法，文書全体に占める比重，文章の構成・展開，芸術性・思想性等による性的刺激の緩和の程度など，文書全体の検討の必要性を強調して，「全体的考察方法」の具体的内容を明確にした（最大判昭和55・11・28刑集34・6・433）。

(2) 検閲の禁止と税関検査および教科書検定

Point　最高裁は，税関検査および教科書検定は検閲にはあたらないとしている。

憲法21条2項前段で，検閲を禁止している。**検閲**とは，「行政権が主体となつて，思想内容等の表現物を対象とし，その全部又は一部の発表の禁止を目的として，対象とされる一定の表現物につき網羅的一般的に発表前にその内容を審査した上，不適当と認めるものの発表を禁止すること」（「税関検査訴訟」最大判昭和59・12・12民集38・12・1308）をいい，絶対的に禁止される。検閲の主体は行政権であり，裁判所による事前差止めは検閲にはあたらない（「北方ジャーナル事件」最大判昭和61・6・11民集40・4・872）。

関税法により公安又は風俗を害すべき書籍，図画，彫刻物その他の物品，児童ポルノは，その輸入が禁止されている。最高裁は，**税関検査**により輸入が禁止される表現物は，一般に国外で発表済みのものであるから表現の発表前の規制とはいえないこと，関税徴収手続としての検査であること，司法審査の機会が与えられていることなどから，検閲にあたるとはいえないと解している（前掲「税関検査訴訟」）。

学校教育法により，小・中・高等学校等の教科書について教科書検定制度が採用されているが，**教科書検定**について，最高裁は一連の「家永訴訟」で，教科書は児童・生徒の発達段階にそった適切なものでなければならないこと，教育の中立・公正，一定水準の確保をしなければならないこと，検定で不合格となっても一般図書として発表できることなどを理由として挙げ，検閲には当たらず合憲と判示している（最判平成5・3・16民集47・5・

3483，最判平成9・8・29民集51・7・2921）。

⑶ 報道・取材の自由

Point 報道の自由は当然に表現の自由に含まれるが，取材の自由には一定の制約がある。

報道の自由は，本来，マスメディアが一定の事実を報道することであり，精神活動としての表現の自由とは区別されるものであるが，報道の自由も表現の自由に含まれるものと解しなければならない。最高裁も，「博多駅テレビフィルム提出命令事件」で，「報道機関の報道は，民主主義社会において，国民が国政に関与するにつき，重要な判断の資料を提供し，国民の『知る権利』に奉仕するものである」から「思想の表明の自由とならんで，事実の報道の自由は，表現の自由を規定した憲法21条の保障のもとにある」と述べている（最大決昭和44・11・26刑集23・11・1490）。

報道のための取材の自由も保障されるのであろうか。報道は，取材・編集・発表という一連の過程を経てなされるため，最高裁の決定に従えば，「報道のための**取材の自由**も，憲法21条の精神に照らし，十分尊重に値する」ものではあるが，「公正な刑事裁判の実現を保障するために，報道機関の取材活動によつて得られたものが，証拠として必要と認められるような場合には，取材の自由がある程度の制約を蒙ることとなつてもやむを得ない」とされている（前掲「博多駅テレビフィルム提出命令事件」）。

取材の自由を保障するには，どこから情報を得たのかという**取材源秘匿の自由**（取材源秘匿権）が問題となる。最高裁は「朝日新聞石井記者事件」（最大判昭和27・8・6刑集6・8・974）において，刑事訴訟法149条*は新聞記者には類推適用することはできず，憲法21条も取材源についての証言拒絶の権利までも保障したものではないと解して刑事事件における取材源秘匿権を認めなかった。一方，民事事件について，最高裁は「証言拒絶（NHK 記者）事件」（最決平成18・10・3民集60・8・2647）において，民事訴訟法197条1項3号にいう「職業の秘密」とは「その事項が公開されると，当該職業に深刻な影響を与え以後その遂行が困難になるもの」であり，「保護に値する秘密についてのみ証言拒絶が認められ……保護に値する秘密であるかどうかは，秘密の公表によって生ずる不利益と証言の拒絶によって犠牲になる真実発見及び裁判の公正との比較衡量により決せられる」として，取材源の秘匿が認められる場合があると解している。

ところで，取材の自由について，国家機密との関わりが問題となる。国家公務員法100条１項は公務員に守秘義務を課し，111条は秘密を漏らすことを「そそのかし」た者を処罰対象としているが，記者の取材行為が「そそのかし」にあたるかが争われた「外務省秘密電文漏洩事件」（最決昭和53・５・31刑集32・３・457）で，最高裁は，取材活動が「真に報道の目的」で行われ「その手段・方法が法秩序全体の精神に照らし相当なものとして社会観念上是認されるものである限りは……正当な業務行為」といえるが，「その手段・方法が一般の刑罰法令に触れないものであつても，取材対象者の個人としての人格の尊厳を著しく蹂躙する等法秩序全体の精神に照らし社会観念上是認することのできない態様のものである場合……正当な取材活動の範囲を逸脱し違法性を帯びる」として有罪判決を支持した。

＊ 刑事訴訟法149条：医師，歯科医師，助産師，看護師，弁護士（外国法事務弁護士を含む。），弁理士，公証人，宗教の職に在る者又はこれらの職に在つた者は，業務上委託を受けたため知り得た事実で他人の秘密に関するものについては，証言を拒むことができる。但し，本人が承諾した場合，証言の拒絶が被告人のためのみにする権利の濫用と認められる場合（被告人が本人である場合を除く。）その他裁判所の規則で定める自由がある場合は，この限りでない。

⑷ 知る権利

Point 知る権利も21条の保障に含まれるが，情報開示請求という意味での知る権利は具体的な立法を前提としなければ行使できない。

情報の送り手であるメディアが発達し，一方的に大量の情報が流されるようになってきた現代において，メディアと情報の受け手である国民との分離が顕著になった。そこで，表現の自由を一般国民の側から再構成して受け手の自由（聞く・読む・見る自由）を保障するために「**知る権利**」の重要性が認識されてきた。知る権利は，国民が情報を収集することを国家によって妨げられないという自由主義的性格（不作為請求権）をもつとともに，情報保有者に情報の開示・提供を要求することができるという請求権的性格（作為請求権）をもつ。ただ，情報開示請求という積極的な意味での「知る権利」は，具体的な立法（法律や条例）なくしては行使しえない。地方自治体においては情報公開条例や公文書管理条例が制定され，国の行政機関や独立行政法人等には情報公開法が制定され，個人・法人情報，国家・公共安全情報，審議検討等情報などの不開示情報を除いて原則開示請求することができる。

なお，マス・メディアに対して，自己の意見の発表の場を提供することを要求する権利（**反論権（アクセス権）**）を憲法21条から導き出すことができるのかについて，最高裁は「サンケイ新聞事件」（最大判昭和62・4・24民集41・3・490）で，反論権を認めることは「新聞等の表現の自由に対し重大な影響を及ぼす」とした上で「具体的な成文法がないのに，反論権を認めるに等しい……反論文掲載請求権をたやすく認めることはできない」と判示した。

(5) 表現の自由とプライバシーの権利

Point 今日では，プライバシーの権利は「自己に関する情報をコントロールする権利」と定義される。

人格権としての名誉権やプライバシーの権利は，憲法13条により保障されるが，問題は，表現の自由と名誉権やプライバシー権とが衝突した場合，どう調整するかである。名誉を毀損するような表現は，特に公務員や著名人が対象となった場合に問題となる。名誉毀損とは，公然と事実を摘示し，人の社会的評価を低下される行為をいい，刑法230条に名誉毀損罪の規定がある。もっとも，「公共の利害に関する事実に係り，かつ，その目的が専ら公益を図ることにあったと認める場合には，事実の真否を判断し，真実であることの証明があつたときは」（刑法230条の2）処罰しない。判例は「私人の私生活上の行状であつても，そのたずさわる社会的活動の性質及びこれを通じて社会に及ぼす影響力の程度などのいかんによつては」公共の利害に関する事実にあたる場合があるとした（「月刊ペン事件」最判昭和56・4・16刑集35・3・84）。また，真実性の要件について，「事実が真実であることの証明がない場合でも，行為者がその事実を真実であると誤信し，その誤信したことについて，確実な資料，根拠に照らし相当の理由があるときは，犯罪の故意がなく，名誉毀損の罪は成立しない」と判示している（「夕刊和歌山時事事件」最大判昭和44・6・25刑集23・7・975）。

名誉毀損による表現行為の裁判所による事前差止めについて，その対象が公務員などに対する論評記事である場合には原則的に許されないとしつつも，最高裁は，「人格権としての名誉権は，物権の場合と同様に排他性を有する権利」であるとした上で，「その表現内容が真実でなく，又はそれが専ら公益を図る目的のものでないことが明白であり，かつ，債権者が重大にして著しく回復困難な損害を被る虞があると認められるときは，口頭弁論又は債務者の審尋を経ないで差止めの仮処分命令を発」することができるとした（「北方ジャーナル事件」最大判昭和61・6・11民集40・4・872）。

言論によるプライバシー侵害が問題になるのは，主として私生活上の事実が本人の意に反して公表される場合である。

最高裁は，ノンフィクション作品で，「ある者の前科等にかかわる事実を実名を使用して著作物で公表」された場合，「その者のその後の生活状況のみならず，事件それ自体の歴史的又は社会的な意義，その当事者の重要性，その者の社会的活動及びその影響力について，その著作物の目的，性格等に照らした実名使用の意義及び必要性をも併せて判断すべきもので，その結果，前科等にかかわる事実を公表されない法的利益が優越するとされる場合には，その公表によって被った精神的苦痛の賠償を求めることができる」と判示した（「ノンフィクション『逆転』事件」最判平成6・2・8民集48・2・149）。

「石に泳ぐ魚事件」で，東京地裁判決は「小説中の人物が虚構であっても，モデルとなった実在の人物の特徴が与えられ虚構か事実かが区別できない場合はプライバシー侵害や名誉毀損の恐れ」があり（東京地判平成11・6・22判時1691・91），原告を知る不特定多数の読者が同一人物と特定できるとして損害賠償と小説出版の差止め請求を認め，東京高裁判決も「出版によって身体に障害のある者の精神的苦痛は倍加する」と述べて公訴を棄却し（東京高判平成13・2・15判時1741・68），最高裁判決も「人格的価値を侵害された者は，人格権に基づき，加害者に対し，現に行われている侵害行為を排除し，又は将来生ずべき侵害を予防するため，侵害行為の差止めを求めることができる」として上告を棄却した（最判平成14・9・24判時1802・60）。

映画の上映の差止めを求めた「『エロス＋虐殺』事件」で，東京高裁決定（東京高決昭和45・4・13高民集23・2・172）は，「人格的利益を侵害された被害者は……加害者に対して，現に行われている侵害行為の排除を求め，或は将来生ずべき侵害の予防を求める請求権」を有するとしつつ，「被害者が排除ないし予防の措置がなされないままで放置されることによつて蒙る不利益の態様，程度と，侵害者が右の措置によつてその活動の自由を制約されることによつて受ける不利益のそれとを比較衡量して決すべき」であり，「現在抗告人に，本件映画の公開上映を差止めなければならない程度にさしせまつた，しかも回復不可能な重大な損害が生じているものと認めることはできない」として請求を却下した。

【演習問題 4-13】表現の自由に関する説明のうち，正しいものはどれか。

1．表現の自由の優越的地位とは，表現の自由が絶対的保障を受けることを意味する。
2．判例によれば，報道の自由は憲法21条により保障されているが，報道のための取材の自由についても同条により保障されている。
3．表現行為に対する事前抑制は，表現の自由を保障し検閲を禁止する憲法21条の趣旨に照らし，厳格かつ明確な要件の下においてのみ許容される。
4．判例によれば，文部科学省が実施している教科書検定は，検閲にあたり違憲である。

第８節　経済的自由

第１項　職業選択の自由

Key Word	営業の自由，消極目的規制，積極目的規制，明白性の原則，居住・移転の自由，海外渡航の自由，国政離脱の自由
Key Point	22条１項には，職業選択の自由と職業遂行の自由（営業の自由）が含まれる。

1　職業選択の自由に対する制約

Point　経済的自由権としての職業選択の自由は，消極的・警察的規制（消極目的規制）だけでなく積極的・政策的規制（積極目的規制）も受ける。

憲法22条１項の保障する職業選択の自由とは，自己の従事する職業を決定する自由を意味する。また，職業選択の自由は，選択した職業を遂行する自由（**営業の自由**）も包含するものと解される。

内在的制約は，内心の自由を除く人権一般に認められているが，経済的自由権に対しては，精神的自由権と異なり，社会・経済政策達成のための積極的制約も許される（**積極目的規制**）。憲法が12条・13条に重ねて22条１項・29条２項で「公共の福祉」を規定していることからも，社会公益の立場から公権力による規制の要請が強いという趣旨が理解できる。

2　合憲性の判断

Point　消極目的規制には厳格な合理性の基準が，積極目的規制には明白性の原則が用いられるが，規制目的二分論を否定する見解が有力である。

職業選択の規制手段としては，届出制，許可制，資格登録制，特許制，国家独占などがあり，規制の目的に応じて積極的なものと消極的なものに分けることができる。

消極目的規制は，主として社会公共の安全や秩序維持のために課せられる規制であり，薬局開設や飲食店営業，風俗営業など国民の健康や善良な風俗その他の警察目的から行政庁の許可を必要とする「許可制」，医師や薬剤師など一定の有資格者に限って当該職業に就くことができる「資格制」，毒物劇物営業者や建築業など行政庁の公簿に記載することを要する「登録制」，理容所（理容室や床屋など）や美容所（美容室や美容院など），クリーニング所の開設に際して届出を要する「届出制」などによる規制がある。

積極目的規制は，経済の調和的発展を図り，特に社会的経済的弱者の保護のためになされる社会・経済政策の一環としての規制であり，かつての郵便事業の独占やたばこ・塩の専売のように，安価・公平な役務の提供や国家収入の確保などの目的から私人が業として行うことを禁止する「国家独占」，電気・ガス・鉄道などのように事業の性質上自由競争がなじまないような事業について，その経営能力を有する者に特許を付与する「特許制」，酒税法や小売商業調整特別措置法のように特定の政策目的から市場への新規参入を規制するものがある。

最高裁は，「小売市場距離制限事件」において，個人の経済活動に対する法的規制措置については，「立法府がその裁量権を逸脱し，当該法的規制措置が著しく不合理であることの明白である場合に限つて，これを違憲として，その効力を否定することができる」という「**明白性の原則**」を用いて判断し，小売市場の許可規制は，「国が社会経済の調和的発展を企図するという観点から中小企業保護政策の一方策としてとつた措置」であり，「その規制の手段・態様においても，それが著しく不合理であることが明白であるとは認められない」として合憲とした（最大判昭和47・11・22刑集26・9・586）。

最高裁は，薬事法の薬局開設距離制限規定の合憲性が争われた事件で，距離制限は，国民の生命・健康に対する危険の防止という消極的目的のものであるとし，「競争の激化－経営の不安定－法規違反という因果関係に立つ不良医薬品の供給の危険が，薬局等の段階において，相当程度の規模で発生する可能性があるとすることは，単なる観念上の想定にすぎず，確実な根拠に基づく合理的な判断とは認めがたい」から，公共の利益のための「必要かつ合理的な規制」ということはできず違憲無効である（**厳格な合理性の基準**）と判示した（最大判昭和50・4・30民集29・4・572）。

公衆浴場法2条による公衆浴場の適正配置規制について，「国民保健及び環境衛生の確保」（消極目的）のみならず，「自家風呂を持たない国民にとつて日常生活上必要不可欠な厚生施設であり，入浴料が……低額に統制され……自家風呂の普及に伴い公衆浴場業の経営が困難になつていることなど」（積極目的）を挙げ，規制目的二分論を採用せずに規制は「必要かつ合理的な範囲内の手段」であり合憲とした（最判平元・3・7集民156・299）。

なお，最高裁は，酒税法9条による酒類販売業免許制について，規制目的二分論から検討せず「必要性と合理性についての立法府の判断が，……政策的，技術的な裁量の範囲を逸脱するもので，著しく不合理なもの」かで判断し合憲とした（最判平10・3・24刑集52・2・150）。

近時の最高裁判例をみると規制目的二分論を採用していないものもあり，

また学説においても規制目的二分論を否定する見解が有力になりつつある。

なお，憲法22条は，１項で居住・移転の自由を，２項で外国移住・国籍離脱の自由をも保障している。**居住・移転の自由**とは，自己の住所または居所を自由に決定し移動する自由で，旅行の自由も含まれる。居住・移転の自由は，経済的自由としてだけでなく，人身の自由や精神的自由の要素も持っている権利として理解されている。**海外渡航の自由**については，憲法の明文規定がないが22条２項に含まれるとするのが通説・判例の立場である（「旅券発給拒否（帆足計）事件」最大判昭和33・９・10民集12・13・1969)。さらに，**国籍離脱の自由**を保障しているが，無国籍になる自由は含まれない。

【演習問題 4-14】職業選択の自由の説明について，正しいものはどれか。

1．憲法22条１項の職業選択の自由には，選択した職業を遂行する自由（営業の自由）は含まれない。
2．不良医薬品の供給や医薬品濫用の危険を防止するために，薬局の開設を許可制として距離制限を設けることは，合理性があり憲法に違反しない。
3．個人の経済活動の自由につき，社会経済政策実施の一手段として，合理的な規制措置を講じることは，憲法が許容するところである。
4．酒類販売業の免許制について，これを存置させるという判断は，酒税の適正かつ確実な賦課徴税を図るという目的からみて，立法府の裁量を超え著しく不合理であるから憲法に違反する。

第２項　財産権の保障

Key Word	私有財産制度，公共の福祉，正当な補償
Key Point	財産権の保障は，個人の財産権と私有財産制度にも及ぶが，公共の福祉により制限される。

1　財産権の保障の意味

Point　財産権の保障は，個人の財産権と私有財産制度の保障の両方にわたる。

憲法29条１項は財産権を保障し，国民の個別的・具体的な財産を保障するとともに，**私有財産制度**自体も保障したものと一般に理解されている。

2　公共の福祉

Point　憲法29条２項の「公共の福祉」は，社会国家的見地からする積極的な制約を認めたものである。

憲法29条２項は，財産権が「**公共の福祉**」による制約に服すると規定している。ここに「公共の福祉」とは，各人の権利の公平な保障をねらいとする自由国家的見地からする消極目的規制（内在的制約）のみならず，社会国家的見地からする積極目的規制（政策的制約）をも認めたものと解される。このように２種類の制約に服することから，財産権規制立法の違憲審査基準とされる「合理性」についての判断は，その規制の性質によって「緩やかに」するか「厳格に」するか，判断される。

最高裁は，「森林法共有林事件」において，「公共の福祉に適合するものとして是認されるべきものであるかどうかは，規制の目的，必要性，内容，その規制によつて制限される財産権の種類，性質及び制限の程度等を比較考量して決すべき」として，立法の規制目的が「公共の福祉に合致しないことが明らか」であるか，目的が合致しても規制手段がその「目的を達成するための手段として必要性若しくは合理性に欠けていることが明らか」であって，そのため「立法府の判断が合理的裁量の範囲を超えるものとなる場合に限り」憲法違反となると判示している（最大判昭和62・４・22民集41・３・408）。

なお，条例による財産権の制限も許される（「奈良県ため池条例事件」最大判昭和38・６・26刑集17・５・521）と解される。

3　正当な補償

Point　正当な補償とは，完全な補償を意味すると解すべきである。

憲法29条３項は，「**正当な補償**」の下に私有財産を「公共のために用ひることができる」と定める。「公共のため」とは，直接公共の用に供するための公用収用・公用制限の場合に限られず，権利の剥奪やそれと実質的に同視できる「特別の犠牲」も含まれ，収用全体の目的が社会全体の利益（公益）にかなうものであればよい。

それでは，いかなる場合に「正当な補償」がなされるのであろうか。通説は，内在的制約の場合を除いて「特別の犠牲」を課した場合に補償が必要であるとする。特別の犠牲といえるためには，侵害行為の対象が広く一般人か，特定の個人ないし集団かどうかという形式的要件，侵害行為が財産権に内在する制約として受忍すべき限度内であるのか，それとも財産権の本質的内容を侵すほど強度なものかという実質的要件，この2つの要件を総合的に考慮して決すべきと解されている。なお，法令に損失補償に関する規定がなくても，受忍すべき制限の範囲を超えて財産上特別の犠牲を課した場合には，直接憲法29条3項を根拠に補償請求できる余地がある（「河川付近地制限令違反事件（名取川事件）」最大判昭和43・11・27刑集22・12・1402）。ちなみに「予防接種ワクチン禍事件」で，東京地裁判決（東京地判昭和59・5・18判時1118・28）は，「予防接種により，その生命，身体について特別の犠牲を強いられた」被害者は，「憲法29条3項を類推適用」して，国に対して正当な補償を請求することができると判断したが，東京高裁判決（東京高判平成4・12・18高民集45・3・212）は，「生命，身体について特別の犠牲ということを許容する余地はなく」，本条3項を類推適用して損失補償はできないとして原判決を覆したが，原審の判決には疑問が残る。

問題は，正当な補償の意味である。従来，完全な補償を意味すると解する「完全補償説」と，当該財産に対して加えられる公共目的の性質，その制限の程度等を考慮して算定される合理的な相当額であれば，それが市場価格を下回ることがあっても是認されるとする「相当補償説」とが対立してきた。

最高裁は，「自作農特別措置法事件」で，「正当な補償とは，その当時の経済状態において成立することを考えられる価格に基き，合理的に算出された相当な額をいうのであつて，必しも常にかかる価格と完全に一致することを要するものでない」と解している（最大判昭和28・12・23民集7・13・1523）。しかし，「正当な補償」を「合理的な補償」とすることは，補償概念を不確定化，曖昧化するものであり，憲法29条3項の趣旨にそぐわないとの批判がある。その後の最高裁判決（最判昭和48・10・18民集27・9・1210）も，土地収用法における損失補償につき，「完全な補償，すなわち，収用の前後を通じて被収用者の財産価値を等しくならしめるような補償をなすべきであ」ると判示して完全補償説に立ったことを考えると，「正当な補償」とは原則として完全な補償を意味するものと解すべきであろう。

【演習問題 4-15】財産権の保障に関する説明について，正しいものはどれか。

1．憲法29条１項は，個人の財産権のみを保障している。
2．財産権は，法律によって制限されるから，条例によって制限することは違憲であり許されない。
3．憲法29条２項にいう公共の福祉は，財産権に対する社会国家的見地からの制約を認めたものではない。
4．法律によって財産権に一般的な制限を加えるにとどまり，特別な犠牲を与えない場合には，補償を必要としない。

第９節　身体の自由

第１項　奴隷的拘束および苦役からの自由

Key Word	奴隷的拘束，意に反する苦役
Key Point	私人間においてもこれらの行為は禁止される。

Point　憲法18条は，私人間においても直接適用されるところに意味がある。

憲法18条は，奴隷的拘束および意に反する苦役からの自由を保障している。「**奴隷的拘束**」とは，人格を無視するほどの強度の身体の拘束をいい，「**意に反する苦役**」とは，本人の意思に反して強制される労役を意味する。もっとも，非常災害時などにおける応急措置としての労務負担などは，臨時的であり合憲であると解されている。ところで，本条は，アメリカ合衆国憲法修正13条と同趣旨のものであり，奴隷制度の存在しなかったわが国において「奴隷的拘束」の規定は立法論として疑問である。本条は，私人間にも直接適用されるものと解される。例えば，人身保護法１条において「国民をして，現に，不当に奪われている人身の自由を，司法裁判により，迅速，且つ，容易に回復せしめる」旨を規定し，労働基準法5条において，使用者が暴行・脅迫等の手段によって，労働者の意思に反して労働を強制してはならない旨を規定しているのは，この趣旨である。なお，徴兵制は学界の多数説によれば，本条の苦役にあたるとされる。

【演習問題 4-16】以下の記述のうち，正しいものはどれか。

1. 憲法の規定は私人間には直接適用されないので，民間において強制労働があっても，本条では規制できない。
2. 市町村が洪水による被害の復旧対策のために，近隣の住民に労務提供を求めることは，本条に反し許されない。
3. 刑罰として拘禁刑を科して，改善更生を図るために必要な作業を行わせることは許される。
4. 裁判所の判決で確定された債務に関して，その履行方法として債務者を拘束して強制労働に従事させる旨を法律で規定してもよい。

第2項　適正手続の保障

Key Word	罪刑法定主義，告知と聴聞，デュープロセス，明確性の理論
Key Point	適正手続とは手続面，実体面両方における法定・適正を要求する。

1　適正手続の内容

Point　憲法31条の定める適正手続とは，一般に告知と聴聞を受ける権利が保障された手続を意味する。

憲法31条は，「法律の定める手続きによらなければ」としているが，刑罰手続の法定のみならず，法律で定められた手続が適正でなければならないこと，実体もまた法律で定めなければならないこと（**罪刑法定主義**），法律で定められた実体規定も適正でなければならないことを意味する。

適正な手続とは，一般に「**告知と聴聞**」を受ける権利が保障された手続を意味する。告知と聴聞とは，公権力が国民に刑罰その他の不利益を与える場合には，当事者にあらかじめその内容を告知し，当事者に弁解と防御の機会を与えることをいう。これは合衆国憲法の**デュープロセス**条項（修正５条および14条）の流れをくむものである。

2　罪刑法定主義

Point　憲法31条は罪刑法定主義を定めている。

いかなる行為が犯罪となり，それに対していかなる刑罰が科されるかは，行為者の予測可能性を保障するために，あらかじめ法律で定めていなければならない（罪刑法定主義）。そして，何が犯罪となるか（犯罪構成要件）が通常の判断能力を有する一般人が判断しうる程度に明確に定められなければならない（**明確性の理論**）。この点，条例の「交通秩序を維持すること」の文言が明確でないとして憲法31条に違反するかが争われた「徳島公安条例違反事件」で，最高裁は「ある刑罰法規があいまい不明確のゆえに憲法31条に違反するものと認めるべきかどうかは，通常の判断能力を有する一般人の理解において，具体的場合に当該行為がその適用を受けるものかどうかの判断を可能ならしめるような基準が読みとれるかどうかによつてこれを決定すべきである」と判示している（最大判昭和50・９・10刑集29・８・489）。

憲法31条にいう「法律」とは，国会によって制定される法律（形式的意味の法律）を指し，政令や条例を含まないから，政令で罰則を科すには法律の具体的委任が必要（憲法73条６号）となり，条例についても同様に法律の具体的委任が必要となる（憲法94条）。ちなみに，地方自治法は「普通地方公共団体は，……条例に違反した者に対し，二年以下の懲役若しくは禁錮，百万円以下の罰金，拘留，科料若しくは没収の刑又は五万円以下の過料を科する旨の規定を設けることができる」（14条３項）と規定しているが，この点につき最高裁は，「条例は，法律以下の法令といつても，……地方公共団体の議会の議決を経て制定される自治立法であつて……法律に類するものであるから，条例によつて刑罰を定める場合には，法律の授権が相当な程度に具体的であり，限定されておればたりると解する」として罰則を条例に委任することを認めている（最大判昭和37・５・30刑集16・５・577）。

なお，憲法31条が行政手続にも適用されるかについて，多数説は行政手続への適用ないし準用を認めている。最高裁も，「憲法31条の定める法定手続の保障は，直接には刑事手続に関するものであるが，行政手続については，それが刑事手続ではないとの理由のみで，そのすべてが当然に同条による保障の枠外にあると判断することは相当ではない」としたが，「一般に，行政手続は，刑事手続とその性質においておのずから差異があり，また，行政目的に応じて多種多様であるから，行政処分の相手方に事前の告知，弁解，防御の機会を与えるかどうかは，行政処分により制限を受ける権利利益の内容，性質，制限の程度，行政処分により達成しようとする公益の内容，程度，緊急性等を総合較量して決定されるべきものであって，常に必ずそのような機会を与えることを必要とするものではない」と限定つきで行政手続への適用ないし準用を認めた（「成田新法事件」最大判平成4・7・1民集46・5・437）。

第3項　被疑者・被告人の権利

Key Word	司法官憲，令状主義，逮捕，現行犯逮捕，緊急逮捕，抑留，拘禁，弁護士依頼権，正当な理由，司法官憲，拷問，残虐な刑罰，公平な裁判所，迅速な裁判，証人審問権，証人喚問権，弁護人依頼権，自己負罪拒否権，一事不再理
Key Point	憲法33条から39条まで，刑事手続における人権保障が詳細に規定されている。

1　不法な逮捕からの自由

Point　令状主義により恣意的な逮捕を防止している。

憲法33条は，犯罪による逮捕には，原則として「**司法官憲**」（裁判官）の発する令状を必要とする（**令状主義**）ことを規定している。これは，逮捕の要件が備わっているかを裁判官の判断によることにして，恣意的な逮捕を防ぐ趣旨である（刑訴法199・200条参照）。「**逮捕**」とは，犯罪の嫌疑を理由として身体を拘束することをいい，刑事訴訟法でいうところの逮捕に限らず，勾引（刑訴法58条），勾留（同法60条），鑑定留置（同法167条）も含まれる。

令状主義の例外として，憲法33条は**現行犯逮捕**を定めるが，これ以外にも改正刑事訴訟法210条は「死刑又は無期若しくは長期３年以上の拘禁刑に当たる罪を犯したことを疑うに足りる十分な理由がある場合で，急速を要し，裁判官の逮捕状を求めることができないときは，その理由を告げて被疑者を逮捕することができる」として**緊急逮捕**を規定している。緊急逮捕について，最高裁は「厳格な制約の下に，罪状の重い一定の犯罪のみについて，緊急已むを得ない場合に限り，逮捕後直ちに裁判官の審査を受けて逮捕状の発行を求めることを条件とし，被疑者の逮捕を認めることは，憲法33条規定の趣旨に反するものではない」（最大判昭和30・12・14刑集９・13・2760）として緊急逮捕を合憲と判示している。

2　不法な抑留拘禁からの自由

Point　抑留拘禁などにも裁判官の関与を認めることで，不当な身柄拘束を防止している。

⑴　抑留・拘禁理由の告知

憲法34条は，不当な抑留・拘禁からの自由を保障している。**抑留**とは，一時的な身体の拘束を意味し，逮捕・勾引に伴う留置がこれにあたり，**拘禁**とは，継続的な身体の拘束を意味し，勾留・鑑定留置がこれにあたる。

⑵　弁護人依頼権

何人も，直ちに弁護人を依頼する権利を与えられなければ，抑留・拘禁されない。被疑者については憲法34条が，刑事被告人については憲法37条３項が**弁護人依頼権**を定めている。

この弁護人依頼権は，「身体の拘束を受けている被疑者が，拘束の原因となっている嫌疑を晴らしたり，人身の自由を回復するための手段を講じたりするなど自己の自由と権利を守るため弁護人から援助を受けられるようにすることを目的とするものであ」り，「単に被疑者が弁護人を選任することを官憲が妨害してはならないというにとどまるものではなく，被疑者に対し，弁護人を選任した上で，弁護人に相談し，その助言を受けるなど弁護人から援助を受ける機会を持つことを実質的に保障している」と解される（最大判平成11・３・24刑集53・３・514）。なお，弁護人依頼権は「被告人が自ら行使すべきもので裁判所，検察官等は被告人がこの権利を行使する機会を与え，その行使を妨げなければいい」のであって，「被告人に告げる義務を裁判所に負わせているものではない」（最大判昭和24・11・30刑集3・11・1857）。そこで刑事訴訟法39条1項は，接見交通権を被疑者・被告人に保障している。もっとも，被疑者には被告人と異なり，憲法上は国選弁護人を保障されていない点には注意が必要であるが（憲法37条3項），刑事訴訟法上は，重大犯罪の被疑者について国選弁護人が付される場合がある（刑訴法37条の2）。

(3) 拘禁理由の開示

憲法34条後段は，拘禁する場合には「**正当な理由**」が必要であり，「要求があれば，その理由は，直ちに本人及びその弁護人の出席する公開の法廷で示さなければならない」と規定している。抑留・拘禁の「理由」とは，犯罪の嫌疑と抑留・拘禁の必要性（逃亡・罪証隠滅のおそれ）をいい，拘禁する場合には「正当な理由」が必要であり，要求があれば公開の法廷でその理由を示されなければならない（刑訴法82条以下）。

3 住居侵入・捜索・押収に対する保障

Point 令状主義を逮捕以外にも拡張した規定である。

憲法35条は，何人も，その住居，書類及び所持品について，憲法33条の場合を除いて，「侵入，捜索及び押収を受けることのない権利」を保障している。この権利を制限しうるのは，原則として**司法官憲**（裁判所）が発する，「捜索する場所及び押収する物を明示」された，個々の捜索または押収について格別に発した令状でなければならない。「憲法33条の場合」とは，適法に逮捕する場合をいい，現行犯逮捕に限らず令状逮捕も含まれ，逮捕にともなう合理的な範囲内であれば，令状を必要とせずに住居等の侵入等を行うことができる。もっとも「令状主義の精神を没却するような重大な違法があり，これを証拠として許容することが，将来における違法な捜査の抑制の見地からして相当でないと認められる場合においては，その認拠能力は否定される」（最判昭和53・9・7刑集32・6・1672）。

なお，本条の規定は行政手続についても及ぶと解される（「川崎民商事件」最大判昭和47・11・22刑集26・9・554）。

4　拷問および残虐な刑罰の禁止

Point　残虐な刑罰は執行方法の残虐さをいうのであって，死刑自体は残虐な刑罰にはあたらない。

憲法36条は，公務員による拷問及び残虐な刑罰を「絶対に」禁止している。

(1)　拷問の禁止

拷問とは，公務員が必要な情報を得るために，肉体的・生理的苦痛を与えることをいう。「自白は証拠の王」として，しばしば自白を得るために，拷問が行われたが，これを禁止して拷問により得られた自白の証拠能力を排除している（憲法38条2項）。なお，拷問を行った公務員は，刑法195条の「特別公務員暴行陵虐罪」に問われる場合がある。

(2)　残虐な刑罰の禁止

残虐な刑罰とは，文化水準に照らして反人道的であると感じられるような刑罰をいい，過去に，みせしめなどのために不必要な精神的・肉体的苦痛を内容とする刑罰が行われてきたが，このような刑罰を禁止している。

問題は，死刑が残虐な刑罰にあたるかである。最高裁は，死刑の存在理由を「死刑の威嚇力によつて一般予防をなし，死刑の執行によつて特殊な社会悪の根元を絶ち，これをもつて社会を防衛せんと」することにあるとして，「その執行の方法等がその時代と環境とにおいて人道上の見地から一般に残虐性を有するものと認められる場合には，勿論これを残虐な刑罰といわねばならぬから，将来若し死刑について火あぶり，はりつけ，さらし首，釜ゆでの刑のごとき残虐な執行方法」（最大判昭和23・3・12刑集2・3・191）を定める法律が制定された場合は残虐刑であるといえるが，「現在わが国の採用している絞首方法が他の方法に比して特に人道上残虐であるとする理由は認められない」（最大判昭和30・4・6刑集9・4・663）と判示している。

5　刑事被告人の諸権利

Point　被告人特有の権利としては，公平・迅速な裁判を受ける権利，証人尋問権，国選弁護人を含む弁護人依頼権が保障される。

⑴　公平な裁判所の迅速な公開裁判を受ける権利

憲法37条1項は，刑事裁判について，被告人の権利を明確にするために公平・迅速・公開の要件が充足される必要を明示している。

公平な裁判所による裁判とは，「偏頗（へんぱ）や不公平のおそれのない組織と構成をもつた裁判所による裁判を意味するものであつて，個々の事件につきその内容実質が具体的に公正妥当なる裁判を指すのではない」（最大判昭和23・5・26刑集2・5・511。なお，同趣旨，最大判昭和23・5・5刑集2・5・447）。公平な裁判所の具体的制度として，刑事訴訟法は，裁判官等の除斥，忌避，回避の制度を設けている（刑訴法20条以下，377条）。

つぎに，**迅速な裁判**であるが，裁判が長引けば被告人の受ける精神的・経済的負担も大きくなり，また，証拠の散逸などにより被告人の防御権行使が困難になったり，あるいは，訴訟経済上のマイナスも少なくない。そのために，裁判が迅速に行われることが憲法上保障されている。迅速な裁判とは，起訴前の過程も含まれるから，起訴から判決が確定するまでの期間が迅速であっても，起訴前の期間が不当に長かった場合にも迅速な裁判の要請に反すると解される。最高裁は，15年余りも審理が中断された高田事件において，憲法37条1項を根拠に審理の著しい遅延を理由として免訴を言い渡し，実体審理を打ち切った（最大判昭和47・12・20刑集26・10・631）。もっとも，裁判の遅延が本項の迅速裁判の保障に違反するか否かについては，単に遅延期間の長さだけでなく，その理由・原因，被告人が審理促進を主張したか否か，被告人の受けた不利益の程度などを慎重に考慮して判断すべきである。

⑵　証人審問権・喚問権

憲法37条2項は，**証人審問権**およびそれを実効的なものにするための**証人喚問権**を保障している。これらは，反対尋問により真実性の吟味を受けない証拠の証拠能力（伝聞証拠）を排除することにより，被告人の防御権を保障することを目的としている（刑訴法320条，例外は刑訴法321条以下）。もっとも，「裁判所は，被告人側からかかる証人の訊問請求がない場合においても，義務として現実に訊問の機会を被告人に与えなければ，これらの書類を証拠とすることができないものと解すべき理由はどこにも存在しない」として，直接審理を厳格に要求するものとは解していない（最大判昭和23・7・19刑集2・8・952）。また，「裁判所は訴訟手続において被告人の証人に対する審問若しくは証人を求める被告人の権利行使にして，不当であり若しくは不必要であると認めるときは憲法上これを拒否」（最大判昭和23・7・29刑集2・9・1045頁）できるとする。

「公費で」といっても，「有罪の宣告を受けた刑事被告人にも訴訟費用を負担せしめてはならないという趣意の規定ではない」（最大判昭和23・12・27刑集2・14・1934）と解される。

⑶　弁護人依頼権

憲法37条3項は，前段で**弁護人依頼権**を保障し，後段で弁護人依頼権を実質化すべく，被告人が自ら弁護人を依頼することができないときは，国選弁護人を付してもらう権利を保障している。最高裁は，「弁護人を選任することは原則として被告人の自由意思に委せられている」から，「弁護人を選任する意思のない場合には，刑訴法上いわゆる強制弁護の場合を除いては，国が積極的に被告人のために弁護人を選任する必要はない」と判示している（最大判昭和24・11・2刑集3・11・1737）。

6　不利益な供述の強要禁止，自白の証拠能力

Point　自己に不利益な供述が強要されない保障がなされている。

⑴　不利益な供述の強要禁止

憲法38条は，自己に不利益な供述の強要を禁止している（**自己負罪拒否権**，黙秘権）。「自己に不利益な供述」とは，自己の刑事責任の根拠となる犯罪事実や量刑上不利益となる事実の供述のことをいう。なお，最高裁（最大判昭和32・2・20刑集11・2・802）は，氏名の黙秘は「不利益な事項に該当するものではない」と解している。「強要」には，供述拒否を処罰したり拷問を加えたりする直接強要と，供述拒否に対し法律上あるいは事実上の不利益を課す間接強制があるが，両者とも許されない。

本条の規定が，行政取締法規上の報告義務にまで及ぶのかが問題になる

が，最高裁は，交通事故の報告義務（道路交通法72条１項）の内容は，「交通事故の態様に関する事項」であり，「刑事責任を問われる虞のある事故の原因その他の事項」は含まないとした（最大判昭和37・５・２刑集16・５・495)。その後，「川崎民商事件」で最高裁は，黙秘権の保障は行政手続にも及ぶことを原則的に認めながら，税務職員の質問検査（旧所得税法234条）は，「実質上，刑事責任追及のための資料の取得収集に直接結びつく作用を一般的に有する」手続ではないとして，違憲ではないと判示した（最大判昭和47・11・22刑集26・９・554)。さらに，医師が異常死体を検案した際の警察署への届出義務（医師法21条）について，「医師免許は，人の生命を直接左右する診療行為を行う資格を付与するとともに，それに伴う社会的責務を課するもの」であるから，「一定の不利益を負う可能性があっても，それは，医師免許に付随する合理的根拠のある負担として許容される」と判示している（最判平成16・４・13刑集58・４・247)。

⑵　自白の証拠能力

憲法38条２項は，強制，拷問，脅迫による自白と「不当に長く抑留若しくは拘禁された後の自白」の証拠能力を否定する。さらに，刑事訴訟法319条１項は「任意にされたものでない疑のある自白」の証拠能力も否定している。最高裁は，本条２項の該当事由に限定せず，捜査官の「偽計によつて被疑者が心理的強制を受け，その結果虚偽の自白が誘発されるおそれのある場合には，右の自白はその任意性に疑いがあるものとして，証拠能力を否定すべき」とした（最大判昭和45・11・25刑集24・12・1670)。

憲法38条３項は，自白のみによって有罪とすることを禁止し，証拠能力のある自白であったとしても，その補強証拠を要求している。なお，公判廷における自白は，自由な状態において供述がなされ，裁判所の直接審理に基づくものであるから，３項の「本人の自白」には含まれず，証拠能力が認められている（最大判昭和23・７・29刑集２・９・1012)。なお，「一人の共同被告人の供述は，それだけを証拠として他の被告人の罪責を認めるには足りないけれども，他の被告人の自白がある場合には，その補強証拠とすることはできる」と判示している（最大判昭和33・５・28刑集12・８・1718頁)。

7　事後法禁止，一事不再理，二重処罰禁止の原則

Point　罪刑法定主義と一事不再理は，刑事司法の重要な原則である。

憲法39条前段前半は，行為が行われたときにその行為が適法であれば，その後に制定された法律によって違法となるものであっても，遡及して処罰することはできないという**事後法（遡及処罰）禁止**の原則を定め，罪刑法定主義の派生原則を規定している。本条前段後半は，一旦無罪となった行為を覆して有罪にはできないという**一事不再理**の原則を規定し，後段は，ある行為を処罰した後で，また同じ罪で処罰することはできないという**二重処罰の禁止**の原則を規定したものである。

検察官の上訴について，最高裁は「その危険とは，同一の事件においては，訴訟手続の開始から終末に至るまでの一つの継続的状態と見」れば，「検察官が上訴をなし有罪又はより重き刑の判決を求めることは，被告人を二重の危険に曝すものでもなく，従つてまた憲法39条に違反して重ねて刑事上の責任を問うものでもない」として，検察官の上訴を合憲と判断した（最大判昭和25・9・27刑集4・9・1805）。

【演習問題 4-17】以下の適正手続の保障と被疑者・被告人の権利の説明で正しいものはどれか。

1．法律による個別・具体的委任がなくしても，地方公共団体が条例によっても当然に刑罰を科すことができる。
2．憲法31条の規定は刑事手続に関するもので，行政手続に準用することはできない。
3．被告人には証人審問権はあるが，弁護人依頼権はない。
4．令状なしでも捜索・押収ができる場合がある。

第10節　社 会 権

第1項　生 存 権

Key Word	福祉国家，ワイマール憲法，プログラム規定説，具体的権利説，抽象的権利説，食糧管理法違反事件，朝日訴訟，堀木訴訟
Key Point	国家に対して積極的な配慮を要求する社会権には，生存権，教育を受ける権利，勤労の権利および労働基本権がある。

1　憲法25条の趣旨

Point　社会権は，国家権力の積極的な関与・配慮を要求する権利であり，特に社会的経済的弱者に保障されたものである。

憲法25条１項は，国民が「健康で文化的な最低限度の生活を営む権利」（生存権）を有すると定め，憲法26条から28条までの社会権規定の総則的規定といわれる。社会権とは，国家権力の積極的な施策によって国民の生存に不可欠な諸条件の保障を要求する権利（作為請求権）の総称であり，その点で国家権力の不作為を要求する自由権とは根本的に異なる。また，作為請求権という意味では受益権（国務請求権）と似た性格をもつが，権利主体に着目すれば，他の憲法上の諸権利が国民一般を対象とするのに対し，社会権は，現実社会における関係を前提として，特に社会的経済的弱者に対して保障するものである。そして，社会権は，国家の存在を前提とすることから，自由権が**前国家的権利**といわれるのに対して，**後国家的権利**といわれる。

沿革的に見れば，社会権は19世紀的な自由主義国家観（消極国家・夜警国家）の修正原理として発生してきたといえる。自由主義国家においては，自由権，特に経済的自由や財産権の保障に重点がおかれ，人々は自由に経済活動を行うことによって自己の利益を最大限に追求することが可能であった。しかし，資本主義経済の高度化は，社会的経済的弱者に止まる者を出現させ，また，恐慌や不景気による非自発的失業者の発生，さらに，それに伴う貧困，疾病などの様々な社会的矛盾を生じせしめた。このような状況下で，国家に対しては，自由主義の行きすぎを是正し，社会的正義の実現をはかるために，社会領域に積極的に介入することが求められるようになった（**積極国家・福祉国家**）。そこでは，社会的経済的弱者に対する恩恵的救済を行うのではなく，社会全体が生存そのものを権利として尊重し，専ら個人に負わされていた生存に対する責任を，同時に社会にも負わせたのである。

はじめて社会権規定が憲法に登場したのは，第一次大戦後のドイツの**ワイマール憲法**（1919年）である。同憲法151条は「経済生活の秩序は，すべての者に人間たるに値する生活を保障する目的をもつ正義の原則に適合しなければならない。この限界内で，個人の経済的自由は，確保されなければならない」と定め，社会権は，経済的自由権に一定の制限を加えることを前提として保障されるものであることを宣言した。このような社会権の規定は，第二次大戦後の憲法に盛り込まれ，日本国憲法の社会権規定も20世紀憲法の流れの中で把握することができる。

したがって，憲法25条１項は，社会権規定（26条～28条）の総則的規定であるとともに，労働能力や財産を持たない国民が，その最低限度の生活維持のために生活保護の請求権を有することを定めたものである。

しかしながら，資本主義社会が前提とされている限り，社会権規定の理念が完全な形で実現されることは困難である。したがって，日本国憲法は，実質的な自由や平等を実現するためにできる限りの努力を傾ける責務を国家に課したものと考えることができる。

ところで，憲法25条２項は，１項の生存権の規定から当然に生ずる国の責務を規定したものである。本項における「社会福祉」「社会保障」「公衆衛生」の用語は，相互に関連していることから，厳密に区別することは困難であり，類型化して列挙したものに過ぎないと解される。ただ，あえて区別をすれば，次のようになる。「社会福祉」とは，国民の生活をより豊かなものとすることを意味し，児童福祉法，老人福祉法，母子及び父子並びに寡婦福祉法，身体障害者福祉法などが具体例である。「社会保障」とは，国民の生存を公的扶助または社会保険によって確保することであり，生活保護法，国民健康保険法，国民年金法，介護保険法などが具体例である。また「公衆衛生」とは，国民の健康を保全・増進することであり，いわゆる感染症予防法，予防接種法，食品衛生法などが具体例である。

2　生存権の法的性質

Point　憲法25条１項は，直接個々の国民に具体的権利を付与したものではない。

生存権規定をめぐっては，「権利を有する」という文言の意味，すなわち法的性質の問題がある。従来，生存権の法的性質に関する学説は，⑴プログラム規定説，⑵具体的権利説（法的権利積極説），⑶抽象的権利説（法的権利消極説）に分岐してきた。

⑴の**プログラム規定説**は，社会権の諸規定は個々の国民に裁判上生存権の実現を請求できる具体的権利を与えたものではなく，国家はこれを具体化する立法を行う政治的，道徳的義務を負うに過ぎないとする。

その論拠としては，①日本国憲法の予定している経済体制は資本主義体制であり，そこでは個人の生活の維持は自己の責任においてなされるのが原則であることから，生存権を具体的請求権であるとする実質的前提を欠いていること，②生存権の内容・保障方法・手続等に関する憲法の規定は抽象的であり，これのみを根拠に具体的な請求を認めることは困難であること，③生存権を具体化する立法は予算措置を必要とするが，予算の配分は国家の財政政策の問題であるから，法令の制定は国会および内閣の裁量に委ねられていることなどを挙げて，生存権の具体的な権利は憲法によってではなく，それを受けた具体的な法律により初めて与えられるものであるとする。

⑵の**具体的権利説（法的権利積極説）**は，生存権は裁判により実現可能な具体的な権利であるとし，権利行使のための立法が存在しない場合，または，立法措置が不十分な場合は，そのこと自体が憲法違反であり，国民は国家の不作為の違憲確認訴訟を求めることができると主張する。

その論拠としては，①生存権は高度化した資本主義の下でこそ保障されなければならない権利であること，②法律がないことを理由にして権利性を否定することは下位法から上位法の内容を決定することになるので妥当ではないこと，③原則規範である憲法の規定は多かれ少なかれ抽象的であり，それをもって法的効力を否定することはできないことなどを挙げる。

(3)の**抽象的権利説（法的権利消極説）**は，生存権は憲法上保障された権利ではあるが，それは抽象的なものであり，これを現実に行使するためには，憲法上の権利を具体化する立法が必要であるとする。したがって，この学説によると，憲法の生存権規定は，主として下位法の指導原則や解釈原理としての法規範性が認められることとなる。

その論拠としては，①生存権規定は福祉国家の理念を実現するために国家の責務に対する規範を示したものであること，②憲法が生存権実現のための保障手段を明記していないことから，裁判規範としては，生存権規定が十分な法的意味をもたないこと，③生存権の保障の程度は，国家の財政能力に基づいて，特に立法部が判断すべきものであることなどを挙げる。

以上のように学説を分類することができるが，留意する点は，第一に，福祉国家の理念からすれば，国民に対して人間に値する最低限度の生活を保障しようとする方向にできる限りの努力をすることが国家の責務である点，第二に，生存権の保障の程度は，国家の財政能力に基づいて政治部門，特に立法部が判断するものであり，政治責任を負わない司法部が立法部に対して指示する性質の事柄ではない点である。

これらを総合すると，国家が基本的に資本主義経済体制を採用することをもって，生存権の権利性を全面的に否定するプログラム規定説は妥当ではなく，また，国家が立法を行わない場合，裁判所の判決によって立法させることが可能であるとする具体的権利説は，妥当ではなかろう。

したがって，三権分立制の趣旨や民主制の責任原理からみれば，生存権の法的性質については，**抽象的権利説**が妥当であると解され，通説，判例も同様の立場をとっている。

3　生存権に関する判例

Point　裁判所は立法府に幅広い裁量権を認めている。

(1)　**食糧管理法違反事件判決**（最大判昭和23・9・29刑集2・10・1235）

この事件は，被告人が闇米を購入し，自宅へ持ち帰る途中で検挙された事件で懲役4月の判決を受けたことから，被告人の行為は憲法25条の生活権の行使であり，これを違法とする食糧管理法の規定は違憲無効であるとして飛躍上告したものである。本件について最高裁は，「すべての国民が健康で文化的な最低限度の生活を営み得るよう国政を運営すべきことを国家の責務として宣言したものである」とし，「この規定により直接に個々の国民は，国家に対して具体的，現実的にかかる権利を有するものではない」とした。

このことから，本判決は，プログラム規定説の立場をとっているものとみられる。ただし，本件は，国に対して給付を請求するものではなく，生存権の法的性格を確定するものとしては必ずしも適当でないともいえる。

⑵ **朝日訴訟**（最大判昭和42・5・24民集21・5・1043）

生存権の法的性格が直接問題となった事件としては「**朝日訴訟**」がある。本件は，厚生大臣の定める保護基準が健康で文化的な最低限度の生活を営むには低額であるとして，その基準の憲法25条違反を争った事件である。

最高裁は，係争中に上告人が死亡したため訴訟終了の判決を下したが，「念のため」として付加された意見の中で，前記の食糧管理法違反事件判決を引用し，「国民が健康で文化的な最低限度の生活を営み得るように国政を運営すべきことを国の責務として宣言したにとどまり，直接個々の国民に対して具体的権利を賦与したものではない」とし，生存権の具体的権利性を否定した。その上で，最高裁は，「何が健康で文化的な最低限度の生活であるかの認定判断は，いちおう，厚生大臣の合目的的な裁量に委されて」いるとして，立法裁量論を展開した。

本判決に対しては，これをもって最高裁がプログラム規定説を採用したと位置づける見解もある。ただし，最高裁が「現実の生活条件を無視して著しく低い基準を設定する等憲法および生活保護法の趣旨・目的に反し，法律によつて与えられた裁量権の限界をこえた場合または裁量権を濫用した場合には，違法な行為として司法審査の対象となることをまぬかれない」と判示した点は，留意すべきであろう。

この点を考慮すれば，本判決は，前記の食糧管理法違反事件判決の立場を尊重しつつ，それをさらに進めて，一定の範囲内において25条の裁判規範性を認めるものであるといえる。

⑶ **堀木訴訟**（最大判昭57・7・7民集36・7・1235）

各種年金，手当を支給する法律の規定の合憲性を争う事件としては「**堀木**

訴訟」がある。本件は，障害福祉年金と児童扶養手当の併給禁止が憲法14条と25条に違反するかが争われた事例である。

最高裁は，憲法25条の規定は「福祉国家の理念に基づき，社会的立法及び社会的施設の創造拡充に努力すべきことを国の責務として宣言したものであ」り，「国が個々の国民に対して具体的・現実的に右のような義務を有することを規定したものではな」いとし，生存権の具体的権利性を否定した。そして，判決は，健康で文化的な最低限度の生活なるものは，きわめて抽象的・相対的な概念であるとし，具体的な施策については，「どのような立法措置を講ずるかの選択決定は，立法府の広い裁量にゆだねられており，それが著しく合理性を欠き明らかに裁量の逸脱・濫用と見ざるをえないような場合を除き，裁判所が審査判断するのに適しない事柄である」と判示した。

本判決については，これをプログラム規定説を採用したものであると分類する見解もある。しかし，一定の条件の下ではあるが，司法審査の可能性を示唆している点を考慮すれば，本判決は，前記朝日訴訟の立場を尊重しつつ，それをさらに進めて，緩やかな「明白性の原則」を用いて25条の裁判規範性を認めているとみるのが妥当であろう。

その意味から，憲法25条が国家に対する政治的，道徳的義務を課すにすぎないとする純粋な意味でのプログラム規定説は，今日においては否定されており，最高裁も**抽象的権利説**を採用しているものといえる。

【演習問題 4-18】生存権に関する記述として誤っているものを一つ選べ。

1．憲法25条１項を直接の根拠として生活扶助を請求することはできない。
2．憲法25条１項は，失業者のみを対象としている。
3．憲法25条１項の「健康で文化的な最低限度の生活」の内容は，時代や社会の変化に応じて変わりうるものとして考えられている。
4．日本国憲法が保障する生存権は，教育を受ける権利や労働基本権とならんで社会権と呼ばれている。

第2項　教育を受ける権利

Key Word	学習権，旭川学テ事件，教育権の所在，授業料の無償
Key Point	教育を受ける権利は，健康で文化的な最低限度の生活を営むための必要条件である。

1　教育を受ける権利の法的性格

(1)　意義

一定水準の教育を受けることは，国民にとって重要な意義をもっている。個々の国民は，将来において仕事に就くための基礎となる知識や技能を得ることにより，最低限度の生活を維持していくことが可能となる。また，教育は，人格の完成を促し，それを発展させる過程に必要不可欠である。そして，近代国家においては，次世代を担う国民の育成が重要な要素となる。

そのため，資本主義経済の下で，経済的な理由から初等教育すら受けられないことは，民主主義国家の基礎になる個人の能力の発展を妨げ，民主政治の健全な運営を維持することが困難になるおそれがある。

したがって，教育における機会均等は，単なる平等原則ではなく，特に経済的理由によって教育を受けられない国民に対し，国家が積極的に配慮しなければならないことを意味する。ただ，教育は全国民の関心事であるから，教育を受ける権利は，経済的弱者の救済のみにとどまるものではなく，地域的事情による格差是正も保障の範囲として捉えるべきである。

そこで憲法26条は，国家が「法律の定めるところ」により，合理的な教育制度の構築，施設の設置，教職員の配置，一定水準の教育内容の確保をする責務を負うことを意味している。そして，国家は，学校設置に止まらず，各種施設を設置し，教育の機会を提供する責務を負うと考えられる。

また，生存権と同様に教育を受ける権利は，国民が国家に対し教育の機会均等について必要な立法措置を講ずることを要求する抽象的権利を有するに止まる。したがって，希望の学校に必ず入学できるとか，特定の教育内容を要求する等という具体的な権利までは認められない。

なお，障がい児に対する就学や条件整備については，学校教育法に規定があるが，今日においても不十分であることが指摘されている。

(2) 教育を受ける権利と子どもの学習権

教育を受ける権利は，広く国民一般に認められるが，特に子どもについては問題が生ずる。子どもは，判断能力や責任能力が未成熟であり，十分な成長を遂げるために教育を受ける必要がある。それ故に，憲法26条2項では特に保護者の義務を規定しているのである。

ところで，子どもに対する教育の重要性は次の2つの側面から捉えられる。すなわち，子どもに対する教育は，一方で次世代の国民の育成という側面を有し，他方で子ども自身の自己実現の基礎になるという側面を有する。前者は，教育を受ける権利の**社会権的側面**であり，公教育制度が全国民の関心事として成立していることと符合し，後者は，教育を受ける権利の**自由権的側面**であり，子どもを主体として考える**学習権**の観念として成立する。

この学習権をめぐっては，自らの判断で学習し，成長・発達していく生来的権利として捉える立場と学習権の観念を尊重すべきであるとする立場に分かれる。特に前者は，学習権を自由権として主張し，国家の教育内容への介入を排除する国民教育権説の基礎となる立場である。いずれにしても学習権の観念は，学説や判例でも肯定的に捉えられている。

この点について，学習指導要領とそれに基づく全国学力テストの適法性が争われた**旭川学テ事件**において，最高裁は，「国民各自が，一個の人間として，また，一市民として，成長，発達し自己の人格を完成，実現するために必要な学習をする固有の権利を有すること，特に，自ら学習することのできない子どもは，その学習要求を充足するための教育を自己に施すことを大人一般に対して要求する権利を有するとの観念が存在していると考えられる」（最大判昭和51・5・21刑集30・5・615）とし，学習権の観念を尊重すべきであるとの立場を採っている。

なお，学習権の自由権的側面を強調することは，①これから教育を受けようとする子どもが自己に施される教育内容を決定（自己決定）することは，事実上不可能であること，②子ども一人一人の自己決定を強調すればするほど，教育そのものが成り立たなくなり，学校教育制度そのものの否定になりかねないこと，などの問題点が生ずる。

したがって，学習権は，自由権ではなく，子どもの教育を考える際の教育理念（観念）として捉えるべきであろう。このことから，法的意味においては，教育を受ける権利をあえて学習権と言い換える必要はないといえる。

2　教育権の所在

Point　国家に教育内容の決定権がある。

初等中等教育機関における具体的な教育内容の決定権（**教育権**）の所在をめぐっては，**国家教育権説**と**国民教育権説**の間で議論が展開されてきた。

⑴　国家教育権説

国家教育権説は，国家機関に教育内容を決定する権能が存することを主張する見解である。この見解を採用する地裁の判例もみられ，そこでは，国民の付託に基づき国が自らの立場と責任において公教育を実施する権限を有し，教育内容の決定についても，国民主権，議会制民主主義の原理が妥当するとした（高津判決東京地判昭和49・7・16）。このように，国家教育権説の根拠は，①現代公教育制度においては，国家が国民の付託に基づき自らの立場と責任において公教育を実施する権限を有すること，②国家は憲法第26条に基づき，国民に対して教育の機会均等，教育水準の維持向上を図る義務を負っていること，③議会制民主主義の下では国民の総意が国会を通じて反映されること，④現行制度下では国家のみが国民に対して責任を負える立場にあることを挙げることができる。

⑵　国民教育権説

一方の**国民教育権説**は，国家機関の教育内容に介入する権能を否定し，教育内容の決定権を国民に認めようとするものである。この見解によれば，公教育は，親の義務の共同化であり，生来的権利としての子どもの学習権を充足させるために存在するという。そして，子どもに対する教育を行う権利を有し義務を負うのは，第一義的には親であり，その付託を受けるのは教員であるとする。さらに，教員は「教育の自由」を有することから，国家は公教育制度の外的条件を整備するに止まると主張する。この見解を採用する地裁の判例もみられ，そこでは，教育内容の決定権を有するのは子どもの教育を受ける権利に対応して子どもを教育する責務を担う者は親を中心とした国民全体であるとし，終局的には親の付託を受けた教員にその決定権が委ねられるとした（杉本判決東京地判昭和45・7・17）。このように，国民教育権説の特徴は，①憲法第26条から導き出される子どもの学習権は生来的権利であるとする点，②子どもの「学習権」を充足する責務を担うのは親を中心とした国民であるとする点，③最終的な教育内容決定権は親の付託を受けた教員であるとする点，④教員の「教育の自由」を根拠に教育内容に対する権力的介入は排除されるとする点を挙げることができる。

⑶ **折衷説**

これに対して，最高裁は，前記の旭川学テ事件判決で，両説は「**いずれも極端かつ一方的であり，そのいずれをも全面的に採用することはできない**」とし，親・私学設置者・教員・国家といった教育関係者が有する権利ないし権能を個別具体的に検討する姿勢を示した。

最高裁によれば，親については「親の教育の自由は，主として家庭教育等学校外における教育や学校選択の自由にあらわれる」とし，私学教育の自由や「教師の教授の自由も，それぞれ限られた一定の範囲内においてこれを肯定するのが相当」とした。

さらに，判決は，「国は，国政の一部として広く適切な教育政策を樹立，実施すべく，また，しうる者として，憲法上は，あるいは子ども自身の利益の擁護のため，あるいは子どもの成長に対する社会公共の利益と関心にこたえるため，必要かつ相当と認められる範囲において，教育内容についてもこれを決定する権能を有する」とし，学習指導要領とこれに基づく本件学力テストは合法的なものであるとした。

そして，国家機関の教育権の限界については，「子どもが自由かつ独立の人格として成長することを妨げるような国家的介入，例えば，誤った知識や一方的な観念を子どもに植えつけるような内容の教育を施すことを強制するようなことは，憲法26条，13条の規定上からも許されない」とした。

ただし，この最高裁判決は，玉虫色の判決と評されるように，教員と国家を同列に論じ，教員の「教育の自由」と国家の教育権との境界線を曖昧にしたという問題点がある。最高裁の見解では，教員の「**教育の自由**」と国家の教育権が衝突する場合，どちらが正当かを判断するためには，さらに個別的な検討が必要とされることとなろう。

3　教育を受けさせる義務

Point　義務教育の無償は授業料の無償を意味する。

判断能力，取捨選択能力が未熟な子どもの教育を受ける権利を保障するために，憲法26条2項では，保護者に対して，その子女に教育を受けさせる義務を課し，それを担保するために**義務教育の無償**を規定している。この義務教育の無償の範囲については，修学に必要な一切の費用を意味するのか，授業料の無償だけをいうのか，あるいはその範囲が全て法律の制定に委ねられているのかという争いがある。

この点について最高裁判決（最大判昭和39・2・26民集18・2・343）は，「無償とは授業料不徴収の意味と解するのが相当」であるとし，「国が保護者の教科書等の負担についても，これをできるだけ軽減するよう配慮，努力することは望ましいところであるが，それは，国の財政等の事情を考慮して立法政策の問題として解決すべき」であるとした。

なお，昭和38年から「義務教育諸学校の教科用図書の無償措置に関する法律」により，義務教育諸学校の教科書は無償とする政策がとられている。

【演習問題4-19】教育を受ける権利について，社会権としての側面と自由権としての側面とを区別した場合に，特に自由権としての側面に関係する国家の措置を一つ選べ。

1．小学校・中学校で使用する教科書を生徒に無償配布すること。
2．学校の図書館の図書を充実させ，図書利用の便宜を図ること。
3．教育内容について学習指導要領を定め，それを基準とした授業を教員に要求すること。
4．経済的理由により就学困難な者のために奨学金制度を設けること。

第3項　労働基本権

Key Word	団結権，団体交渉権，団体行動権，労働基本権の制限
Key Point	正当な争議行為は民事・刑事の責任を負わない。

1　勤労の権利及び義務

Point　勤労の権利は具体的権利を意味せず，勤労の義務は労働の強制を正当化するものではない。

勤労の権利は，勤労の自由を侵害されないという自由権的側面を有することを否定しえないが，それは憲法22条1項などの職業・営業の自由で保障されていることから，ここでは，社会権の一環として捉えることに意義がある。すなわち，憲法27条1項は，働く意思と能力があるにもかかわらず就労の機会に恵まれない国民に対して，国家機関に一定の配慮をすべき責務を課すものである。法的性格については，生存権と同様に学説が分かれるが，無職の状態にある者が，本条を直接の論拠として国家機関に就労の機会を与えるように請求できるわけではないと一般的に解されている。したがって，勤労の権利の保障とは，国家機関に立法，行政上の施策を講じることを命じたものであるといえる。現在は，職業安定法，職業能力開発促進法，男女雇用機会均等法，雇用保険法，障害者雇用促進法など多数の法律がある。

また，勤労の権利は義務を伴うが，ここでいう義務は，就労能力のある者は自らの労働によって生活を維持し，社会に貢献すべきことを意味するのであって，国家権力が国民を強制的に勤労させる法的根拠にはならない。

2　勤労条件の法定

Point　勤労条件の法定は，契約自由の原則の修正である。

労働条件の契約は，従来，労使間の**契約の自由**に委ねられていたが，経済的弱者たる労働者には真の契約の自由は存在せず，多くの労働者は歴史的にも低賃金，過重労働などの不利な条件に甘んじてきた。そこで，本条の趣旨は，国家機関が最低限度の基準を設定することによって，労働者の生存を確保しようとするものである。現在，この規定を具体化するものとしては，労働基準法を挙げることができる。同法は，勤労条件が生存権の理念に立脚して設定しなければならないことを謳い，労働者の均等待遇，男女同一賃金の原則，強制労働の禁止，賃金，休憩，休日，年次有給休暇，安全，衛生，女子，年少者に関する労働条件や基準を定めるが，社会の変化に対応する形で法定内容の検討が常になされなければならないであろう。その他，最低賃金法や労働安全衛生法がある。また，法定の最低基準が履行されているかについて監視体制が設けられていなければならないが，現在は，労働局および労働基準監督署がおかれている。

3　労働基本権の保障

Point　憲法は労働者の団結権，団体交渉権，団体行動権を保障している。

(1)　労働基本権

資本主義経済体制における契約自由の原則の下では，労働者は経済的弱者の立場におかれ，労働条件の悪化が進行する。憲法25条や27条は，最低限度の生活を確保するための保障であるが，憲法28条は，労働者に労働基本権を保障することによって，使用者と労働者の実質的な対等関係を確保しようとするものである。個々の労働者は，使用者との関係では常に不利な立場におかれるが，団結し，団体で行動することによって，労働条件の交渉の際に，使用者と対等の立場で向かい合うことができる（契約自由の原則の実質的保障）。このような考え方に基づいて，28条では，労働者が団結し，団体交渉し，団体行動をする権利を保障することによって労使関係の立場の調整を図っている。ここで保障される権利を総称して**労働基本権**と呼ぶ。

(2)　保障の性質

労働基本権は，勤労者という一定の立場にあるものに対して保障される権利であり，次のような性格がある。

第一は，国家機関に対する**作為請求権**という性格を有する。これは，他の社会権と同様に，立法その他の措置がなされることにより権利保障の具体化が図られることから，国家機関に一定の責務が課せられることを意味する。

特に労働基本権の実質的保障のためには，使用者による侵害行為から労働者を救済することが求められる。これについては，現在，労働組合法の不当労働行為（7条），労働委員会（27条）などの規定により，労働基本権の実質的保障が図られている。

第二は，**国家権力からの自由**という性格を有する。これは，公権力が，労働者やその団体に対して労働基本権の行使を妨げたり，不当に制限するときは，裁判所による救済が受けられることを意味する。労働組合法が労働者の正当な争議行為に対する**刑事免責**を定めたのは，この趣旨の確認である。

第三は，**使用者に対する民事上の権利**という性格を有する。使用者が労働基本権を侵害する契約は無効であり，事実行為による侵害は違法となる。労働組合法における不当労働行為制度や正当な争議行為に対する**民事免責**は，この趣旨を確認したものである。ただし，この場合は，使用者の経済的自由権との調整が問題となるため，刑事免責よりも広い制約が認められる。

(3) 労働三権

団結権は，労働条件の維持・改善をするために労働者が団体を組織したり，それに加入する権利である。ここでいう団体とは，具体的には，労働組合を結成することがそれに当たるが，争議団のような一時的団体も含まれる。団結権は，労働者が使用者と実質的に対等の立場に立つための手段として保障されるものであるから，その団結の目的達成のためには，ある程度の組織強制が許される必要があり，その点で結社の自由とは異なる。組織強制の方法は，各種のショップ制が挙げられるが，労働者個人の権利との関係によって，その強制には一定の限界がある。

団体交渉権は，労働者の団体がその代表者を通じて使用者と労働条件について交渉する権利である。これは，使用者と労働者が実質的に対等の立場で交渉し，労働条件の自主的決定を確保することを目的としている。したがって，使用者が団体交渉を正当な理由なく拒否した場合は不当労働行為として違法となる（労組法7条2号）。また，労使間で締結された労働協約は，規範としての効力を有し，それに反する労働契約の部分は無効となる。

団体行動権は，団体交渉を行う団体が，労使間の実質的対等性を確保するための裏付けとして団体で行動しうる権利であり，広く捉えれば，同盟罷業

（ストライキ），怠業（サボタージュ），ピケッティングを中心とした**争議権**がこれである。これらの権利の詳細は，労働組合法や労働関係調整法などによって定められている。

先にも述べたように正当な争議行為は，刑事責任が課されず，民事上の債務不履行や不法行為責任を免除される。ただし，正当な争議行為の範囲と限界については，議論の多いところである。

第一は，争議行為の正当性の問題である。団体交渉その他の行為が相手の生命・身体・財産に危険を及ぼしたり，暴力を伴う方法で行われる場合は，正当な行為とは認められず，刑事上・民事上の免責をうけない（労組法１条２項但書）。また，実際には政治ストと経済ストの区別は明確ではないという問題点があるが，政治目的達成のために行われる場合は正当な行為とは認められないとされている（全農林警職法事件最大判昭和48・４・25刑集27・４・547）。それら以外の場合については，労働者の争議権の無制限な行使を容認するものではなく，「寧ろこれ等諸々の一般的基本的人権と労働者の権利との調和をこそ期待しているのであつて，この調和を破らないことが，即ち争議権の正当性の限界である」（最大判昭和25・11・15刑集・４・11・2257）といえよう。

第二は，特定産業について争議行為を制限したり，特定の勤労者に対して争議権を制限したりすることができるのかという問題である。前者については，労働関係調整法や電気事業及び石炭鉱業における争議行為の方法の規制に関する法律（いわゆるスト規制法）による一定の制限がある。また，後者については，公務員の争議権制約をめぐって議論が展開されている。

4　公務員の労働基本権の制限

Point　公務員に対する労働基本権の制限については，職務の公共性と国民生活に与える影響を個別具体的に明らかにした上で，合理的な必要最小限度に止めなければならない。

公務員には，一般労働者に認められている労働三権の一部または全部が認められていない。各種法律により，警察，海上保安庁，刑事施設，自衛隊，消防の職員は三権の全てが否定され（国公法108条の２第５項，地公法52条５

項，自衛隊法64条），非現業の一般の国家公務員および地方公務員は団体交渉権の一部と争議権が否定され（国公法98条２項，108条の２第３項，108条の５第２項，地公法37条１項，52条３項，55条２項），現業公務員は争議権が否定されている（特労法４条，８条，17条１項，地公労法５条，７条，11条１項）。

これらの官公労働者の労働基本権の制限の中でも特に争議行為の禁止については，その合憲性を争う訴訟が数多く存在する。

最高裁は，昭和30年代までは，「**公共の福祉**」や「**全体の奉仕者**」を根拠に，公務員の労働者としての性質を否定し，争議権禁止規定を直ちに合理的制限として容認してきた（最大判昭和28・４・８刑集７・４・775）。

しかし，昭和40年に入ると，春闘の全逓ストに伴って組合員38人が郵便法79条１項の郵便物不取扱い罪に問われた事件（「**全逓東京中郵事件**」）において，最高裁は，公務員といえども私企業の労働者と同じく労働基本権が保障されるべきであることから，その制約は担当する職務の内容に応じて，私企業の労働者と異なる制約を内包しているに止まるとした。そして，最高裁は，「労働基本権の制限は，労働基本権を尊重確保する必要と国民生活全体の利益を維持増進する必要とを比較衡量して，両者が適正な均衡を保つことを目途として決定すべきであるが，労働基本権が勤労者の生存権に直結し，それを保障するための重要な手段である点を考慮すれば，その制限は合理性の認められる必要最小限度のものにとどめなければならない」という判断基準を示した（最大判昭和41・10・26刑集20・８・901）。このように公務員に対する制限を狭く解釈する態度は，その後，勤評反対闘争における組合幹部の争議指導行為が地方公務員法61条４号の「あおり」に該当するとして刑事罰に問われた事件（**東京都教組事件**）にも引き継がれ，争議行為・あおり行為の双方について，刑事罰の対象となるのは，特に違法性の強いものに限定されるとする，いわゆる「二重のしぼり」を加え，被告人を無罪とした（最大判昭和44・４・２刑集23・５・305）。

ところが，昭和48年，最高裁は，警職法改正反対闘争における組合員の争議行為が問題となった事件（**全農林警職法事件**）で，従来の態度を変更した。最高裁は，労働基本権は，「勤労者を含めた国民全体の共同利益の見地からする制約を免れない」とし，①公務員の争議行為は地位の特殊性と職務の公共性に相容れないこと，②公務員の争議行為は国民の利益に重大な影響を及ぼすこと，③公務員の勤務条件の法定という議会制民主主義に反する行為であること，④争議行為禁止は，勤務条件の法定，身分保障，人事院制度などの代償措置があること，などを理由として，公務員の争議行為の禁止は，憲法28条に違反しないとした（最大判昭和48・4・25刑集27・4・547)。

さらに，この判決以後，最高裁は，岩手学テ事件（最大判昭和51・5・21刑集30・5・1178）で地公法の争議行為禁止規定について先の東京都教組事件の判決を覆し，さらに全逓名古屋中郵事件（最大判昭和52・5・4刑集31・3・182）では，先の全逓東京中郵事件の判決を覆し，公労法違反の争議行為は刑事免責されないとした。この公務員の争議行為に対する禁止を積極的に合憲とする判例は，一連の流れの中で定着し，現在に至っている。

最高裁の姿勢に対して，学説の多くは，公務員の職務の公共性と，その争議行為が国民全体の利益を害する程度を個別的・具体的に検討した上で，合理的な必要最小限度の制約に止めるべきであると批判している。

【演習問題 4-20】以下の労働基本権に関する記述のうち，正しいものを一つ選べ。

1．労働基本権が制限される国家公務員のために，人事院勧告制度が設けられた。

2．正当なストライキであっても，使用者が損害を受けた場合は，会社の存続のためであれば，労働組合にその賠償を請求することができる。

3．団結権の保障は，労働基準法により具体化されている。

4．労働基本権は，憲法上の権利であるから，私人間において直接効力をもつものではない。

第11節　国務請求権と参政権

第1項　国務請求権

Key Word	請願権，裁判を受ける権利，国家賠償請求権，国家無答責の原則，刑事補償請求権
Key Point	国務請求権（受益権）は，人権保障を確保するために国家に対して一定の作為を求める権利である

国務請求権（受益権）とは，国民が国家に対して一定の行為を要求することができる権利であり，自由権を支える権利として認識されてきたものである。社会権も国家に対して国民の生存の確保のための積極的な施策や措置を要求する権利であるが，先に述べたように社会権は20世紀的な社会国家の原則から導かれるものであり，伝統的な受益権に属する権利とはその性格を異にする点に留意する必要がある。

1　請 願 権

Point　請願権は，実体的な利益を国家から受ける権利とは異なり，その利益は形式的・手続的なものである。

請願権は，近代的な議会制度が成立していないところで，民意を為政者に伝える手段として用いられたことに由来する。司法制度や議会制度が成立した近代国家においては請願制度の実益は減少したが，近代憲法はそうした過去の伝統を一つの権利として保障しているのである。

請願権は，単に希望の表示に止まるものであり，それが権利としての性質を有するのも，国家機関に受理する義務が生ずるにすぎず，請願した事項について受理した機関が審理したり，何らかの判定を下すことを求める法的拘束力はない。この意味から，請願権は手続き上の権利であり，国家機関が請願書を受理することを義務づける権利であるといえる。このことは，請願の手続を定める請願法が，官公署が請願を受理し誠実に処理しなければならないとの訓示的規定をおいているにすぎないことからも明らかである。

現代国家においては，国民は選挙や政党を通じて自己の意思を表明することができ，言論の自由の保障の下で政治に対する批判を展開することができるし，司法制度の整備によって国民の権利や利益の侵害に対する救済の道があり，行政に対する不服申し立て制度も存在する。したがって，請願権は，政治に対する不満や要望をしたために差別的待遇を受けたり，不当な弾圧をうけ，刑罰を受けることがないということに意義を見出すことができよう。

2　裁判を受ける権利

Point　裁判を受ける権利は，人権保障にとって不可欠な権利である。

裁判を受ける権利は，各人の権利や利益が不法に侵害されたとみるときに，自己の主張の当否の判断を求め，その損害に対する救済を得るために，法の定める正規の権限を有する公正な裁判所の裁判を請求する権利を意味する。

裁判請求権の内容は，２つの意味がある。一つは，民事事件・行政事件においては，誰もが裁判所に訴えを起こす権利を意味する。他方，刑事事件においては，刑罰を科せられようとしている者が公正な裁判を受ける権利を意味する。この点については，憲法37条１項が重ねてこれを保障している。

また，裁判所は適法な手続で提訴された事件については，これを拒絶することは許されない（**「裁判拒絶の禁止」の原則**）。

ところで，裁判を受ける権利は，「裁判所」において裁判を受けられる途を必ず開いておくことを国家に命じている。この点について，憲法は，76条１項において「裁判所」とは最高裁判所と法律で定める下級裁判所を指すと明示しており，同条２項で特別裁判所の設置を禁止している。裁判所以外の機関が司法処分を行う場合は，それが前審として審理を行い，裁判所に対して訴訟の提起ができるようになっていれば，本条に反するものではない。その他，司法権の独立，裁判官の職権の独立，公開裁判の原則などの司法に関する諸原則は，公正な裁判を受けるための制度的担保であるといえる。

3　国家賠償請求権

Point　憲法17条は，公務員の不法行為に基づく損害に対する国民の賠償請求権を認めている。

憲法17条は，国家機関の違法な行為に対する賠償請求権を規定するが，これは，人権保障の本質にとって関係がない。大日本帝国憲法においては，国民が公務員の不法行為によって損害を受けた場合の賠償については特に規定がないため，**国家無答責の原則**（公務員の不法行為により国民が損害を受けても国はその責任を負わないとする原則）が支配的であったが，判例においては，公務員の行為を非権力的作用と権力的作用に区別し，前者に対しては国および地方公共団体は賠償義務を負うとの法理が確立していた。

これに対して，現憲法は，公務員の不法行為が非権力的作用についてなされた場合だけでなく権力的作用として行われた場合であっても，それによって国民が損害を受けた場合には，常にその公務員の属する国または地方公共団体がその賠償をする義務があることを定めた。

国による損害の賠償は，私人関係における使用者責任と類似のものであるが，その性質が根本的に異なる。国の賠償責任は，国と国民の間には対等な活動の自由が前提となっていないこと，公務員の行為は国家権力の発動であり国民にとっては危険な存在であること，国家無答責の原則が妥当し得ない状況になっていることから認められたものと考えられる。そして，国による損害の賠償は国民の税金によってなされることから，国民全体による負担とみることもでき，それは社会正義の実現という意味を有する。したがって，いかなる場合に国が賠償責任を負うのかについては，立法政策上の問題であるから，憲法は「法律の定めるところにより」と規定している。

国家賠償請求権を具体化する法律は，国家賠償法である。

まず，同法１条１項では，公権力の行使にあたる公務員が故意または過失によって違法に他人に損害を加えたときの賠償責任を定める。ここでは，賠償責任の要件として「故意又は過失」としていることから，無過失責任を認めていない。

次に，同法２条１項では，道路，河川その他の公の営造物の設置又は管理に瑕疵があったために他人に損害を生じたときの賠償責任を定める。これは憲法17条から直接生ずる国の責任ではないが，国との関係で生じた損害を救済するという憲法の精神を公の営造物の設置・管理作用についても実現しようというものである。ここでいう「瑕疵」とは，「営造物が通常有すべき安全性を欠いていること」とされ，国や地方公共団体の無過失責任を意味すると解されている（最大判昭和45・8・20民集24・9・1268）。

また，外国人に対しては，相互保証のある国に属する者に限定して国家賠償請求権を認めている（国賠法6条）。これについては，憲法17条が国の存在を前提としていること，日本人が外国から受けた被害についてその国に賠償請求できないのに，日本国がその外国に属する者に賠償責任を負う必然性はないこと，このような措置をとったとしても国際協調主義の要請に反するほど不合理とはいえないことから合憲であると解されている。

4　刑事補償請求権

Point　憲法40条は，何人も，抑留又は拘禁された後，無罪の裁判を受けたときは，法律の定めるところにより，国にその補償を求めることができる権利を保障している。

刑事補償請求権は，国家の捜査・訴追の権限が行使されたことによって被った不利益を金銭によって償うものであるから，公務員の故意や過失がなくても請求できる性質のものである。すなわち，仮に逮捕・抑留・拘禁・起訴・裁判が適法に行われている場合であったとしても，裁判の結果，無罪となった者は，国に補償を求めることができる。そもそも，刑事裁判が，有罪か無罪かを判断する場である以上，抑留または拘禁された者が結果として無罪となることは制度上も予想していることであるから，その身体の拘束は，国家の違法行為とみることはできない。しかし，結果として無罪とされた者は，身柄拘束という人権制限措置を受けており，それに伴う精神的打撃も大きいことから，国民の負担において相応の補償をすることによって正義と公平の要請を実現することを憲法40条は規定していると解される。

したがって，憲法17条が公務員の故意・過失による不法行為に基づく損害賠償責任を課しているのに対し，憲法40条は，逮捕・抑留・拘禁が公務員の故意・過失によるものではないから一種の**無過失賠償責任**を課しているとみることができる。ただ，もし逮捕などが公務員の故意・過失などにより不法に行われたものであった場合は，憲法17条も併せて適用されることになる。

憲法40条は，刑事補償の要件を「抑留又は拘禁された後」と「無罪の裁判を受けたとき」の２つの他は，その具体化を下位法に委ねている。補償の要件は，刑事補償法によれば，①刑事訴訟法による通常手続，上訴手続，再審または非常上告などにおいて無罪の判決を受けた場合，②免訴，公訴棄却の裁判を受けた場合に限られている。

この規定によれば，身体の拘束を受けても不起訴となった場合は，補償の対象とならないことになる。しかし，補償の必要性からみれば，不起訴の場合と無罪の確定判決の場合とで実質的に異なるところはない。不起訴の場合の補償は，被疑者補償規程により認められる場合もあるが，それに対する司法上の救済手続が備わっておらず，不十分なものであるとの指摘がある。

この問題について最高裁は，「憲法40条にいう『抑留又は拘禁』中には，無罪となつた公訴事実に基く抑留または拘禁はもとより，たとえ不起訴となつた事実に基く抑留または拘禁であつても，そのうちに実質上は，無罪となつた事実についての抑留または拘禁であると認められるものがあるときは，その部分の抑留及び拘禁もまたこれを包含するものと解するを相当とする」（最大判昭和31年12月24日刑集10・12・1692）としている。

【演習問題 4-21】以下の説明について正しいものを１つ選べ。

1．裁判を受ける権利は，国家に対する作為請求権であるから，社会権に分類される。
2．やむを得ない事情がある時は，裁判を受ける権利を保障するために特別裁判所を設置することができる。
3．請願を受けた機関は，十分な審査をした後に，その結果を通知する義務を負う。
4．拘禁後に無罪の判決を受けた場合は，国に補償を求めることができる。

第２項　参政権

Key Word	公務員の選定・罷免権，国民主権，民主的選挙の原則
Key Point	参政権とは，国民が国政に参加する権利のことである。

1　参政権の内容

参政権とは，国の政治に直接または間接的に参加し，主権者である国民と国家機関が一体となって政治を行うために必要な作用をする能動的な権利である。参政権は，主として**選挙権**としてあらわれ，国会議員，知事，市町村長，地方議会議員などの選挙，その他，最高裁判所裁判官の国民審査，憲法改正の国民投票，地方特別法の住民投票がある。また，例えば国会議員が国会の権限を行使し，一般公務員が行政作用を行ったり，裁判官が裁判所において審理することは，特別の身分に基づく参政権とみることができることから，**被選挙権**，**公務就任権**も参政権に含まれると解される。

(1)　公務員の選定・罷免権

憲法15条１項は，**公務員の選定・罷免権**が**国民主権の原則**から直接導き出されるものであることを意味している。これは，①すべての公権力の権威が国民に由来すること，②すべての公務員の地位の根拠は国民の意思に依拠するものであること，③公務員は国民全体の奉仕者として国民に代わって国政を行う者に他ならないことを定めたものであるといえる。

また，ここで「国民固有の権利」というのは，公務員の地位の根拠が究極的に国民の意思に基づくことを意味するのであって，個々の公務員の全てが国民によって直接選定され，罷免されなければならないということを意味しない。憲法によって任免に関する権限や手続が明記されていない公務員の選定・罷免は，主権者である国民を代表する国会が，公務員の種類や性質に基づいて決定すべきことである。

なお，本条については，海外に在住する国民が国政選挙における選挙権の行使について，その全部または一部を認めないことが憲法違反であるとした在外邦人選挙権制限違憲訴訟（最大判平成17・9・14民集59・7・2087）や海外に在住する国民が最高裁判所裁判官の国民審査に投票できないのは憲法違反であるとした在外邦人国民審査権訴訟（最大判令和4・5・25民集76・4・711）がある。

(2) 選挙権の法的性質

選挙権とは，公務員の選定行為に，各有権者が投票行動を通して参加する権利である。

選挙権の法的性質については，**二元説**と**権利一元説**の対立がある。

二元説は，選挙権の法的性質について，国政に参加する機会を与えられると同時に，選挙人団という有権者の総体である国家機関を構成し，国家機関たる公務員を選定する行為であるとする。つまり，選挙権は，国政への参加の機会という点で**個人的権利の側面**を有するが，その作用は選挙人団という**国家機関としての権限（公務）**であるとする。したがって，一定の欠格事由を有する者に対する制約（公選法11条），一定の選挙犯罪者に対する制約（公選法11条，252条）などは，選挙権の公的性質に基づく制約であるとする。

権利一元説は，選挙権を**自然権**として捉える立場もあれば，**人民（プープル）主権**に基づいて人民（プープル）の主権的権利であるとする立場もあるが，いずれにしても二元説のいう公務の側面を否定する。この説にあっては，権利としての選挙権に対する公務の観点からの制約は許されず，投票価値の絶対的平等，無条件の棄権の自由，選挙運動に対する立法裁量の否定が導き出されるとする。

学説は，上記のように分かれているが，憲法における参政権の特徴は，国民主権主義に基づき，参政権が総体としての国民に存する主権のあらわれであることを明らかにしている点にある。すなわち，国政は国民の信託に基づくものであり，その権威は国民に由来し，その権力は国民の代表者が行使するというのが憲法の精神である（前文）。ここにいう権威の源泉である国民とは，ただ単に一定の空間にいる人々の集合ではなく，過去・現在・未来へと亘る国民全体を意味するのであって，現在生きている国民のみを指すものでもなければ政治参加能力を具えた者を意味するものでもない。

そもそも民主政治は，国民全体，社会全体のために行わなければならないのであり，その時点における国民全体の利益ではなく，過去から将来に亘って，歴史的に広がりを持った継続性のある国民全体を一つに考えなければ，政治の目標とはなり得ない。したがって，公権力の正当性の根拠である国民は，連続性のある国民全体の立場を指すのであって，いかなる権力作用もこれを前提としていなければ正当化され得ないといえる。

このように考えれば，現実の参政権の行使は，国民全体の利益（公共の福祉）という広い視野で国家意思を決定することができる能力を有する国民が主体であり，一定の資格を有する有権者（選挙人団）を意味する。したがって，選挙人団に属する個々人が，自己の利益のみを追求し，その利益確保のために代表者を選出することは，憲法の理念に反することになる。

そうであれば，選挙権は，国民が一時的な国家機関として公務に参加することを認められた個人的権利であると同時に，それを行使する段階では国民全体の議員選定権を一時的な国家機関たる選挙人団が代わって行使するという性質に着目した二元説が妥当であろう。

⑶ 外国人の地方参政権

外国人の選挙権に関して，最高裁は，「公務員を選定罷免する権利を保障した憲法15条１項の規定は，権利の性質上日本国民のみをその対象とし」ていることから，「外国人には及ばないものと解するのが相当である」とし，「憲法93条２項にいう『住民』とは，地方公共団体の区域内に住所を有する日本国民を意味するものと解するのが相当であ」り，憲法は「外国人に対して，地方公共団体の長，その議会の議員等の選挙の権利を保障したものということはできない」と判示した。しかし，傍論では，地方自治の重要性に鑑み，永住外国人に「法律をもって，地方公共団体の長，その議会の議員等に対する選挙権を付与する措置を講ずることは，憲法上禁止されているものではないと解するのが相当」であるとした（最判平成７・２・28民集49・２・639）。つまり，最高裁は，傍論においてではあるが，永住外国人に地方の選挙権を付与するか否かは立法政策上の問題であり，憲法はこれを要請してもいないが禁止するものでもないとしたのである。

ただし，外国人参政権付与問題については，①公務員の選定・罷免権は，その性質上日本国民のみを対象とすること，②憲法15条１項の「国民」と憲法93条の「住民」は全体と部分の関係であり質的に同じ存在であること，などの批判がある。

2　選挙の基本原則

Point　民主的な選挙の基本原則としては，普通選挙，平等選挙，直接選挙，秘密選挙，自由選挙が挙げられる。

普通選挙とは，個人の納税額や財産を選挙権の要件とする制限選挙に対し，それらを選挙資格の要件としないものをいう。現在，普通選挙とは，財産的な要件だけでなく，人種，信条，性別，社会的身分，教育などを選挙権の要件とせず，成年者たる国民が選挙資格を有することをいう（憲法15条3項，44条但書）。

平等選挙とは，有権者1人につき1票とし，各有権者の投票の価値の形式的平等を内容とする原則のことをいう（憲法14条1項，15条1項及び3項，44条）。今日，大幅な人口変動による1票の価値の不均衡が問題となっている。これは，議員定数不均衡問題として顕在化し，わが国を含め多くの国で重大な憲法上の争点となっている。

直接選挙とは，国民が直接公務員を選出する制度である。わが国では，公職選挙法のもとで，公務員を直接選挙することとなっている（同法44～49条）。憲法は，93条2項で地方公共団体の長，その議会の議員などの選挙について直接選挙を明示しているが，国会議員の選挙については明示していない。しかし，憲法15条1項・3項，44条などの規定を総合的に考えれば，憲法は，直接選挙を前提としていると解すことができ，93条は確認のために規定されているものと考えることができる。

秘密選挙とは，誰に投票したかについて他に知られない方法で選挙をすることをいう。これに対する制度としては，公開選挙があり，ここでは選挙が口頭や挙手で行われるため，選挙人の自由意思の表明を萎縮させる効果をもっている。わが国においては，憲法15条4項前段で秘密投票を保障すると共に，後段で「選挙人は，その選択に関し公的にも私的にも責任を問はれない」として制度の徹底を担保している。この趣旨に基づいた公職選挙法では，無記名投票（同法46条4項），他事記載の無効（同法68条5号），投票の秘密侵害罪（同法227条）などを規定し，投票の秘密を確保している。

自由選挙とは，投票行動を有権者の自由な意思に任せるものをいう。これに対して，正当な理由がなく棄権した者に対して制裁を加える制度を強制投票制という。前記のように選挙には公務の側面があり，また，憲法にも自由選挙に関する明文の規定がないため，いずれの制度を採用するかについては議論の余地がある。ただ，強制投票制にしたとしても有権者の自由な意思が反映される保障がないことから，学説の多くは，強制投票制の採用に対して消極的である。

3　議員定数不均衡

Point　投票価値の平等は，平等選挙をめぐる今日的課題である。

最高裁判所は，議員定数不均衡問題，すなわち投票価値の平等について「選挙権の内容，すなわち各選挙人の投票の価値の平等もまた，憲法の要求するところである」としている（最大判昭和51・4・14民集30・3・223）。この問題については，①投票価値の不均衡（較差の程度）が著しい不平等状態か，②上記①の状態が合理的期間を超えて継続しているか（国会の裁量権の限界を超えているか），との2段階の判断枠組みで判断している。

衆議院議員総選挙（以下，衆院選とする）について最高裁は，昭和47年衆院選（中選挙区制：較差4.99倍）について，投票価値の較差が著しく，これを是正すべき合理的期間も経過していることから当該議員定数配分規定は違憲であると判示した。しかし，選挙の効力については，選挙を無効にした場合の国政の混乱をおそれ，行政事件訴訟法31条1項の事情判決の法理を援用し，違憲ではあるが選挙そのものは有効であるとした（上記判決）。昭和55年衆院選（較差3.94倍）や平成2年衆院選（較差3.18倍）については，較差は違憲状態にあるものの，是正のための合理的期間内であったとして合憲とした（最大判平成5・1・20民集49・1・67）。

平成6年には衆議院議員の選挙方法が小選挙区比例代表制に変更されたが，一票の較差が2倍を超える選挙区がある状態が続いていた。これについて最高裁は，一票の較差が2倍を超える選挙区の数を一つの目安にしつつも，従来の判決と同様に合理的期間内か（立法裁量の限界を超えているか）を中心に判断して合憲判決を下した（最大判平成11・11・10民集53・8・1441，最大判平成19・6・13民集61・4・1617）。

平成21年衆院選（較差2.30倍）で最高裁は，較差が違憲状態であるとし，これを是正するための速やかな対応を国会に対して求める内容の判決を下した（最大判平成23・3・23民集65・2・755）。これを受けて国会は，平成24年に「0増5減」の法改正を行った。平成24年衆院選は時間的余裕がなく前回の選挙区割りで行ったため較差2.425倍であったが，最高裁は，較差は違憲状態であるものの是正の実現に向けて漸次的な前進がみられるとし（最大判平成25・11・20民集67・8・1503），先の平成24年改正の選挙区割りで行われた平成26年衆院選（較差2.129倍）についても，較差は違憲状態であるものの引き続き国会が是正のための取組みを続けていることを評価した（最大判平成27・11・25民集69・7・2035）。

その後，平成28年公選法改正で国政調査の結果に基づいて各都道府県の小選挙区の定数配分を決めるアダムズ方式の導入を決めたが，新方式への経過措置期間中に行われた平成29年衆院選（較差1.98倍）について最高裁は，国会における是正努力を総合的に評価し，較差についても合憲判決を下した（最大判平成30・12・19民集72・6・1240）。また，令和3年衆院選（較差2.08倍）について最高裁は，令和4年11月に小選挙区を「10増10減」する改正法が成立した事実や，次回選挙以降にアダムズ方式による定数配分が実施されることなどを総合的に評価し，較差についても合憲判決を下している（令和5・1・25民集77・1・1）。

参議院議員選挙（以下，参院選という）について最高裁は，参議院の特性を前提に1票の較差の程度に関する判断が異なるものの，衆院選と同様に2段階の判断枠組みを用いて判断してきた。昭和52年参院選（較差5.26倍）を合憲とした後（最大判昭和58・4・27民集37・3・345），平成4年参院選（較差6.59倍）を違憲状態にあるとしつつも是正のための合理的期間内であるとした（最大判平成8・9・11民集50・8・2283）。その後，最高裁は，平成13年参院選（較差5.06倍）を合憲とし（最大判平成16・1・14民集58・1・56），平成16年参院選（較差5.13倍）についても平成18年6月に是正措置を講じていることを総合的に考慮して合憲であるとし（最大判平成18・10・4民集60・

8・2696），平成19年参院選（較差4.86倍）についても立法裁量に重きをおいて合憲であるとした（最大判平成21・9・30民集63・7・1520）。

その後，最高裁は，平成22年参院選（較差5.00倍）について較差を違憲状態とする判決を下した。もっとも，ここでは，立法裁量の限界は超えていないとして合憲判決を下している（最大判平成24・10・17集民241・91）。また，平成25年参院選（較差4.77倍）についても同様の理由で違憲状態としつつ合憲とした（最大判平成26・11・26民集68・9・1363）。そして，これらの判決では，国会に対して具体的な改正案の検討を強く要求する説示がなされた。

それをうけて国会は，平成27年に合区を導入することにより較差縮小を目指す取組みを実施した。その後，平成28年参院選（較差3.08倍）について最高裁は，合区導入を「制度の仕組みの見直し」と評価し，較差是正に向けた国会の努力を判断材料にして，較差は違憲状態ではないとした（最大判平成29・9・27民集71・7・1139）。また，平成30年公選法改正後に実施された令和元年参院選（較差2.99倍）に対して最高裁は，較差是正に大きな進展がみられないものの国会の努力を総合的に評価し，較差は違憲状態ではないとしている（最大判令和2・11・18民集74・8・2111）。さらに，令和4年参院選（較差3.03倍）について最高裁は，「格差是正の実現に向けた検討が進展しているとはいい難い」としつつも，較差が3倍程度で推移していることから，合憲としている（最大判令和5・10・18判例集未登載）。

4　選挙運動の制限

Point　選挙は，選挙の公正を確保するための一定の規制に基づいて行われる必要がある。

選挙は，国民主権の原理の具体化であり，国民の政治参加の重要な機会であると同時に国家機関たる選挙人団の行為であるから，選挙そのものに公正さが保たれる必要がある。そこで憲法47条に基づいて制定された公職選挙法では，選挙活動について詳細な制限規定をおいている。

この中でも問題とされている制限は，**戸別訪問の禁止**（公選法138条），**文書図画の頒布・掲示の制限**（同142条，143条，144条，146条），**事前運動の禁止**（同129条）などである。これらの規制は，**表現の自由や選挙運動の自由**

との関係で問題とされている。この点について，下級裁判所では見解の相違がみられるが，最高裁判所は，選挙の自由や選挙の公正性の確保を理由として合憲の判決を下している。

最高裁によれば，戸別訪問については，それに伴う様々な弊害（買収，利益誘導などの不正行為の温床となること，選挙人の平穏な生活を害することなど）を根拠に，その禁止を合憲としている（最大判昭和25・9・27刑集4・9・1799）。また，文書図画の頒布の禁止が争われた事件では，公共の福祉のための合理的な制限であるとし，この規制を合憲としている（最大判昭和30・4・6刑集9・4・819）。さらに，事前運動の禁止については，「常時選挙運動を行なうことを許容するときは，その間，不当，無用な競争を招き，これが規制困難による不正行為の発生等により選挙の公正を害するにいたるおそれがあるのみならず，徒らに経費や労力がかさみ，経済力の差による不公平が生ずる結果となり，ひいては選挙の腐敗をも招来するおそれがある」とし，「選挙運動をすることができる期間を規制し事前運動を禁止することは，憲法の保障する表現の自由に対し許された必要かつ合理的な制限であるということができる」としている（最大判昭和44・4・23刑集23・4・235）。

この他，選挙報道の規制について合憲性が争われた事件（最判昭和54・12・20刑集33・7・1074）や政見放送一部削除事件（最判平成2・4・17民集44・3・547）において，最高裁は，合憲の立場を貫いている。

なお，近年は，「マニフェスト」と呼ばれるパンフレット又は書籍（冊子）を制限付きで頒布できるようになったり（公選法142条の2），社会の変化に伴ってインターネットを利用した選挙運動も大幅に解禁となった（公選法142条の3第1項など）。

いずれにしても，これらの選挙運動に関する諸問題は，**公正な選挙の維持**と**選挙運動の自由の原則**との関係において慎重に検討をすべきものである。

【演習問題4-22】以下の説明について正しいものを1つ選べ。

1．秘密選挙制度は不正・腐敗の温床となることが指摘され，現在では公開選挙へと移行している。
2．普通選挙の原則は，納税額，人種，信条，性別，社会的身分，教育などを選挙資格の要件としないことをいう。

3．候補者による戸別訪問は，選挙期間中に限り，認められている。
4．選挙期間中であれば選挙に関する文書・図画を頒布することが原則として許されている。

◈第5章　統治機構◈

第1節　天　　皇

第1項　天皇の地位

Key Word	象徴，消極的象徴論，積極的象徴論，刑事責任，民事責任
Key Point	象徴は単なる社会学的意味ではなく，規範的意味を有している。

1　総　　説

Point　天皇が象徴とされているのは，天皇が歴史的に国民の精神的中核であり続けてきたからである。

憲法1条は「天皇は，日本国の象徴であり日本国民統合の象徴であつて，この地位は，主権の存する日本国民の総意に基く」と規定している。前段の**象徴**とは，目に見えない抽象的・観念的存在を具象的な存在によって表現することを意味している。例えば，鳩が平和の象徴であるとか，十字架がキリスト教の象徴であるとかがそれである。したがって，1条の意味は，過去から現在および未来に向かって連綿と続く国家の姿が天皇の一身に凝縮されて表現されているから，その天皇を通して国民は日本国および日本国民の統合を感得できるという意味である。天皇がこのような象徴と規定されたのは，日本の長い歴史，伝統を通して，常に国民の精神的中核であり続けた天皇こそが，国家・国民統合の象徴として最も相応しい存在と考えられたからに他ならない。

後段の「この地位は，主権の存する日本国民の総意に基く」との規定は，国民主権の憲法の下では，あらゆる国家機関の地位は国民の意思に基礎を有するものである以上，当然のことを述べたものにすぎない。

なお，「この地位」が何を指すかについては議論があり，象徴としての地位を指すとする有力な見解もあるが，一般には，天皇の地位自体を指すものと理解されている。

2　象徴の意義

Point　象徴に法的意味を認めるか否かで，消極的象徴論と積極的象徴論とに分かれる。

憲法1条の象徴の意義をどう解釈するかについては，**消極的象徴論**と**積極的象徴論**とがある。

消極的象徴論とは，象徴の地位は，明治憲法の天皇の地位から統治権の総攬者の地位（帝国憲法4条）を控除したものであって，それ自体は虚器であって，そこには法規範的意味はなく，象徴にすぎないと理解する見解である。

これに対して，およそ人が象徴であるということの意味は，モノが象徴であることとは根本的に異なっており，象徴たる人はそのように行動すべきであり，象徴される国家や国民は，象徴たる人に対してそれに相応しい処遇をすべきであるという規範的意味を内包しているものと理解すべきとする積極的象徴論がある。消極的象徴論も有力ではあるが，ただ，象徴という言葉自体は本来社会学用語であっても，それを法が規定することにより，そこから一定の法規範的意味が流出するものと考えなければならない。この点では，積極的象徴論が妥当と思われる。こうした理解は，単なる解釈論のレベルにとどまらず，現実にも，皇室典範において，敬称が定められており（23条），また，摂政は不訴追とされている規定（21条）になって表われている。さらに，天皇とは直接に関係はないが，刑法は，外国に侮辱を加える目的で，その国の国旗や国章を損壊した者は，外国国章損壊罪として2年以下の拘禁刑または20万円以下の罰金に処されることを規定し（92条1項），国旗などによって象徴される外国の名誉を保護している。

昭和21年のいわゆる食糧メーデーで，天皇の名誉を誹謗するプラカードを掲げた被告人が不敬罪に問われた「プラカード事件」で，東京高裁（東高判昭和22・6・28刑集2・6・607）は，「新憲法の下においても，天皇はなお一定の範囲の国事に関する行為を行い，特に国の元首として外交上特殊の地位を有せられるのみならず，依然栄典を授与し，国政に関係なき儀式を行う等国家の一員としても一般人民とは全く異なった特別の地位と権能とが正当に保持されてこそはじめて日本国がその正常な存立と発展とを保護される」のであるから，天皇個人に対する誹謗行為は象徴の地位にひびを入らせる結果になるとして，被告人の行為は刑法の「不敬罪」に当たるとしたが，大赦令により免訴を言い渡した（最高裁は公訴権の消滅を理由に上告を棄却）。

このような法律や判例の存在を考えると，象徴としての尊厳を維持するために，諸外国の例にあるように，例えば「象徴侮辱罪」を名誉毀損罪とは別に新設したとしても，政策的な当不当はあっても，憲法上は許されるものと解することができる。

なお，帝国憲法では，「天皇ハ神聖ニシテ侵スヘカラス」（3条）の規定により，一切の公的・私的責任を負わないとされていたが，現憲法では，国事行為について無答責の規定しかなく（3条），それ以外の刑事および民事責任についてはどうなるのかが問題になる。前者の**刑事責任**については，天皇の地位は国家権威の象徴であって，国家が自らの権威を否定することは背理であって，象徴の地位はおよそ刑事責任とは相容れないと考える他ない。先にあげた皇室典範21条が摂政の不訴追を規定しているが，これからも天皇の刑事免責を類推することができる。

後者の**民事責任**については，天皇に及ぶとする見解と及ばないとする見解とが存在している。

民事責任が及ぶとすると，天皇も被告適格を有し，証人となる義務が発生することになるが，そのようなことが天皇の象徴的地位と相容れるものかが疑問になる。この点に関しては，昭和天皇のご病気平癒のための記帳所を千葉県が公金を支出して設置したことが，不当利得に当たるとして訴えが起こされた事件で，最高裁は，「天皇は日本国の象徴であり，日本国民統合の象徴であることにかんがみ，天皇には民事裁判権が及ばないものと解するのが相当である」と判示した（最判平成元・11・20民集43・10・1160）。民事責任と民事裁判権とは，本来異なったものであるが，民事裁判権が及ばない結果，結局のところ，民事責任も負わないということになる。

【演習問題 5-1】天皇の地位に関する次の記述のうち，正しいものはどれか。

1．現行憲法は，天皇の不可侵性を規定している。
2．皇室典範は，天皇の不訴追を明記している。
3．最高裁判決は，天皇にも民事裁判権が及ぶとしている。
4．皇室典範には，摂政不訴追の規定が置かれている。

第 2 項　天皇の法的性格とその役割

Key Word	君主，元首，尊厳的部分
Key Point	天皇は，憲法規定上，不十分ながらも君主および元首としての権能を保有しているので，君主および元首と考えることも可能である。

天皇の憲法上の特殊な地位を考えた場合，天皇が君主であるか，また，元首であるかが問題になる。

1　天皇の君主的性格

Point　君主の現代的機能に着目することが重要である。

憲法規定からみて，天皇は君主と考えることができるであろうか。

伝統的な君主論によれば，君主はその地位が世襲の独任機関であって，統治権の重要部分（特に，行政権）を掌握し，対外的代表権，国家的象徴性を有するものとされている。この基準に照らせば，天皇は，行政権を掌握しておらず，対外的代表権もはっきりしていないことにより，君主ではないという説も有力である。

しかし，議会制君主制が君主制国家の主流になった現代においては，程度の差こそあれ，君主の権限がその権力的な実質面から，国家の尊厳面・栄誉面へ移行している実態を考えると，天皇はその地位が世襲であり，国家統治についても部分的ながらも重要な権能があり，対外的代表の性格も不十分ながら保有しており，国家の象徴性も保有していることを考えると，天皇も君主とする見解が相当ではないかと思われる。

2　天皇の元首的性格

Point　元首概念をどう捉えるかにより，結論は左右される。

天皇は**元首**かどうかという議論もあるが，これも元首概念をどう理解するかに依拠する問題である。元首を対内的には行政権を掌握し，対外的には国家を代表する者と理解した場合には，天皇は元首にはあてはまらないとの見解も有力である。この天皇非元首説に従えば，内閣元首説，内閣総理大臣元首説などが唱えられている。

しかし，今日では元首をもって対外的に国家を代表するものと捉える見解が一般的になっているので，これに従えば，全権委任状・大使公使の信任状の認証，批准書その他の外交文書の認証，外国の大使・公使の接受などの対外的代表の権能が不十分ながらも天皇に備わっているので，天皇を元首と考えることも可能である。なお，外交慣例上は天皇は元首として処遇されている。

3　君主の役割

Point　立憲君主制国家の政治的安定性は，君主の国家統合機能に依拠するところが大きい。

このように天皇を君主（さらには元首）と考えることができるとすると，そこから国家統合および永続性の象徴機能ならびに尊厳的機能が演繹できる。この点，スペイン憲法は，「国王は，国家元首であり，国の統一および永続性の象徴である」（56条）として，このことを明文で定めている。エドモンド・バークが，国家というものは，胡椒やコーヒーやキャラコ，煙草などの商売，または，これに類する事業の組合契約と同じものではなく，現に存在している人々，すでに世を去った人々，将来生まれてくる人々との間との提携関係であるから，一時的な利益のために形成されたり，党派の気紛れによって解体させられてはならないとし，そうした国家の安定性・永続性を保証するものが「世襲による王位継承」であり，それは彼らの自由の保証であると述べたのは有名である。わが国の憲法1条の象徴という言葉のもつ意義も，わが国の歴史・伝統の深層に根を下ろしている天皇という存在を国家，国民統合の象徴とすることによって，国家の統合（安定性）および永続性を保証するところにあると解することができる。

また，ウォルター・バジョットは，国家制度を**尊厳的部分**と実践的部分に二分し，英国の国家構造の美点はこの両者を兼ね備えていることにあると述べたことはよく知られているが，尊厳的部分には伝統的な世襲の君主を当て，これにより，権威と権力の結合による独裁権力の出現を防止し，君主に世俗的権力と一線を画する形で，国家の威厳を象徴させることは，これまた君主以外のよくなしうるところではない。この点でも，天皇は尊厳的部分を象徴するのに最も相応しいと存在といえる。

【演習問題 5-2】天皇の法的性格に関する記述のうち，誤っているものはどれか。

1．君主の尊厳的役割に注目すれば，天皇を君主と考えることもできる。

2．元首概念の理解によっては，天皇を元首と考えることも可能である。

3．天皇は対外的代表権を全く保持していないので，元首ではないと一般的に理解されている。

4．天皇に精神もしくは身体の重患または重大な事故があるときは，摂政が置かれ，摂政は国事行為を代行するが，天皇の象徴としての地位そのものを代行することはできない。

第3項　皇位の継承

Key Word	皇位，世襲，皇室典範，皇位継承の順序，皇室会議
Key Point	皇位継承の原因は，天皇の退位等に関する皇室典範特例法に該当する生前退位を除いて，崩御のみであり，男系の皇嗣が，一定の順序にしたがって，皇位を継承する。

1　皇位継承の意義

Point　皇位が世襲とは，一定の皇統に属する方が伝統的ルールに従って，皇位を継ぐことをいう。

憲法2条は「皇位は世襲のものであって，国会の議決した皇室典範の定めるところにより，これを継承する」と規定している。**皇位**は天皇の地位をいい，憲法は，それが世襲されることを規定するのみであり，どういう場合にどういう順序で皇位継承が行われるかは，すべて皇室典範に委ねられている。皇位継承は，一定の事実の発生により，当然に何らの意思表示を要することなく，特定の人が皇位につくことをいい，**世襲**とは，その皇位につく方が，一定の皇統に属していることをいうとされているが，世襲の伝統的ルールは遵守されなければならない。

2　皇位継承の原則と皇位継承の順序

Point　現行の皇室典範は，皇位継承原則として，実系，男系，直系，嫡出，長系主義を採用している。

皇室典範は，帝国憲法下では，憲法と並ぶ基本法とされ，議会の関与が排除されていたが，現行憲法下では，皇位継承の資格や順序などを定めた法律である。

この皇室典範によれば，1で見たように「皇位は，皇統に属する男系の男子が，これを継承する」（1条）とあり，皇位継承資格を男系の男子に限定している。問題は，皇室典範を改正することにより，女性皇族やその子孫（女系）が皇位を継承することができるかである。憲法第2条の世襲を単に一定の皇統に属している方が当然に皇位を継承することを規定したものに過ぎず，具体的な継承ルールは，すべて皇室典範に委ねられているとする見解もあり，これによれば，法律である皇室典範の改正により，女性天皇や女系天皇を認めることが可能になる。現に，小泉純一郎首相の諮問機関であった「皇室典範に関する有識者会議」は，平成17年11月に報告書を提出したが，その内容は，皇位継承順序は，男女を問わず第一子を優先し，女性天皇及び女系天皇（母系天皇）を認めるとするものであった。小泉内閣はこの報告書に基づき，皇室典範改正の準備に入ったが，翌年の秋篠宮悠仁親王の誕生により，法案提出は見送られた。

他方，この報告書のように皇室典範の改正により，女性皇族にも皇位継承権を認めることができるとする説を批判する見解も有力である。憲法２条の「世襲」とは，単なる皇統の血縁による継承を意味するだけでなく，皇位継承の伝統的ルールをも含むものと解するのが妥当と思われる。帝国憲法２条は「皇位ハ皇室典範ノ定ムル所ニヨリ皇男子孫之ヲ継承ス」とあるが，皇男子孫の継承という伝統的ルールは，現憲法２条の「世襲」にも当然組み込まれており，この確認規定が皇室典範１条の「男系の男子」であると解することができる。つまり「世襲」とは，男系男子の皇位継承を含意するものであり，したがって，上述の有識者会議報告書のように「女性・女系天皇」を認めることは「世襲」概念を超えるものであって，皇室典範の改正ではできないものといわなければならない。

なお，後述の「皇室典範特例法」に関わる有識者会議が，令和３年12月に提出した報告書では，秋篠宮文仁皇嗣から悠仁親王へと続く皇位継承の流れをゆるがせにしてはならないとして，男系による皇位継承の護持を明確にしたことで，平成17年の有識者会議報告書は全面的に否定された。

皇位継承の原因は，「天皇が崩じたときは，皇嗣が，直ちに即位する」（同４条）とあるように，崩御のみであり，生前退位（譲位）は認められていないが，３に見るごとく，「天皇の退位等に関する皇室典範特例法」が制定されて，特例として生前退位が認められることになったのには，注意を要する。

皇位継承の順序は，(a)皇長子，(b)皇長孫，(c)その他の皇長子の子孫，(d)皇次子及びその子孫，(e)その他の皇子孫，(f)皇兄弟およびその子孫，(g)皇伯叔父及びその子孫，という順序である。以上の皇族がないときには，皇位はそれ以上で，最近親の系統の皇族に継承される。なお，皇嗣に，精神や身体の不治の重患または重大な事故のあるときは，**皇室会議**の議によって，上記の順序にしたがって，皇位継承の順序を変更できる（同３条）。皇室会議は，皇族２人，衆参両院の議長・副議長，内閣総理大臣，宮内庁長官，最高裁判所長官及びその他の裁判官１人の10人で組織される（同28条）。

3　天皇の退位等に関する皇室典範特例法（以下「特例法」という）

上記のごとく，皇室典範上は，皇位継承の原因を崩御に限り生前退位（譲位）は認められていない。

しかし，公務の万全の遂行には，健康や体力がその前提になることから，ご高齢やご病気により，当時の天皇陛下（現上皇陛下）は，譲位を強く希望されておられた。このご意向を受けて制定されたのが，この「特例法」である。特例法１条は，その趣旨として，「天皇陛下の退位及び皇嗣の即位を実現するとともに，天皇陛下の退位後の地位その他の退位に伴い必要となる事項を定めるものとする」と規定している。ここにいう退位は，正確には譲位のことである。この特例法は平成29年６月16日に公布され，平成31年４月30日に施行されている。特例法は，先帝御一代限りのものであるが，今後も同様な状況が生じた場合には適用される（皇室典範附則４条）。天皇，皇后は，それぞれ上皇，上皇后と称せられ，皇室典範の皇族として処遇される。

特例法２条（「天皇は，この法律の施行の日限り退位し，皇嗣が直ちに即位する」）により，平成31年４月30日に退位，翌５月１日に浩宮徳仁皇太子が即位（第126代），同日，令和と改元された。また，同５条「第２条の規定による皇位の継承に伴い皇嗣となった皇族に関しては，皇室典範に定める事項については，皇太子の例による」にしたがい，秋篠宮文仁親王が皇嗣（皇太子）となった。

4　天皇権能の代行

Point　国事行為の代行として，摂政および国事行為の委任の制度が置かれている。

⑴　摂　政

摂政は天皇の国事代行機関である。憲法５条は「皇室典範の定めるところにより摂政を置くときは，摂政は，天皇の名でその国事に関する行為を行ふ。この場合には，前条第一項の規定を準用する」と定め，摂政は憲法の規定する国事に関する行為のみを行い，国政に関する権能を有しない。皇室典範16条によれば，⒜天皇が未成年（18才未満）のとき，⒝天皇が精神もしくは身体の重患または重大な事故により，国事行為ができないと皇室会議により決定されたとき，のいずれかの場合に摂政が置かれる。摂政の順位は皇室典範によれば，イ）皇太子または皇太孫，ロ）親王および王，ハ）皇后，ニ）皇太后，ホ）太皇太后，ヘ）内親王および女王，となっており，女子の摂政も認められている。

摂政の代行行為は，天皇の国事行為全般に及ぶが，国の象徴としての役割は認められない。ただし，国事行為の代行者という点で，「摂政は，その在任中，訴追されない。但し，これがため，訴追の権利は，害されない」（同21条）と規定されている。

⑵ 国事行為の委任

憲法4条2項は，「天皇は，法律の定めるところにより，その国事に関する行為を委任することができる」と定めている。これを受けて，昭和39年に，「国事行為の臨時代行に関する法律」が制定され，摂政を置くほどの事由がない場合（海外行幸や軽いご病気など）には，皇室典範17条により，摂政になるべき順位にある皇族が国事行為を代行する（同法2条1項）。国事行為の代行者にも，不訴追の規定が適用される（同6条）。

【演習問題 5-3】皇位の世襲に関する次の記述のうち，正しいものをはどれか。

1．憲法は，世襲の順序を明記している。
2．皇室典範は，女性天皇を認めていない。
3．これまで生前退位の例はない。
4．皇族は，皇室会議への参加を認められていない。

第4項　天皇の権能

Key Word	国事行為，国政に関する権能，認証，助言，承認，公的行為
Key Point	天皇の国事行為は，重要な国政に関する行為を包含するものであるが，それが，内閣の助言または承認により，非権力化することになる。

1　国事行為と国政に関する権能

Point　国政に関する権能を有しないとは，実質的な政治的権力を有しないという意味である。

憲法は「天皇は，この憲法の定める国事に関する行為のみを行ひ，国政に関する権能を有しない」（4条1項）と定めている。国事に関する行為と国政とは一体どう違うのであろうか。**国事行為**として列挙されている6条，7条はいずれも重要な国政に関する行為なので両者の区別が問題になる。マッカーサー草案では，**国政に関する権能**は「powers related to government」となっているので，正確には，「政務に関する権力」すなわち実質的な政治権力という意味に理解すべきものである。したがって，4条1項の意味は，天皇は国民統合の象徴として，重要な政治的権能を有しているが，権力的権能としては，6条，7条の名目的，形式的なものに限定され，実質的な政治権力は有しないということである。もっとも，国事行為の中には，権力的権能に該当する事項も含まれている（例えば，衆議院の解散など）ので，「内閣の助言と承認」が必要とされるわけである。

いずれにせよ，国事行為は，それが形式的・名目的なものであっても，それが天皇により行われなければ，無効であることはいうまでもない。

2　国事行為の種類

Point　国事行為は，重要な国政に関する行為を含むが，他の立憲君主制の国王の権限とくらべて，相当制限されたものになっている。

憲法6条，7条に定める国事行為は，以下の通りである。

(a)　内閣総理大臣の任命（6条1項）

天皇は国会の指名に基づいて内閣総理大臣を任命する。伝統的な君主権能の最も代表的なものである。

(b)　最高裁判所長官の任命（6条2項）

天皇は内閣の指名に基づき，最高裁判所の長たる裁判官を任命する。三権の一つである司法権の長を天皇が任命するところに意味がある。

(c)　憲法改正・法律・政令および条約の公布（7条1号）

公布とは，国会などで成立した法令を国民に知らせる行為であって，官報に掲載する方法で行われる。公布により初めて法令としての効力を有することになる。

(d)　国会の召集（7条2号）

召集とは，会期毎に期日と場所を決めて，議員を呼び集めることをいう。常会，臨時会，特別会はいずれも召集により活動が開始する。

(e) 衆議院の解散（7条3号）

解散とは任期満了前に議員としての資格を失わしめる行為をいう。参議院には解散はないが，衆議院の解散と同時に閉会になる。衆議院の解散の根拠については，7条解散説，65条解散説，69条解散説があるが，実務では解散原因が限定されない7条解散説に基づいて解散が行われている。

(f) 総選挙の施行の公示（7条4号）

国会議員の総選挙とは，衆議院議員については，任期満了および解散による総選挙を意味するが，参議院議員については半数改選の通常選挙をいう。総選挙の施行の公示とは，総選挙を行うことおよびその期日を決めて国民一般に知らせることである。

(g) 国務大臣その他の官吏の任免ならびに全権委任状および大使・公使の信任状の認証（7条5号）

認証とは，ある行為または文書が真正であることを公に確認し，証明する行為をいう。認証方法は，公文書に天皇が親書されることによって行われる。天皇により認証される官吏（認証官）としては，国務大臣をはじめ，最高裁判所判事，高等裁判所長官，検事総長，次長検事，検事正，宮内庁長官，侍従長，公正取引委員会委員長などがそれに該当する。なお，認証がなくても行為は有効であるとの有力説もあるが，憲法が認証を要求している以上，認証が形式的行為とはいえ，それを経ない行為は無効と解するほかない。

(h) 恩赦の認証（7条6号）

大赦，特赦，減刑，刑の執行の免除および復権を総称して恩赦と呼ぶ。恩赦とは，犯罪者に対して訴訟法の手続を経ずに，行政権が特定の罪の公訴権を消滅させたり，裁判所による罪の言い渡しの効力の全部または一部を失効させることをいう。権力分立の例外である。

(i) 栄典の授与（7条7号）

栄典とは，国家・社会に功労のあった人の栄誉を表彰するために与えられる位階，勲章をいう。憲法14条3項との関係で，これらの栄典はその人一代限りのものとされている。

(j) 批准書などの外交文書の認証（7条8号）

批准書とは，条約締結権者またはその権限を委任された者が締結した外交文書に最終的な同意を与えて，これを確定する国家の意思を表示した文書のことをいう。批准書は内閣が発給するが，この文書を公に確認する行為をいう。

(k) 外国の大使・公使の接受（7条9号）

接受とは，外国の大使・公使からの信任状の奉呈を受け，接見する外交儀礼行為をいう。外国からの信任状はすべて天皇あてに奉呈されている。

(l) 儀式の挙行（7条10号）

ここでいう儀式とは，天皇が主宰し執行される国家的性格の儀式のことをいう。即位の礼や大喪の礼がこれにあたる。これ以外の国会開会式へのご参列などが，ここでいう儀式に含まれるかについては議論があるが，文言からは限定して解釈すべきものと思われる。

以上の国事行為のうち，栄典の授与，外国の大使・公使の接受，儀式の挙行は，本来の儀礼的行為にあたり，それ以外は重要な国政に関する行為といえる。

なお，上記のうち，国務大臣の任免や全権委任状・信任状の発布，恩赦，外交文書の締結は，本来，立憲君主国では君主の権限とされているのが一般的であるが，わが国ではこれらは内閣の権限とされていることより，天皇の権能は他の立憲君主国のそれと比較して相当制限されたものになっていることが指摘できる。

3 内閣の助言と承認

Point 内閣の助言と承認により，天皇は無答責であり，内閣自らが責任を負う。

憲法3条は「天皇の国事に関するすべての行為には，内閣の助言と承認を必要とし，内閣が，その責任を負ふ」と規定している。**助言**とは，内閣の能動的な進言であり，**承認**とは内閣の受動的な同意のことを意味する。国事行為に内閣の助言と承認が必要な理由は，それにより，天皇は政治責任を負わず（無答責），内閣が責任を負うためである。内閣の責任とは天皇に代わって責任を負うことではなく，助言と承認に対する自己責任であって，国会に対して責任を負うということになる。なお，助言と承認は両方とも別個に閣議を開く必要はなく，両者一体に理解すべきものと一般には解されている。

4　公的行為

Point　一般に，国事行為，私的行為以外に公的行為が認められている。

天皇の行為としては，上記の国事行為以外には，純粋な私的行為がある。例えば，学問的な研究，大相撲のご観戦，ご旅行などがそれである。では，こうした純粋な私的行為以外の行為は一切認められないのであろうか。実際には，国会の開会式や戦没者追悼式での「おことば」，外国への親善ご旅行（いわゆる「皇室外交」），園遊会，全国植樹祭などへのご出席などは，国事行為ではないことは明瞭であるが，かといって純粋な私的行為でもない。これらの行為は，天皇の象徴としての地位に基づく**公的行為**と呼ばれるものである。学説的には，公的行為を一切認めない考えもあるが（国事・私的行為の二行為説），多数説は，論拠は異なるが（象徴行為説，公人行為説），いずれも公的行為を認めている（三行為説：国事行為・私的行為・公的行為）。もっとも，これらの行為が「国政に関する権能」であってはならない。

【演習問題 5-4】天皇の権能に関する次の記述のうち，正しいものはどれか。

1．天皇の親善旅行先での外国元首との会談は，国政に関する権能の行使にあたり，憲法上許されない。
2．内閣の「助言と承認」はそれぞれ別々に必要であると一般に理解されている。
3．恩赦の決定は天皇の権能である。
4．高等裁判所長官は，認証官である。

第5項　皇室経済

Key Word	内廷費，宮廷費，皇族費，国会の議決
Key Point	戦後，皇室財産はそのほとんどが国有化されたのに伴ない，皇室費用は国庫から支出されている。

1　皇室財産

Point　皇室財産は，一部を除いてすべて国有財産である。

皇室とは，天皇および皇族を一体としてあらわす言葉であって，皇族の範囲は，皇后，太皇太后，皇太后，親王，親王妃，内親王，王，王妃および女王とされる（皇室典範5条）。

明治憲法下では，政府，議会の関与できないものとして，皇室財政自律主義がとられていたが，戦後，占領政策の一貫として，皇室財産のほとんど大半が国有財産に移管された。憲法88条前段は，「すべて皇室財産は，国に属する」と規定し，皇室の私的財産（三種の神器や宮中三殿）を除いて，国有財産とされた。

皇居，御所，御用邸などは，皇室が使用される皇室用財産として，宮内庁が管理している。

2　皇室の費用

Point　皇室の費用は，内廷費，宮廷費，皇族費の三種からなる。

憲法88条後段は，「すべて皇室の費用は，予算に計上して国会の議決を経なければならない」とし，皇室財政も国会の承認事項であることを明らかにしている。

これを受けて，皇室経済法は，皇室費用を，**内廷費**，**宮廷費**，**皇族費**の三種に分類している。

(1)　内廷費

内廷費は，天皇，皇后，太皇太后，皇太后，皇太子，皇太子妃，皇太孫，

皇太孫妃および内廷にあるその他の皇族の日常の費用その他内廷費に充てられるもので，その額は，「皇室経済法施行令」で定められ，毎年支出される。内廷費として支出されたものは，お手元金として宮内庁の経理には属しない。

(2) 宮廷費

宮廷費は，内廷費以外の宮廷諸経費に充てるものとして，宮内庁で経理する公金である。宮廷費の主たるものは，儀典関係経費，宮殿等管理費，皇室用財産修繕費，皇居等施設整備費などである。

(3) 皇族費

これは，内廷費を受けない皇族（秋篠宮家，常陸宮家，三笠宮家，高円宮家）に対して支給されるものであり，お手元金として宮内庁の経理に属しない。皇族費は，(a)皇族としての品位保持，(b)はじめて独立の生計を営む際に支給される一時金，(c)皇族の身分を離れる際に支給される一時金，をいう。

3 皇室の財産授受

Point 皇室財産の授受は，原則として国会の議決が必要である。

憲法８条は，「皇室に財産を譲り渡し，又は皇室が，財産を譲り受け，若しくは賜与することは，国会の議決に基かなければならない」として，皇室と国民との財産の授受を，国会の同意にかからしめている。

もっとも，あらゆる場合に**国会の議決**にかからしめることは，いたずらに煩雑なので，皇室経済法２条は，(a)相当の対価による売買などの場合，(b)外交儀礼上の贈答の場合，(c)公共のための遺贈または遺産の賜与の場合，(d)一定価額以下の財産の賜与または譲受の場合，には国会の議決は不要としている。

【演習問題 5-5】皇室経済に関する次の記述のうち，正しいものはどれか。

1．宮家には皇族費が支給される。
2．皇居は皇室の私有財産である。
3．内廷費は宮内庁で経理される。
4．皇室の財産授受には，すべて国会の議決が必要である。

第2節　国　　会

第1項　国会の地位と権能

Key Word	国権の最高機関，政治的美称説，統括機関説，総合調整機関説，行政国家化，唯一の立法機関，形式的意味の法律，実質的意味の法律
Key Point	国会の地位を表す「国権の最高機関」の意味として三種類の説があり，その権能を表す「唯一の立法機関」にも憲法で示された例外がある。

1　国会の地位

Point　国権の最高機関という語について，政治的美称説，統括機関説，総合調整機関説の三つの説が主張されいてる。

憲法41条は，「国会は**国権の最高機関**であ」ると規定する。権力分立論が，特にモンテスキューのいう三権分立論が，ひとつの権力の他の権力への優越を禁ずることだと解すれば，立法権を有する国会が「最高」機関だとすることは，いささかおかしなことになる。一方，内閣を構成する閣僚や，司法権を行使する裁判官と異なり，国会は直接，国民の選挙により選ばれる国会議員で構成される。その点では，他の機関にも増して，主権者である国民に近い国家機関だといえよう。憲法43条1項も，その趣旨を踏まえて，「両議院は，全国民を代表する選挙された議員でこれを組織する」と規定している。このような国会が，国家の権力を行使する諸機関の中で，最も重要な機関であり，他の機関は，国会の意思を極力尊重する姿勢でそれぞれの役割を果たすべきだ，というのが，「最高」の語に込められた意味なのであろう。問題は，三権分立論と国会の「最高」機関としての位置づけをどのように調和させるかという点にある。

「最高機関」の語をどうとらえるかについては，大きく分けて三つの見解がある。①政治的美称説，②統括機関説，③総合調整機関説である。

政治的美称説は，最高機関の語に法的な意味を認めず，いわばリップ・

サービスだとする考え方である。権力の分立を厳格にとらえ，国会といえども憲法の明示的に規定する権限を越えることは許されないとすれば，「最高」の語に実質的な意味を持たせることはできないということである。国会は，法的には他の二権より上位に置かれることはなく，ただ主権を有する国民と選挙を通じて密接に関わるという点で，国政上最も重要な機関であるとする。通説の採る見解である。

統括機関説は，国家には国家の作用を最終的にまとめあげる，つまり統括する機関が必要だとし，国会を最高機関としたのは，その役割を国会に与えたことを意味する，と考える。したがって国会には立法機関としての役割と，この統括機関としての役割の二つが与えられたとする。政治的美称説が三権の並立状態をイメージするとすれば，統括機関説は，その役割を担う国会を三権の一段上位に置いたと見ることができようか。

総合調整機関説は，三権の総合調整機能を国会の役割だとし，三権のいずれに属するか明確でない国家の作用については，その国会帰属性を推定する根拠として，「最高機関」をとらえようとする。総合調整機能説ともいい，三権のイメージとしては同列中の首位というべきか。政治的美称説，統括機関説の中間に位置する説である。

憲法明示の「最高機関」の語と，権力分立の理念と，さらに国民代表機関であることを考え合わせると，総合調整機関説が妥当だと考えられる。むしろ問題は，行政国家化（立法権に対して行政権が優位している現代型の国家に移行すること）の進展に対して，国会が憲法の期待する役割を十分に果たしているのか，という点であろう。

2　国会の権能

Point　国会の権能には立法権，内閣総理大臣の指名権，予算および財政処理に関する議決権，条約の承認権，憲法改正の発議権，弾劾裁判所設置権がある。

憲法41条はさらに，国会は「国の**唯一の立法機関**である」と規定する。国会の権能の一番重要なものは，立法の権能で，これは「唯一の」とあるように，原則として国会が独占し，かつ他の機関の関与を許さないものである。立法権を国会が独占するとは，他の機関による立法権を認めないということである。明治憲法下では緊急勅令や独立命令といった，行政権による立法の余地が広く認められいていた。日本国憲法では，あとで触れる憲法自ら認めた例外を除いて，こうしたことは認められない。また立法権に他の機関の関与を許さないということは，法律は国会の意思のみで成立することを意味する。明治憲法では「天皇ハ帝国議会ノ協賛ヲ以テ立法権ヲ行フ」（5条）と規定し，憲法上，議会は天皇の立法権の協賛機関たる地位しか持ちえなかった。これに対して日本国憲法は，国会単独で立法権を行使しうるとした。ただ，これにも憲法は例外を設けており，「一の地方公共団体のみに適用される特別法は」，「その地方公共団体の住民の投票においてその過半数の同意を得なければ，国会は，これを制定することができない」（95条）とし，いわゆる地方特別法には当該地方公共団体の住民の同意を要件としている。

立法とは法律の制定を意味するが，ここでいう法律とは，たんに名称が法律（**形式的意味の法律**）とされているものだけをいうのではない。というのは，法律の名称こそ持たないが，法律と同様の内容のものの制定を他の機関に認めても，この規定に反することはない，ということになるからである。とすれば，内容からしても法律であるもの，つまり**実質的意味の法律**の制定を，原則として国会に委ねたものということができよう。実質的意味の法律とは法規ともいい，国民の権利を制限し，義務を課する法規範を意味し，「国の唯一の立法機関」とは，このような内容を定めることができるのは国会のみであることを意味する。

「唯一」に対する例外は，憲法により規定され，それ以外の方法で定めることはできない。憲法は，この例外を3点認めている。各議院の規則制定権（58条2項）であり，最高裁判所の規則制定権（77条1項）であり，地方公共団体の条例制定権（94条）である。ただ，地方公共団体の条例制定権には，法律の範囲内でという条件が付されていることから，この例外には含まれないと考えることもできる。

憲法が定める国会の権能は，このほかに，内閣総理大臣の指名権（67条1項），予算および財政処理に関する議決権（86条・83条），条約の承認権（73条3号），憲法改正の発議権（96条1項），弾劾裁判所設置権（64条1項）がある。

【演習問題 5-6】次の説明の中で正しいものはどれか。

1．国会は国権の最高機関なので，行政権・司法権は国会の下位に位置するという学説が一般的である。
2．国の唯一の立法機関とは，実質的意味の法律の制定権を原則として国会に独占させるという意味である。
3．国会以外には一切の立法権は認められない。
4．内閣総理大臣の指名権は国会にではなく衆議院にのみ与えられる。

第2項　国会の構成

Key Word	両院制，一院制，両院協議会，規則制定権，議院の自律権，懲罰，除名，国政調査権
Key Point	わが国の国会は衆参両議院で構成される両院制を採用し，両議院の関係では衆議院の優越が認められている。

1　両院制と衆議院の優越

Point　衆議院の優越が認められるのは衆議院がより民意を反映していると考えられるからである。

両院制（二院制）とは，議会が，ふたつの合議体で構成されていることをいう。憲法42条は，そのことを「国会は，衆議院及び参議院の両議院でこれを構成する」と規定する。イギリスは「議会制の母」と呼ばれるが，それは近代議会制度を生み出したのがイギリスであり，他の国々はそのイギリス議会制をモデルに今日の議会制度を作り上げたからである。イギリス議会の起源は13世紀に遡るといわれる。その後長い時間をかけて，今日の議会へと発展した。両院制もそうした歴史の中でできあがった制度で，歴史の所産といわれる所以である。他の国々が18世紀末以降，近代議会を設けるに際して，イギリスの両院制を参考にして，それぞれの国の状況に合わせて制度を整えた。そのため，両院制の内容については，時代によっても，国によっても，種々様々なヴァリエーションがある。立法に関する権限についても，まったく対等な権限を持つアメリカ合衆国の連邦議会のような例もあれば，議会を構成する一院が，立法に関する諮問機関にすぎず，立法権も持たされなかった，1946年フランス第4共和制憲法下の議会のような例もある。**一院制**か両院制かは，ひとつの制度対ひとつの制度の比較でなく，ひとつの制度対多くの制度の比較問題だとされる所以である。

今日では，選出方法が両議院で異なるときは主として対等，そうでない場合には国民の意思をより反映しやすい議院の権限を優越させるのが一般的であるようだ。わが国の衆議院と参議院を比べた場合，任期4年で解散されることのある衆議院の方が，任期6年（3年ごとに半数改選とはいえ）で解散のない参議院より，権限の優越が認められるのは，こうした事情による。

憲法の定める**衆議院の優越**は，つぎの4点で認められる。①法律案の議決，②予算の議決，③条約の承認，④内閣総理大臣の指名，である。

法律案をどの院に始めに提出しなければならないかは，憲法に定められていない。したがって，参議院先議の法律案が参議院を通過しなければその案は廃案となる。それに対して，衆議院を通過した法律案を参議院が否決したり，60日以内に議決しなかったため否決したものとみなされた場合には，衆議院で出席議員の3分の2以上の多数で再可決した場合，法律となる（59条2項）。

予算の場合は，衆議院に先に提出することが規定されており（60条1項），参議院が否決し，**両院協議会**でも意見が一致しなかったり，議決せずに30日を経過すれば，衆議院の議決が国会の議決とされる。

条約の承認の場合にも，同様に扱うが，衆議院の先議は要求されない（61条）。

内閣総理大臣の指名では，両議院で異なった者を指名したとき，両院協議会でも意見が一致しなかったり，衆議院の指名後10日以内に参議院が指名の議決をしない場合，衆議院の議決が国会の議決とされる（67条2項）。

2　議院の権能

Point ①　各議院に認められる権能を議院の自律権といい，他の議院の干渉を受けずにその内部手続を決めることができる。

先に，国会の持つ立法権の例外として各議院の持つ規則制定権を挙げた。両院制は，もともとそれぞれ別個に国王から諮問を受け，国王への要請を行う合議体として発展してきたイギリス議会の沿革に由来するものであるということも先に触れた。その両者の合意が法律成立の条件であるとはされたが，それぞれの議院の内部手続に関しては，他の議院の同意を得る必要はなく，むしろそうならないことが要請された。これを**議院の自律権**という。憲法が，規則制定権を国会の権能とはせず，各議院の権能としたのは，そうした背景がある。日本国憲法でも，この趣旨を踏まえ，議院規則の内容として，「会議その他の手続及び内部の規律に関する規則」（58条２項）と規定している。しかし，わが国は，その大部分に関して国会法という法律で定め，議院規則は，その下位規範として位置づけられているようだ。参議院が衆議院のカーボンコピーだと揶揄され，両院制の本来の持ち味が出せないでいる現状は，国会自ら，その原因の一部を作りだしているのかも知れない。

規則制定権以外に議院の自律権として憲法に規定されているものには，議員の資格争訟の裁判権（55条）と，議長その他の役員選任権（58条１項）および議員懲罰権（58条２項）がある。

憲法55条は，「両議院は，各々その議員の資格に関する争訟を裁判する。但し，議員の議席を失はせるには，出席議員の３分の２以上の多数による議決を必要とする」と規定している。ここでいう「議員の資格」とは，現に「議員」であるもの，つまり，選挙で当選し，議員となった者の資格に関するもので，これに対する争いは，各議院に委ねるという意味である。議院の構成員の資格に関する疑義については，他の議院または他の機関に委ねずに，自ら処理する。まさに自律権である。その判断については，裁判所も関与することはできない。

憲法58条１項は，「両議院は，各々その議長その他の役員を選任する」と規定し，合議体内部の基本的構成をその合議体自身により行わせることとしている。

憲法58条２項は，「両議院は，……院内の秩序をみだした議員を**懲罰**することができる。但し，議員を**除名**するには，出席議員の３分の２以上の多数による議決を必要とする」と規定する。院内の秩序をみだすとは，各議院の秩序を乱すという意味で，議場の内外を問わない。除名とは，議員資格を奪うことであるから，懲罰のうちでもっとも重いもので，出席議員の３分の２以上の多数を要するのは慎重を期してのことである。資格争訟の裁判と同様，この判断も最終のものと解せられる。

Point② 国政調査権は，立法権を有効に行使するため認められる権限で，権力分立を踏みにじるような用い方は許されない。

憲法は，さらに，**国政調査権**を各議院に与えている。憲法62条は「両議院は，各々国政に関する調査を行ひ，これに関して，証人の出頭及び証言並びに記録の提出を要求することができる」と規定している。国政調査権が国会ではなく各議院に与えられていることは，一見したところ，議院の自律権に含まれているからのように思えるかもしれない。しかし，この権限は，本来，議院の自律権とは関係なく，GHQ 原案（いわゆるマッカーサー草案）の一院制国会の権限とされていたものが，両院制を採用することになったため，現行の規定にされたものであろう。国会の持つ立法権を有効に行使するため，必要な調査を行うことは当然のことであり，その権限がそれぞれの議院により行使され，他の議院の介入を受けないという意味では，自律権といえるかも知れないが，上に述べた他の権限とは性格を異にするであろう。

この権限の性格をどう見るかについては，独立権能説と補助権能説が対立している。前者は国会を国権の統轄機関と見ることから，統括するため必要とする限り調査の権限が及ぶとする。それに対し，後者は立法権行使に必要な限りで調査権が認められたもので，あくまで立法権行使の補助権能としての域を出るものでないとする。

国政調査権で問題なのは，他の権力，とりわけ，司法権との関係である。行政権を行使する内閣が，国会の信任に基づいて成立するといういわゆる議院内閣制の下では，行政権に対する国会の，ひいては議院の調査権限は当然認められるであろう。行政一般に関し広く調査権限がなければ，議会による行政監督権を有効に行使することができないからである。しかし，司法権に対しては，それと同列に論じることはできない。国政調査権は，国会の立法権行使に関する限り認められる範囲に留まるべきで，「国権の最高機関」性に基づき，あらゆる国家行為におよぶとするのは，正しいとはいえまい。

具体的事件の判決に対し，その内容を問題にするがごときを国政調査権の名の下に行うのは，権力行使の逸脱だといわねばならない。この点で大きく取り上げられたできごとが浦和事件である。昭和23年７月２日，浦和地裁が子供を殺し自首した母親に対し，懲役３年，執行猶予３年の判決を下し，確定した。参議院法務委員会がこの事件を取り上げ，調査を行い，この判決に対し量刑不当であるとの決議を行った。最高裁判所はこれに強く反発し，裁判官会議の議決で，「憲法上国会に許された国政に関する調査権の範囲を逸脱する措置」であると抗議し，参議院もそれ以上この問題を取り上げることなく終わった。

【演習問題 5-7】次の説明の中で正しいものはどれか。

1．法律案の議決においては衆議院の優越は認められず，両院対等である。
2．衆議院に先議権が認められるのは予算のみである。
3．内閣総理大臣の指名で衆議院の議決が国会の議決とされるためには，30日が必要である。
4．国会は国権の最高機関なので，その国政調査権には限界がない。

第３項　国会の活動

Key Word	会期，会期不継続の原則，常会，臨時会，特別会，参議院の緊急集会，議員立法，委員会中心主義，本会議中心主義，定足数
Key Point	国会は会期を区切って活動し，委員会活動を主とする委員会中心主義を採用している。

1　会期と議事手続

(1)　会　期

Point　国会の活動は会期毎に行われ，前の会期とあとの会期は継続しない。

会期とは，国会が活動できる一定の期間をいう。このような期間を設け，それ以外の期間の国会活動を制約するのは，かつて君主制の下，君主の権限行使に当たって，議会の介入をできるだけ避けるためであったとか，君主が議会を召集するのは特定の問題がある場合であり，それが片付けば終了するのが例であったとか，といった理由が挙げられる。これに対し，議会の権限が増大し，その活動が自律的に行われるようになると，むしろ，こうした会期に縛られない方が十分な議会活動を行いやすいと考えられるようになる。それでも会期制の廃止が一般的でないのは，様々な理由がある。議会に行政監督権が与えられていることは先に触れたが，行政権を行使する内閣にとって，常にそうした監督下に置かれることは，権限の行使に支障の出る場合もあろう。会期制が望ましい。逆に，法律による行政の要請から，速やかな立法が求められることがある。この場合は，内閣の側から見て会期に縛られない制度が望ましいと思われる。一方，議会の側，特にその中でも野党の側から見れば，会期があるからこそ，法律案の議会通過を望む内閣との間で，種々の駆け引きが可能になる。多くの国で，形骸化しつつあるとはいえ，会期制を採用しているのはこのような理由による。

会期制は会期を区切ることにより，前の会期とあとの会期の継続性を遮断する。これを**会期不継続の原則**といい，国会法68条は，「会期中に議決に至らなかった案件は，後会に継続しない」と定める。ただ，これは必ずしも会期制に必然的な原則ではなく，会期制をとりながら，会期継続を認める国は多い。むしろ，会期制と会期不継続の原則を維持しているのは，主要国ではイギリスとわが国だけである。イギリスにおいても，毎年11月に召集され，次の会期直前まで継続するので，会期不継続の原則も，それほど切実な問題ではないそうである。わが国の場合にも，国会法68条但書で，各議院の議決で委員会に付託された案件は，懲罰事犯の件も含めて国会閉会中も審議することができ，後会に継続すると定めている。

憲法は，召集原因の違いにより，３種類の会期を定める。常会，臨時会および特別会である。それぞれ一般には，通常国会，臨時国会，特別国会と呼ばれる。

常会は，毎年１回召集される（52条）。召集の時期，期間，延長等について，憲法はすべて国会法に委ねている。国会法は２条で，「常会は，毎年１月中に召集するのを常例と」し，10条で，「常会の会期は，150日間と」し，12条２項前段で，「会期の延長は常会にあつては１回」と規定する。

臨時会の召集原因については憲法に規定があり，53条で，「内閣は，国会の臨時会の召集を決定することができる。いづれかの議院の総議員の４分の１以上の要求があれば，内閣は，その召集を決定しなければならない」と定める。延長に関しては国会法12条２項後段で，２回までとされる。国会法はさらに，衆議院議員の任期満了による総選挙後または参議院議員の通常選挙後にも，その任期の始まる日から30日以内に臨時会を召集することを求めている（２条の３）。

特別会は，やはり憲法54条１項で，「衆議院が解散されたときは，解散の日から40日以内に，衆議院議員の総選挙を行ひ，その選挙の日から30日以内に，国会を召集しなければならない」と規定し，延長は臨時会の場合と同じく２回までとされる。

このほかに，**参議院の緊急集会**の制度がある。「衆議院が解散されたときは，参議院は，同時に閉会となる。但し，内閣は，国に緊急の必要があるときは，参議院の緊急集会を求めることができ」（54条２項），その場合，つぎの国会開会後10日以内に衆議院の同意を得られなければ，緊急集会においてとられた措置は効力を失う（54条３項）。この緊急集会が開かれたのは，昭和27年８月31日と，昭和28年３月18日の２回だけである。

⑵ 議事手続

Point 国会の議事手続は，各議院の委員会審議の後本会議にかけられる，委員会中心主義を採用している。

国会の最も重要な役割は法律の制定である。法律の制定は，以下の手続きを経て行われる。①法律案の提出，②法律案の審議，③法律案の議決，④法律への署名，連署，⑤法律の公布，である。

憲法59条１項は，「法律案は，この憲法に特別の定のある場合を除いては，両議院で可決したとき法律となる」と規定する。

法律案の提出権者については，憲法に明文の規定を欠く。国会は国の唯一の立法機関である（41条）ことから，国会の構成員たる議員に法律案の提出権があることについては異論がない。内閣の法律案提出権については，見解が分かれる。憲法72条の，「内閣総理大臣は，内閣を代表して議案を国会に提出し」の規定をもって，内閣の法律案提出権を認める見解があるが，「議案」に59条の「法律案」を当然含むと解することは無理があろう。内閣が国会に提出する議案として，憲法が明文で定めているものは，予算および条約の承認を求める議案であり，これらのみがここでいう議案だと解することもできなくはないからである。しかし，現実には，法律案は議案に含まれるとの解釈で，内閣法第５条は「内閣総理大臣は，内閣を代表して内閣提出の法律案，予算その他の議案を国会に提出し」と定め，実際，国会に提出される法律案のほとんどは，内閣提出のものである。

議員提出法律案については，憲法では何の定めもなく，事実，昭和30年までは議員個人による法律案の発議が認められていた。しかし，昭和30年法律第３号による国会法の改正で，次の条件が付された。すなわち「議員が議案を発議するのは，衆議院においては議員20人以上，参議院においては議員10人以上の賛成を要する。ただし，予算を伴う法律案を発議するには，衆議院において議員50人以上，参議院において議員20人以上の賛成を要する」(56条)。議員が選挙区対策のために種々の法律案を提出するといった弊害を避けるためにこうした制限が設けられたわけであるが，少数政党の議員にとっては，議会活動への重大な制約となろう。国会の各議員が全国民を代表する（43条１項）とすれば，議員一人ひとりに法律案提出権を与えることも，むしろ憲法の趣旨に叶うということもできる。

国会法はさらに，各議院の委員会（50条の２）や，参議院の調査会（54条の４）にも法律案提出権を認めている。おもに**議員立法**と呼ばれるものは，内閣提出のものを除いたこれらを指す。

各議院の議長に提出された法律案は，適当な委員会に付託され，その審議を経たのち，議員全員で構成する本会議で審議，議決する。このように，法律案の処理が，主として委員会で行われる制度を**委員会中心主義**と呼ぶ。これに対し，議会の活動の中心を主として本会議とする制度を，本会議中心主義と呼ぶ。明治憲法下の帝国議会は，**本会議中心主義**を採用していた。

各議院の委員会は，常任委員会と特別委員会に分けられる（国会法40条)。常任委員会は，衆議院，参議院とも17（国会法41条）設けられている。原則として議員は，少なくともひとつの常任委員会の委員になる。特別委員会は，「特に必要があると認めた案件又は常任委員会の所管に属しない特定の案件を審査するため」（国会法45条）設けられる。

合議体が有効な議事を行うために必要な出席者の数を**定足数**という。憲法が定める定足数は，本会議のものだけで，「両議院は，各々その総議員の３分の１以上の出席がなければ，議事を開き議決することができない」（56条１項）とする。この総議員が法律上の定数を意味するのか，現に在任する議員を意味するのかについては争いがある。国会の先例は前者をとるが，死亡もしくは辞職した議員を総議員に参入することは問題だとする見解もある。委員会については，国会法に規定があり，委員の過半数（国会法49条）とする。

委員会における議決は，出席議員の過半数によるものとし，可否同数の場合は，委員長が決する（国会法50条）。本会議での議決も同様に，出席議員の過半数で決し，可否同数の場合は，議長が決する（56条２項）。

こうした手続を，各議院で行い，59条の要件を満たせば，法律案は法律として確定する。

法律には，主任の国務大臣の署名と，内閣総理大臣の連署が必要とされ（74条），内閣の助言と承認により，天皇が公布する（７条１号）。

ただし，法律が効力を有するには公布されるだけでなく施行される必要があり，普通その法律の附則に施行日が規定される。そうでない場合は，公布の日から起算し20日を経過した日に施行される（法の適用に関する通則法２条）。このような周知期間をおくのが普通であるが，場合によっては公布と同時に施行と定めることもあり，公布手続の形式と手続の完了時が問題になる。現行憲法施行時に廃止された公式令が公布手続を定めていたが，その後そうした法律が制定されていないため，最高裁判決により，従前通り官報に登載することで公布とし（最大判昭和32・12・28），公布の時期は，独立行政法人国立印刷局本局または東京都官報販売所に到達した時点（午前８時30分）に施行されることとされた（最大判昭和33・10・15）。

【演習問題 5-8】次の説明の中で正しいものはどれか。

１．国会の会期には常会・臨時会・特別会の三種類がある。

２．参議院の緊急集会は単独の会期に数える。

３．法律案の提出は行政機関である内閣には認められない。

4．各議院が議事を開くためのの定足数は過半数である。

第4項　衆議院の解散

Key Word	解散権の所在，7条説，制度説，69条説，自律解散説
Key Point	現在までの運用では，内閣に衆議院解散の決定権があるとされており学説の多数もそれを支持するが，異論も存在する。

Point 内閣不信任案が可決された結果衆議院が解散されたのはこれまで4回にすぎず，それ以外は内閣の解散権行使で解散が行われた。

憲法は69条に，「内閣は，衆議院で不信任の決議案を可決し，又は信任の決議案を否決したときは，10日以内に衆議院が解散されない限り，総辞職をしなければならない」と規定し，内閣が衆議院の信任を失った場合，衆議院を解散し国民に信を問うか，総辞職し，衆議院の信任する新たな内閣に道を譲るか，の二者択一を迫られる。内閣が前者を選択すれば，衆議院は任期満了前に解散され，総選挙が行われることになる。現在まで，この形式で解散が行われたのは，昭和23年12月23日，昭和28年3月14日，昭和55年5月19日，平成5年6月18日の4回だけである。また，解散詔書に69条によることが記されていたのは，昭和23年の一回限りで，このときは，連合軍の占領下で，総司令部の見解は衆議院の解散は69条の場合に限るとされていた。解散により安定勢力確保を目指す少数与党内閣と，解散を避けたい野党による対立に総司令部が介入し，最終的には野党による内閣不信任案提出，可決で，解散が行われた。なれ合い解散と称される。現行憲法下の2回目の解散は，独立後の，昭和27年8月28日に行われたが，このときの解散詔書で根拠条文とされたのは憲法7条であった。翌28年の解散は，上のように，内閣不信任による解散であったが，前年と同様の解散詔書の形式がとられ，以後，その形式が踏襲されている。

憲法7条3号は，天皇の国事行為として「衆議院を解散すること」と定めているが，同時に4条1項で，「天皇は……国政に関する権能を有しない」

ことから，天皇自ら衆議院を解散するとは考えられない。憲法は，このほかに衆議院の解散権の所在について明文の規定を置いていないことから，69条以外にも衆議院の解散は行われるのか，行われるとしたら実質的な解散権はどの機関が持つのか，について見解が分かれる。

天皇が実質的解散権を持たないとすれば，国事行為につき助言と承認を行う内閣に実質的解散権ありとする説（**7条説**）。日本国憲法は議院内閣制を採用しており，当然内閣が解散権を持つとする説（**制度説**）。これに対し，憲法の明文規定のないことから，69条以外の解散を認めない説（**69条説**）や，41条の「国権の最高機関」の文言から国会の自主解散権を認める説（**自律解散説**）もある。最高裁判所は，この問題に対し，正面から答えることを避けている。先に触れた主権回復後初めての衆議院解散は，昭和27年8月28日に行われた。この解散は「抜き打ち解散」と称されるように，憲法施行後初めて行われた解散と異なり，衆議院による内閣不信任の表明を待たずに，7条のみを根拠にして行われた。当時衆議院議員であった苫米地義三は，この解散は憲法違反であり，衆議院議員としての資格確認と，任期満了まで受け取るはずの歳費等の支給を求めて訴えを提起した（苫米地事件）。苫米地はこの訴えより前に，直接最高裁判所にこの解散の無効確認の訴えを起こしていたが，最高裁は，国家行為の合違憲の判断のみを求める訴えは受理できないとして却下していた。第一審は69条によらない解散を認めたが，本件については内閣の助言と承認が適法に行われていないとして，原告の請求を認容した。控訴審は逆に内閣の助言と承認は適法に行われたとし，被控訴人（原告）の請求を棄却した。被控訴人が上告したが，最高裁は下級審と異なり，「衆議院の解散は，極めて政治性の高い国家統治の基本に関する行為であつて，かくのごとき行為について，その法律上の有効無効を審査することは司法裁判所の権限の外にありと解すべき」として，上告を棄却した（最大判昭和35・6・8民集14・7・1206）。

【演習問題 5-9】次の説明の中で正しいものはどれか。

1．衆議院が解散されると国会は一切の活動をやめる。

2．参議院は内閣不信任案を可決できない。

3．参議院が内閣の不信任の意思を表明しても内閣は何の措置もとる必要はない。
4．内閣が不信任されて国会が解散されたことは今までに一度もない。

第5項　議員の特権

Key Word	歳費を受ける権利，不逮捕特権，免責特権
Key Point	国会議員に特権が認められている背景には，議会をめぐる歴史的事情がある。

1　国会議員の地位と権能

Point ①　国会議員の行う議会活動は，単独で行えるものと，一定の賛同者が必要とされるものとがある。

両議院の議員がその地位を失うのは，次の事由による。①任期満了（45，46条），②辞職（国会法107条）③議員が他の議院の議員となったとき（国会法108条），④被選挙資格喪失（国会法109条）⑤比例代表選出議員の所属政党変更（国会法109条の2），⑥除名（58条2項，国会法122条），⑦資格争訟の決定（55条，国会法111～113条），⑧選挙に関する争訟の判決（公職選挙法204条以下），⑨解散（衆議院議員のみ，45条）である。

両議院の議員は，以下の権能を有する。

単独で行えるものとして，①内閣に対する質問権（国会法74～76条），②現に議題となっている議案への質疑権（衆議院規則118条，参議院規則108条）③討論権（衆議院規則135条以下，参議院規則113条以下）④表決権（51条)。一定数の賛成者を要するものとして，①臨時国会召集の要求（53条），②議案，議案および予算の修正動議の発議，委員会が議院の会議に付さないと決定した議案の会議付託（国会法56条，57条，57条の2）③表決の会議録記載要求（57条3項）などである。

2　国会議員の特権

Point　国会議員に認められている特権は，歳費を受ける権利，不逮捕特権，免責特権である。

憲法43条1項は,「両議院は，全国民を代表する選挙された議員でこれを組織する」と規定する。近代議会をそれ以前のものと区別する重要な点は，少なくとも議会を構成する一院の議員は選挙により選ばれることと，選ばれた議員は選挙区ではなく全国民を代表することである。43条1項はまさにこれを述べたものである。このような近代議会ができあがる以前にも同様の合議体が存在した。中世の身分制議会と呼ばれるものがそれである。そこでは議員は選出母体を代表するのみで全国民を代表するものではなかった。議員の議会での活動は選出母体からの指示に拘束され，指示に反するときは場合によっては，賠償責任を問われることもあったという。こうした関係を命令的委任（強制委任）といい，近代議会はそのような関係を否定することで成立したとされる。

全国民を代表する両議院議員が，その職責を十分発揮できるように，憲法は，次のような特権を与えている。①国庫から相当額の歳費を受ける権利（49条)，②不逮捕特権（50条)，③議院における演説，討論，表決に対する免責特権（51条）である。

(1) 歳費を受ける権利

憲法49条の「両議院の議員は，法律の定めるところにより，国庫から相当額の歳費を受ける」の規定に基づき，「議員は，一般職の国家公務員の最高の給料額より少くない歳費を受ける」(国会法35条）とされ，さらに，退職金（国会法36条）および,「公の書類を発送し及び公の性質を有する通信をなす等のため，別に定めるところによ」(同法38条）る手当を受ける。近代議会の前身である中世の身分制議会の議員は，その選出母体の代表と考えられ，その経費は選出母体が負担し，また議会の議員は長い間名誉職と考えられていた。これに対し，国家が議員の給与を支給することで，代表を送ることのできなかった人々からも代表が選出できることになった。歳費を受け取る権利が特権とされるのもこうした背景による。

(2) 不逮捕特権

憲法は50条で,「両議院の議員は，法律の定める場合を除いては，国会の会期中逮捕されず，会期前に逮捕された議員は，その議院の要求があれば,会期中これを釈放しなければならない」と，いわゆる不逮捕特権を定めている。これを受けて，国会法33条は，「各議院の議員は，院外における現行犯罪の場合を除いては，会期中その院の許諾がなければ逮捕されない」と定める。このような不逮捕特権が認められる背景には，議員の議会活動を，時の政府が警察権力を用いて不当に抑圧した過去の歴史に対する反省がある。

参議院の緊急集会の開かれている期間は，国会の会期ではないが，緊急の場合に国会の機能を代替する役割を果たすのであるから，同様に考えられるべきであり，国会法100条もこの趣旨で，「参議院の緊急集会中，参議院の議員は，院外における現行犯罪の場合を除いては，参議院の許諾がなければ逮捕されない」と規定する。

不逮捕特権は，先に触れたように，かつて，議会から独立の地位に立つ政府が，議会を牽制しようとして振るう警察権力への対抗手段として，重要な役割を果たした。したがって，そうした政治的動機に端を発するもの以外に対しては，この特権が濫用されてはならない。

⑶　免責特権

憲法51条は，「両議院の議員は，議院で行つた演説，討論又は表決について，院外で責任を問はれない」と規定する。言論の自由は，近代憲法が国民に保障する基本権の中でも最も重要な権利のひとつである。憲法は，これに加えて，国会議員には，議院での活動として職務上行ったものに限り，一般の国民以上の自由を認めている。

「院外での責任」とは，一般の国民なら負わねばならない民事上の損害賠償責任，刑事上の処罰，公務員等の懲戒責任と解される。政治上の責任は，これに含まれないとするのが通説である。したがって，政党の党議に反する院内の行動に対する政党の制裁処置に対しては，この規定は適用されないと考えられる。

そうした通説の考え方を踏まえた上で，しかし，「政党」の語さえなく，対照的に命令的委任の禁止規定も明示されていない現行憲法において，むしろ一段と政党国家化が促進される様相を呈している中で，この免責特権に，行きすぎた政党国家化是正という意味を持たせることが考えられていい。

【演習問題 5-10】国会議員の地位に関する以下の記述のうち，正しいものはど

れか。

1. 国会議員は全国民の代表であり，辞職するにあたって，選挙民はもちろん，所属する議院の許可も得る必要はない。
2. 国会議員は国会の会期中逮捕されないが，参議院の緊急集会は会期に含まれないので，逮捕を免れることはできない。
3. 国会議員は議院での議会活動に関して院外で責任を問われないが，所属する議院の懲罰の対象にはなる。
4. 国会議員は議会活動に関しては完全な自由が認められており，どのような場合でも，所属政党を変更することができる。

第3節　内　　閣

第1項　内閣の地位と議院内閣制

Key Word	行政権の概念，控除説と積極説，行政委員会，議院内閣制の本質，均衡本質説と責任本質説，内閣の連帯責任制，不信任決議権，解散権
Key Point	日本国憲法での内閣制度には，議院内閣制の原則が採用されている。

1　行政権の意味

Point　行政権の概念をめぐり，控除説と積極説の対立がある。

憲法65条は行政権を内閣の権限として定めているが，この行政権の概念をどのように定義付けるかについては，控除説と積極説の対立がある。**控除説**とは，行政権を国家作用から立法作用と司法作用を除いたものと解し，あえて行政権概念の具体的な定義付けを行わないとする説である。このような控除説の考え方は，19世紀の通説的見解の影響を受けたもので，その当時においては，君主の権限を行政権として位置付け，その内容を議会の立法権と裁判所の司法権以外のものとし，さらには，行政作用にはそもそも複雑多岐な性質を持ち合わせているため，そのようなものの概念化は基本的に困難とする考え方も影響している。しかしながら，このような控除説の考え方に立つと，立法・司法作用に該当しない国家作用のすべてが行政に帰属することになり，国権の最高機関であって，国民の代表機関でもある国会よりも，行政機関の方に権限が集中してしまうことになる。そこで，行政権概念の内容を具体的に定義付けしようとするのが**積極説**である。その説明方法については，いくつかの見解が存在するが，そのうち，行政権を法の枠組みのなかで，国家目的とする社会的公益の実現を目指す，統一的・継続的な国家活動として捉える学説が，積極説における有力的な見解となっている。

このように行政概念を国家目的の実現として定義付けることにより，控除説の問題点は解消されることになる。しかしながら積極説のいう「国家目的の実現」については，行政作用に限らず立法作用にも同じことがいえることから，結局はこの積極説も行政権の特徴を過不足なく概念化したものではないとする批判がある。そのため，古くからの通説である控除説の観点に立って行政概念を理解するのが一般的となっている。

2　行政委員会

Point　行政権を内閣の権限とする憲法65条の内容に対し，その独立性を特徴とする行政委員会の合憲性が問題となる。

行政委員会（独立行政委員会）とは，内閣から一定限度の独立性を保ちつつ，準立法的権限と準司法的権限を備えた，合議制に基づく行政機関のことをいう。おもにアメリカで発達してきた制度で，日本では戦後の占領政策の一環として，いくつかの行政委員会が設置された。しかしながらこの制度は，わが国の行政システムになじまず，現在では人事院（国家公務員法３条）や，公正取引委員会（内閣府設置法64条別表），あるいは中央労働委員会（国家行政組織法別表第１）といったいくつかの行政委員会が存在するのみで，制度導入当初の委員会の多くが整理・縮少されている。行政委員会にはそれぞれ設置目的があり，たとえば，政治的中立性が期待される人事院や公安委員会，あるいは高度の専門性が必要とされる公正取引委員会，利害関係の調整を行うために，公正性が求められる中央労働員会などがある。

ところで，内閣からの独立性を保つ行政委員会の存在については，憲法90

条２項でその設置が認められている会計検査院を除き，行政権の主体は内閣とする65条の規定に抵触する可能性が生じる。この点，学説は，行政委員会の設置を合憲的に理解する点では一致しているが，その理由説明については，いくつかの見解が存在する。たとえば，内閣に行政委員会の人事権と予算権が留保され，なおかつ委員会の職務権限の行使に関し，内閣からの独立性が認められる合理的根拠があれば問題ないとする見解や，あるいは，65条の条文趣旨としては，必ずしも行政権の主体を内閣だけに限定していないと解し，その理由として，例えば，41条では「唯一」という文言を用いて，国会以外の立法機関の存在を絶対的に認めていないが，内閣に関する65条の条文については，このような「唯一」の文言を使用していないことから，行政委員会の設置も認められるとする見解もある。なお，下級裁判所の判断ではあるが，行政委員会（この事例では人事院）は，憲法の根本原則である民主主義に適合し，国家目的から考えても必要な組織であるとして，65条違反にあたらないと判示したものがある（福井地判昭和27・９・６行裁例集３・９・1823）。

3　議院内閣制の本質

Point　議院内閣制の本質に，内閣の解散権を含めて解するのかが問題となる。

近代的意味の憲法といった場合，立法権，行政権，司法権といった権力分立制の採用が大原則となっている。この権力分立制の運用にあたっては，各国の政治事情に応じて，さまざまな体制がとられている。一般的には，大統領制，議院内閣制，議会統治制の３つに分類されるが，立法権（議会）と行政権（政府）との関係で，それぞれの制度的な特徴が顕著に現れてくる。たとえば大統領制については，アメリカ合衆国を例にすると，立法権（議会）と行政権（大統領）との完全分離を基本原則としており，スイス連邦など小規模な国家で採用されている議会統治制では，行政権に携わる内閣の閣僚は，すべて議会によって選出され，政府が議会の意思の下に置かれる制度となっている。そして**議院内閣制**の本質的特徴としては，立法権（議会）と行政権（政府）との分離が行われていること，そして政府の存立は議会の信任に基づいていることの２点があげられる。ただし，議院内閣制の本質的特徴に内閣の議会解散権をも含めて解するのかについては，学説上の対立がある。このような対立の背景には，議院内閣制の母国であるイギリスの政治的変遷が大きく影響している。そもそもイギリスの内閣制度は，「国王は君臨すれども統治せず」の慣例の下で発展した制度で，内閣が国家元首である国王に代わって実質的な統治権を担い，その政治的責任を負ってきた。そのため，内閣と議会との関係は，協働関係に立って相互の権力的均衡を維持してゆくものと解され，内閣にとっての議会解散権は，議会のもつ内閣不信任決議に対する抑制手段して重要な意味を有するものであった（形式的には国王の権限）。ところが19世紀半ばになると，国王の権限が完全に名目化してしまい，議会の政治的立場が絶対的となった結果，内閣の存立要件は議会の信任に依拠するようになり，均衡作用としての議会解散権の意義は薄らいでしまった。

このような歴史的経緯から，議会解散権の保持を議院内閣制の本質として評価することの是非については，古くから論争となっており，議院内閣制を採用している日本においても，その本質問題をめぐって，責任本質説と均衡本質説とが対立している。

このうち**責任本質説**とは，内閣の主たる存立要件を議会の信任に求めるものとする，議会優位的な見解に立った学説である。つまりこの説によれば，議会の不信任決議は内閣の存立根拠の喪失であって，その観点からすれば，内閣が抑制手段として議会解散権を所持する論理的必要性はないと解することになる。そのため責任本質説は，内閣の解散権を議院内閣制の本質としない。これに対して**均衡本質説**は，内閣と議会の関係は対等であるとし，そのため，両者が均衡かつ抑制的な関係を維持するには，議会の内閣不信任決議に対抗する意味で，議院内閣制の本質に内閣の解散権を含めることを主張する。この点，議院内閣制の歴史は，議会の方が優位的に発展してきたことから，現在のところ，責任本質説が有力説となっている。その一方で，このような解散権の有無で議院内閣制の本質を論ずることの意義について，疑問を投げかける見解もある。

日本における議院内閣制の歴史は，かつての明治憲法下では，憲法上の制度とはされていなかったが，大正時代の政党政治の発展により，議院内閣制に準じた政治的慣行として運用された時期もあった。現在，日本国憲法では，議院内閣制を憲法上の制度として認めており，憲法66条３項の内閣の国会に対する連帯責任を定めた条文と，69条の衆議院における内閣不信任決議の条文が，議院内閣制に関する憲法上の総則規定となっている。また，内閣総理大臣の選出は国会の指名に基づくこと（67条１項），内閣総理大臣と他の国務大臣の過半数は国会議員であること（67条１項，68条１項），大臣には議院出席の権利義務があること（63条）の規定も，議院内閣制に関する重要な条文であり，内閣構成員と国会の関係を定めた個別的規定ともいえる。

【演習問題 5-11】議院内閣制の本質問題を考える際に，現在，責任本質説と均衡本質説の対立がみられる。このうち責任本質説の説明としてふさわしいものを１つ選べ。

1．議会優位の議院内閣制を前提にしている。
2．内閣による衆議院解散権を本質的要素としてとらえる。
3．内閣の連帯責任制を採用している。
4．歴史的にみて，責任本質説の下で議院内閣制は発展してきている。

第２項　内閣の組織

Key Word	文民，内閣の首長，国務大臣の任免権，訴追同意権，議案提出権，指揮監督権，閣議，閣議主宰権，内閣総辞職
Key Point	合議体としての内閣を構成する内閣総理大臣と国務大臣に関して，その地位や権限の理解が問題となる。

1　内閣の構成

Point　内閣の構成員としては文民であること，そして内閣総理大臣には国会議員の身分が，その他の国務大臣には過半数の者が国会議員であることが求められている。

内閣は，内閣総理大臣とその他の国務大臣によって構成される（憲法66条１項）。内閣総理大臣とその他の国務大臣には，合議体としての内閣の構成員という側面の他に，内閣総理大臣には内閣府の長として（内閣府設置法６

条1項)，そしてその他の国務大臣は「財務大臣」や「文部科学大臣」といった，各省の大臣（国家行政組織法5条1項)，あるいは主任の大臣（内閣法3条1項[*1]）として，行政事務の分担管理を行うのが通例となっている。なお，分担管理に関与しない無任所の大臣の設置も認められている（内閣法3条2項[*2]）。内閣の員数については，国務大臣の員数を内閣総理大臣を除く14名以内とし，特に必要な場合に限っては，17人までの増員を認めている（内閣法2条2項[*3]）。

内閣総理大臣とその他の国務大臣の資格については，憲法66条2項により文民とされている。また67条と68条1項とでは，内閣を構成する国務大臣の過半数は国会議員であることも求められている。このうち66条2項で定める**文民**とは，シビリアン（civilian）の訳語で，憲法制定時に，急遽，作り出された新造語である。そのため文民の定義については解釈上の対立があり，かつては①現役の職業軍人ではない者，②職業軍人としての経歴をもたない者，③職業軍人の経歴があっても，強い軍国主義思想の持ち主ではない者といった，おもに旧憲法下での帝国陸海軍人を念頭にした3つの見解も存在していた。政府の見解は③の立場であったが，その一方で海軍大将経験者の入閣が認められなかった実例もある。今日における文民条項の意義は，現職自衛官に対する資格規定として理解されており，自衛隊が憲法9条で禁じる戦力にあたらない合憲的な防衛組織と解したとしても，現職自衛官の国務大臣就任については，この文民条項に抵触すると解するのが一般的である。そして，もう1つの内閣の資格要件である国会議員規定については，内閣総理大臣の場合，憲法67条1項で「国会議員の中から」選出されることになっている。その所属については，文言上，衆・参議院議員の区別は問われていないが，衆議院議員から選出されるのが通例である。また国務大臣の過半数を国会議員とする68条1項に関しては，その過半数の母数を法定定数とするのか，それとも在職大臣の実数とするのかについて，解釈上の相違がみられるが，後者の実数と解するのが一般的である。なお，その運用実態としては，国会議員の身分をもたない一般人の入閣はまれである。また，国会議員の身分をもつ国務大臣の議院所属は衆議院議員がほとんどで，参議院議員の国務大臣は2名前後にとどまっている。

＊1　内閣法3条1項：各大臣は，別に法律の定めるところにより，主任の大臣として，行政事務を分担管理する。

＊2　内閣法3条2項：前項の規定は，行政事務を分担管理しない大臣の存することを妨げるものではない。

＊3　内閣法2条2項：前項の国務大臣の数は，14人以内とする。ただし，特別に必要がある場合においては，3人を限度にその数を増加し，17人以内とすることができる。

2　内閣総理大臣の地位と権限

Point　内閣総理大臣には内閣の首長として，国務大臣の任免権をはじめとする，多くの権限が認められている。

内閣総理大臣は，国会の議決により国会議員のなかから指名され（憲法67条1項），天皇が任命する（6条1項）。もし衆議院と参議院での指名の議決が一致しなかった場合には，両院協議会で意見調整が行われ，それでも一致しなければ，衆議院の議決が優先される（67条2項）。また衆議院で議決した日から，国会の休会中を除き，参議院が10日以内に議決しない場合についても，衆議院の議決が優先し，国会の議決として扱われる（67条2項）。内閣総理大臣は，憲法66条1項により**内閣の首長**として，内閣を代表して統率する地位にある。このような内閣総理大臣の地位は，明治憲法下における内閣制度の反省に基づいている。そもそも明治憲法には，内閣制度に関する条文がなく，その法的根拠は勅令で定められた内閣官制（明22勅135）に求められるに過ぎなかった。加えて，その内閣官制で定める内閣総理大臣の地位は，「各大臣ノ首班」となっていたが，その本質は他の国務大臣と対等とされていたため，とくに軍部大臣との意見が対立すると，首相がそれをまとめきれずに，閣内不統一を理由に総辞職する例がたびたびみられた。そこで日本国憲法では，内閣総理大臣が首長としてその地位を保ち，内閣を統率してゆくことのできる権限がいくつかおかれている。具体的には，①国務大臣の任免権（68条），②国務大臣の訴追同意権（75条），③議案提出権（72条），④行政各部の指揮監督権（72条），⑤法律および政令への連署（74条），両議院への出席・発言権（63条）がある。このうち，68条で定める**国務大臣の任免権**は，首長としての内閣総理大臣にとっては重要な権限となっており，まず，国務大臣の任命は，内閣総理大臣が行って天皇が認証する（68条1項，7条5号）。逆に国務大臣を一方的に辞めさせることのできる罷免については，内閣総理大臣が任意に行うことができ（68条2項），現行憲法下では5件の罷免が行われている。**訴追同意権**も，国務大臣の地位に関する内閣総理大臣の権限の1つであり，検察機関は内閣総理大臣の同意がない限り，国務大臣を在任中に訴追することはできない（75条）。

つぎに，**議案提出権**とは，内閣総理大臣が内閣を代表して国会に議案を提出する権限のことで，一般国務および外交関係についても国会で報告することになっている（72条，内閣法6条[*1]）。この議案提出権でいう「議案」とは，憲法の規定上，条約締結の承認を求める議案と予算とを指すことになるが，この他にも内閣法5条[*2]により，法律案も含めて解するのが一般的である。なお，憲法改正案をも含めて解するのかについては，学説上の対立がある。そしてこの議案提出権とともに72条で規定されているのが，内閣総理大臣の行政各部への**指揮監督権**である。これについては，さらに内閣法6条で「内閣総理大臣は，閣議にかけて決定した方針に基いて，行政各部を指揮監督する」と定められている。この条文中の**閣議**とは，内閣が職務を行うにあたり，その意思決定を行うための内閣の会議を意味するが，この閣議決定を経ずに，内閣総理大臣が独断で行政各部を指揮監督することは認められていない。これは合議体という内閣の組織的性格を尊重したものである。ただし，閣議決定がなくとも，内閣総理大臣が内閣の統一性を維持するために，首長としての立場から独自の判断で，関係大臣に指導・助言できるとされ，これについては内閣総理大臣の職務権限の範囲内の行為と解されている。この点，ロッキード事件の最高裁判決では，内閣総理大臣が運輸大臣に対し，航空機メーカの依頼でそのメーカーの機種を選定するよう働きかけた行為を，内閣総理大臣の職務権限の範囲に含まれるとしている（最大判平7・2・22刑集49・2・1）。その他の内閣総理大臣の権限としては，成立した法律や政令に，主任の国務大臣とともに内閣総理大臣が連署をしたり（74条），両議院に出席し，発言・答弁・説明をすることも認められている（63条）。

なお，憲法で定められた権限ではないが，内閣総理大臣には，内閣法4条2項で**閣議主宰権**が認められている。内閣は合議体であるため，内閣総理大臣が閣議を招集・主宰し，内閣の方針決定を行うことになる。閣議の決定方法には，明文規定はないが全会一致が慣習となっており，これは内閣が一体となって連帯責任を負う関係上，内閣の意見統一が必要となるからである。

＊1　内閣法6条：内閣総理大臣は，閣議にかけて決定した方針に基いて，行政各部を指揮監督する。

＊2　内閣法5条：内閣総理大臣は，内閣を代表して内閣提出の法律案，予算その他の議案を国会に提出し，一般国務及び外交関係について国会に報告する。

3　国務大臣の地位と権限

国務大臣とは，広義では内閣総理大臣も含め解されるが，ここでは内閣総理大臣を除くその他の国務大臣のことをいう。国務大臣は内閣の構成員であり，主任の大臣として行政事務を分担管理するが，無任所の大臣を置くことも認められる（内閣法3条2項）。国務大臣の権限としては，法律および政令への署名（74条），両議院への出席・発言権があり（63条），内閣法では，閣議で内閣総理大臣に案件を提出し，閣議の開催を求めることができる（内閣法4条3項[＊1]）。

＊1　内閣法4条3項：各大臣は，案件の如何を問わず，内閣総理大臣に提出して，閣議を求めることができる。

4　内閣の総辞職

内閣の総辞職とは，内閣総理大臣とその他のすべての国務大臣が辞職することであり，内閣の統一性と連帯性を確保するための制度である。ちなみに内閣総理大臣の辞職は単独に行われることなく，常に内閣の総辞職をともなう。内閣総理大臣は国務大臣のように罷免さることはないが，自発的な意思に基づく辞職は，憲法上の明文規定はないものの認められると解されている。その一方で憲法上，総辞職をしなければならない場合もある。それは，①衆議院で内閣不信任決議が可決されたか，あるいは内閣信任決議案が否決された際に，10日以内に衆議院が解散されない場合（憲法69条），②内閣総理大臣が死亡，辞職，資格喪失により欠けた場合（70条），③衆議院議員総選挙後に初めて国会が召集された場合（70条）である。このうち召集後の総辞職が行われる意味としては，その内閣の総理大臣は選挙前の衆議院議員によって指名されているため，新しい衆議院議員が選出されたことによって，内閣の存立根拠が喪失してしまったからである。このように，召集後の総辞職は，いわば議院内閣制と結びついた措置として説明することができる。

内閣が総辞職した際には，国会は他のすべての案件に先立ち，内閣総理大臣の指名を行う（67条1項）。そして総辞職した内閣は新しい内閣総理大臣が任命されるまで，引き続きその職務を行う義務を負う（71条）。

【演習問題 5-12】内閣総理大臣とその他の国務大臣の地位と権限に関する以下の記述のうち，正しいものを1つ選べ。

1．文民の概念には，自衛官経験者も含めないのが一般的である。
2．憲法65条が定める行政権は，内閣総理大臣が単独で行使することができるが，憲法73条が定める内閣の権限の行使については，閣議決定をしなければならない。
3．独立行政委員会は，内閣の指揮監督権に服するものである。
4．閣議主宰権は内閣総理大臣の憲法で定める権限にはあたらない。

第3項　内閣の権限と責任

Key Word	条約の締結権，予算の作成権，政令の制定権，内閣の連帯責任
Key Point	憲法機関としての内閣には多くの権限が認められており，また，その行使にあたっては連帯責任制がとられている。

1　内閣の権限

Point　日本国憲法が定める内閣の権限には，憲法73条で定めるものと，それ以外のものがある。とくに条約の締結権，予算の作成権，政令の制定権が重要となる。

行政権の主体であり，なおかつ，その中枢に位置する内閣には，憲法機関としての広範な権限をもっており，その内容には憲法73条で定める事務と，それ以外の条文による事務とに分類することができる。まず73条の事務としては，①法律の誠実な執行と国務の総理（73条1号），②外交関係の処理（同条２号)，③条約の締結（同条３号)，④官吏に関する事務の掌理（同条４号)，⑤予算の作成と国会への提出（同条５号)，⑥政令の制定（同条６号)，⑦恩赦の決定（同条７号)，そしてその他の一般行政事務が定められている。

このうち73条３号が定める条約の締結については，国会の承認が必要となるが，その対象となる条約とは，国家や国際組織間において，文書形式で取りまとめられた国際的合意のことを意味する。そのため，たとえその名称が協約，議定書，宣言などであっても，国際的合意であるのならば，本号の条約に含めて解することになる。そして国会の承認手続きに際しては61条と60条２項の規定により，終局的には衆議院の優越の原則が適用される。なお，国会の承認を求める時期としては，この73条３号が「事前に，時宜によつては事後に」としていることから，条約締結前の事前承認が原則であり，事後承認は緊急のやむを得ない場合の例外措置として解するのが一般的である。問題となるのが条約締結後において，国会の事後承認を得られなかった場合の条約の効力である。国内法的には，そのような条約は無効となるが，国際法上の効力については，現在，論争の対象となっている。また，国会が条約を承認する際に，国会の条約修正権が認められるのかについては，学説上の対立がみられるが，これについては否定的に解するのが一般的である。

また，憲法73条５号は，86条の規定とともに，内閣の予算の作成権および国会への提出権を定め，予算の作成事務については財務大臣の主管として閣議決定が必要となる（財政法21条*1)。そして，国会への提出は内閣総理大臣が内閣を代表して行い（憲法72条，内閣法５条)，その審議には憲法61条の定める衆議院の優越の原則が適用される。

そして，73条６号でいう政令の制定権とは，憲法と法律の規定を実施するために内閣に認められた権限のことで，政令とは，内閣が定める命令のことをいう。そのうち，法律の規定を実施する上で，細目的・手続的事項を定めた命令のことを執行命令といい，法律の委任に基づいて制定されるものを委任命令という。そのため政令は，法律との関係では下位に置かれることから，法律の委任がなければ罰則規定を設けることができず（73条６号但書)，また義務を課したり，権利を制限するような規定を設けることも認められていない（内閣法11条*2)。なお，政令は，内閣府や各省の制定する府令・省令に優越する。政令は閣議決定により成立し（内閣法4条1項[*3]），天皇が公布する（7条1項）。憲法73条以外で定める内閣の憲法上の事務としては，①天皇の国事行為に対する助言と承認（3条），②最高裁判所長官の指名（6条2項），③最高裁判所の長官以外の裁判官の任命と，下級裁判所の裁判官の任命（79条1項，80条1項），④参議院の緊急集会の求め（54条2項但書），⑤予備費の支出（87条），⑥決算の国会提出（90条1項），⑦国会と国民に対する財政報告（91条）がある。

＊1　財政法21条：財務大臣は，歳入予算明細書，衆議院，参議院，裁判所，会計検査院並びに内閣（内閣府及びデジタル庁を除く。），内閣府，デジタル庁及び各省（以下「各省各庁」という。）の予定経費要求書等に基づいて予算を作成し，閣議の決定を経なければならない。

＊2　内閣法11条：政令には，法律の委任がなければ，義務を課し，又は権利を制限する規定を設けることができない。

＊3　内閣法4条1項：内閣がその職権を行うのは，閣議によるものとする。

2　内閣の責任

Point　内閣の行政権行使については，国会に対して連帯責任を負うことになるが，その性質は政治責任として解されている。

内閣が行政権を執行する場合，当然にその執行責任を負うことになる。憲法66条3項は，このような内閣の責任を国会に対する連帯責任として定め，その責任の範囲は憲法が定める内閣のすべての権限に及ぶことになる（たとえば内閣法1条2項[*1]）。ちなみに天皇の国事行為に対する内閣の助言と承認行為についても，その責任の対象となる。

この内閣の連帯責任とは，内閣が一体となって責任を負う制度であり，これは，現在の内閣制度が，内閣総理大臣の統率の下，合議体としての一体性を保ちながら行政権を執行するからである。この点については，合議体としての内閣制度を認めず，国務各大臣の単独責任を原則としていた明治憲法とは明らかな違いをみせている。加えて，責任の相手方も，明治憲法の場合には天皇に対するものであったが，国民主権主義を掲げる日本国憲法では，国民の代表機関である国会に対して責任を負うことになる。なお，連帯責任を原則としつつも，国務大臣の個人的な問題や，その所管事項に関しては，単独責任を負う場合もある。また，法律や政令に対する主任としての国務大臣の署名と，内閣総理大臣の連署については，それぞれの大臣の責任を公証するものであるが，内閣総理大臣の行為は，内閣という合議体を代表する者の行為であることから，この連署についても，内閣の国会に対する連帯責任の一形態としてみることができる。

このような内閣の責任の性質については，法的責任ではなく政治的責任と解するのが一般的である。これは責任の相手方である国会が内閣に対して責任追及をする場合，質疑，質問，国政調査といった手段をとるが，その責任内容については，内閣の違法行為だけではなく，政治的姿勢も対象に含まれるからである。その意味においては，衆議院で内閣不信任決議案が可決された場合に，内閣は解散か，総辞職かの法的効果が生じてくるため，法的責任としての性格も十分にみてとることができるが，これについても政治的責任として解するのが一般的である。

*1　内閣法1条2項：内閣は，行政権の行使について，全国民を代表する議員からなる国会に対して連帯して責任を負う。

【演習問題 5-13】わが国の内閣制度に関する以下の記述のうち，正しいものを1つ選べ。

1．内閣の行政権の行使について国会に対して連帯責任を負うが，天皇の国事行為に対する助言と承認については，天皇に対して連帯責任を負う。
2．内閣の連帯責任のほかに，各国務大臣が所管事項に関して単独責任を負うことがあるが，ある大臣について衆議院で不信任決議がなされたとしても，その大臣が辞職しなければならない訳ではない。
3．内閣は「政令を制定すること」ができるが，その政令とは，法律を執行するために必要な執行命令を意味し，法律の委任に基づく委任命令を含めない。
4．内閣が総辞職できるのは，衆議院で不信任決議案が可決された場合のみであって，それ以外の総辞職は認められていない。

第4節　裁判所

第1項　司法権の意味

Key Word	具体的な争訟，民事事件，刑事事件，行政事件，自律権，自由裁量行為，統治行為，部分社会論，高等裁判所，地方裁判所，家庭裁判所，簡易裁判所，特別裁判所，弾劾裁判所
Key Point	司法権は具体的な争訟において，法の適用によって民事・刑事・行政事件の権利義務関係を確定する国家作用であるが，国際法の制約や公務員の裁量行為，自律権，統治行為，また部分社会論にかかわる争いには，司法権が及ばない。

1　司法権の範囲と限界

Point　司法権は具体的な争訟において，民事・刑事・行政事件に法を適用して権利義務関係を確定する国家作用である。

司法権とは，権利義務にかかわる**具体的な争訟**において，法を適用することによって権利義務関係を確定する国家作用である。その範囲は，かつての明治憲法下では**民事事件**と**刑事事件**に限られた（大陸法の影響）が，日本国憲法下ではそれに**行政事件**も含まれる（英米法の影響）。

具体的な争訟とは，①当事者間の具体的な権利義務ないし法律関係の存否に関する紛争であって，②法律を適用することにより終局的に解決できるものをいう。したがって，抽象的な法令解釈や宗教上の教義に関する争い，国家試験の合否や個人の主観的意見の当否などは，具体的な争訟ではないので司法審査の対象とならない。

Point　司法権の限界としては，国際法上の限界，憲法上の限界，解釈上の限界の3種類がある。

司法権は法律上の争訟に及ぶ。しかし，事柄の性質上，法律上の争訟であっても司法権が及ばないものがある。それが司法権の限界である。第1に，国際法からくる制限がある。外交使節に認められる治外法権や，条約の行政協定に基づく特例などがそうである。第2に，憲法上の制約がある。司法権を行使する立場の裁判官の罷免に関する弾劾裁判がそうである。また，議員の資格争訟にも司法権は及ばない。第3に，憲法上の明文規定はないが，解釈によって及ばないとされるものは，国会・議院の自律権，自由裁量行為，統治行為，部分社会論（団体内部の行為），がある。

自律権とは，懲罰や議事手続など，国会または各議院の内部事項について自主的に決定できる権限をいう。議院が行った議員の懲罰がこれにあたる。

自由裁量行為とは，政治の自由裁量に委ねられていると考えられる行為で，その裁量権を著しく逸脱したと見なされない限り統制できないとされる。例えば，内閣総理大臣による国務大臣の任免がそれにあたる。最近は，より広く経済政策や福祉の分野で，行政府の自由裁量の程度が問題となっている。

Point　高度な政治的行為は，具体的な争訟であっても司法権が介入しないというのが統治行為の理論である。

統治行為は，この中で最も議論のある行為である。一般に，「直接国家統治の基本に関する高度の政治性のある行為（統治行為）」は，理論上は具体的な争訟として判断が可能であるにもかかわらず，その対象から除外される。アメリカで政治問題（political question）と呼ばれるものと同じである。衆議院の解散に関する争いがこれにあたるとされる。統治行為については，憲法に明文がなく法治国家の趣旨に合わないという否定説もあるが，通説・判例は肯定説をとる。その根拠は，判例では，統治行為がもともと政治的には責任をもたない裁判所の範囲外にあるとする内在的制約説によって説明され，学説では，司法の政治化防止という自制説も加えて説明している。

部分社会論または団体内部の行為とは，地方議会，大学，政党，労働組合などの自主的な団体内部の行為である。地方議会の議員の懲罰はこれにあたる。ただし，除名処分は議員の身分の喪失にかかわるので，審査の対象となる。大学は，一般市民社会とは異なる部分社会を形成しているという理由により，授業科目などの単位の認定がこれにあたる。しかし，退学や卒業の認定については一般市民法秩序と関連するため，審査の対象となる。これに対し，政党は，議会制民主主義を支える重要な存在として高度の自主性と自律性を必要とするので，除名処分も含めて内部的事項については，政党の自律性を尊重し，その政党の規約が公序良俗に反するなどの特段の事情がない限り，その規約の手続に則って処分がなされたかどうかのみを審査すべきだとされる。

2　司法権の帰属——特別裁判所の禁止，行政機関による終審裁判の禁止

Point　司法権は最高裁判所と下級裁判所に帰属するが，行政機関も終審としてでなければ裁判ができる。

すべて司法権は，最高裁判所および法律の定めるところにより設置する下級裁判所に帰属する（憲法76条）。下級裁判所には，**高等裁判所，地方裁判所，家庭裁判所，簡易裁判所**の４種類がある。

特別裁判所は，設置することができない。**特別裁判所**とは，特定の人または事件について裁判するために設置される，通常の裁判所の系列に属しない裁判機関である。かつて明治憲法下では皇室裁判所・行政裁判所・軍法会議があったが，今はない。また，行政機関は，前審として裁判することはできるが，終審として裁判することはできないものとされている（76条２項）。これは，すべての裁判が通常の裁判所で判決を受けるための仕組みである。ただし，憲法が認めた例外として，国会の設置する**弾劾裁判所**という特別裁判所がある（64条）ことは注意が必要である。特別裁判所であるから，この弾劾裁判の判断に不服があっても通常の裁判所に訴えることはできない。

【演習問題 5-14】司法権に関する次の説明のうち，正しいものはどれか

1．衆議院の解散は，自由裁量行為の範囲にあるので司法審査が及ばない。
2．弾劾裁判所は，憲法の認める例外的な特別裁判所である。
3．大学による卒業認定および単位認定行為に対しても司法審査が及ぶ。
4．行政機関は，裁判をすることはできない。

第2項　司法権の独立

Key Word	規則制定権，指名権，良心，罷免，弾劾裁判，懲戒，報酬，定年制，任期制，国民審査，対審，公開
Key Point	司法権の独立とは，他の二権から分離していることと，個々の裁判官の職権行使の独立を指す。前者の保障として規則制定権・指名権があり，後者の保障として罷免・懲戒の制限，報酬の保障がある。

1　裁判官の職権の独立

Point　司法権の独立の中心は裁判官の独立であり，罷免・懲戒の制限と報酬の保障によって支えられている。

司法権の独立には2つの意味がある。ひとつは三権分立という視点からみた司法権の独立（他の二権からの独立）であり，もうひとつは裁判官の職務権限が，自己の良心以外には何者にも依存しないという裁判官の独立（職権行使の独立）である。

前者の司法権の独立保障のための制度としては，最高裁判所の**規則制定権**（憲法77条3項）や下級裁判所裁判官の**指名権**（80条）がある。これらによって司法権は，立法権，行政権からの分離独立を維持することができる。後者の裁判官の独立保障のための制度としては，罷免や懲戒を限定し，報酬を保障するなど，つぎの項目で述べる身分保障がある。

ところで，裁判官が自己の**良心**以外には何者にも依存しない（76条3項）という裁判官の独立において，「良心」とは何であろうか。裁判官が良心に従うことは，裁判官が有形無形の圧力や誘惑に屈しないで，自己の良識と道徳観に従うという意味であって，有効な法の範囲内で自ら正しいと信じるところに従えば，良心に従った裁判ということになる。

2　裁判官の身分保障

Point　裁判官は，心身の故障，弾劾裁判，国民審査の場合以外に罷免されず，裁判所以外から懲戒を受けず，在任中の報酬は減額されない。

裁判官の独立を維持するためには，それを保障する手段が不可欠である。裁判官の身分保障は，罷免，懲戒，報酬に大別される。まず**罷免**についてであるが，裁判官は以下の三つの場合以外は罷免されない。すなわち，①心身の故障で職務を続けることが困難であるとの決定，②公の弾劾（**弾劾裁判**）によるもの，③国民審査の場合（最高裁判所裁判官のみ），である。**懲戒**については，裁判所による戒告と過料以外は，国会も内閣も懲戒にかかわることはできない（78条）。**報酬**については，在任中は減額できないことになっていて，たとえ病気療養中でも，裁判官の地位を失わない限り在任と見なされ保障される（79条6項，80条2項）。

Point　最高裁判所は定年制のみ，下級裁判所は定年制と任期制がある。

また，最高裁判所・下級裁判所ともに裁判官には**定年制**がしかれているが（憲法79条5項，80条），最高裁判所裁判官は国民審査を受けるため任期はない。下級裁判所裁判官は10年の**任期制**である。

3　司法権に対する民主的統制

Point　国民審査は，最高裁判所の裁判官のリコールの一種である。

司法権に対する民主的統制として，最高裁判所の裁判官については，**国民審査**の制度がある（79条2項）。これは，最高裁判所の地位と権限が重要であることから，その裁判官の任免について民主的にコントロールすることを目的としている。それゆえ，国民審査はいわゆる解職制（リコール）の一種であるととらえることができる。

国民審査の方法は，罷免した方が良いと思われる裁判官のみに×印をつける投票方式である。この制度は，しかし現実には生かされているとはいい難い。裁判官罷免の可否を判断する資料が乏しい上に，罷免の基準となる総投票数の過半数に達する可能性はほとんどないからである。より効果的な制度を模索すべきといわれる所以である。

4　裁判の公開

Point　裁判の対審と判決は，裁判官の全員一致で公序良俗を害するおそれがあると決した場合を除いて，公開法廷で行われる。

裁判の公正を確保するために，裁判の対審および判決は，原則として公開法廷で行うとされる（憲法82条）。**対審**とは，裁判官の面前で当事者が口頭でそれぞれ主張することをいう。民事事件での口頭弁論，刑事事件での公判手続がこれにあたる。**公開**とは，傍聴の自由をさす。しかし，傍聴席に限りのあることや，法廷の秩序維持のために一定の制約を加えることは傍聴の自由を侵害するものではない。公開原則の例外としては，裁判所が裁判官の全員一致で，公の秩序または善良の風俗を害するおそれがあると決した場合には，対審を非公開にできる。ただし，その場合でも，判決は公開されなければならない（82条2項）。

【演習問題 5-15】次の司法権の独立に関する説明のうち，正しくないものはどれか。

1．下級裁判所裁判官には任期制があるが，最高裁判所裁判官にはない。
2．公序良俗を害する裁判の判決は，非公開にできる。
3．最高裁判所の裁判官も，弾劾裁判によって罷免される。
4．裁判官は，行政機関によって懲戒を受けない。

第3項　裁判所の組織と権能

Key Word	高等裁判所，地方裁判所，家庭裁判所，簡易裁判所，特別裁判所，弾劾裁判所，規則制定権，大法廷，小法廷
Key Point	司法権を行使する裁判所は最高裁判所と下級裁判所であり，最高裁判所は，上告・抗告についての裁判権，規則制定権，指名権，監督権，終審の違憲審査権をもつことで司法権の統制を行う。

1　裁判所の組織

Point　下級裁判所には，高等裁判所，地方裁判所，家庭裁判所，簡易裁判所の四種類がある。

司法権を行使する裁判所は，憲法の規定（76条）により最高裁判所と下級裁判所に大別される。下級裁判所には，**高等裁判所**，**地方裁判所**，**家庭裁判**

所，**簡易裁判所**の4種類がある（裁判所法2条[*1]）。事件は原則として地裁，高裁，最高裁の順に上訴される三審制である。家裁は，家庭・少年事件のための第一審裁判所として地裁と同格であり，簡裁は少額の罰金など軽微な事件を迅速に扱うための第一審裁判所である。

司法権はすべて通常の裁判所が行使するため，**特別裁判所**の設置は禁止されている（憲法76条2項）。ただ，終審でなければ行政機関が裁決することは構わない。例外は，**弾劾裁判所**の設置である。

＊1　裁判所法2条：下級裁判所は，高等裁判所，地方裁判所，家庭裁判所及び簡易裁判所とする。

2　最高裁判所

Point　最高裁判所長官は天皇が任命し，その他の裁判官は内閣が任命する。

最高裁判所は，最高裁判所長官1名と最高裁判所判事14名から構成される。（憲法79条，裁判所法5条[*1]）。長官は，内閣の指名に基づいて天皇が任命し（憲法6条2項），その他の裁判官は内閣が任命し，天皇が認証する（憲法79条，裁判所法39条[*2]）。定年は70歳であるが任期はなく，前述の国民審査によって民主的統制を受ける。

Point　最高裁判所の権限は，裁判権，違憲審査権，規則制定権，指名権，監督権の5つである。

最高裁判所の権限には，①上告や抗告についての裁判権，②違憲審査権，③最高裁判所の規則制定権，④下級裁判所の裁判官指名権，⑤下級裁判所および裁判所職員の司法行政監督権，がある。なお，抗告とは，事件の実体との関係が薄く，迅速な解決が必要とされる場合に，その事項に限定して裁判所の判断を求める上訴の方法をいう。判断は判決ではなく，決定ないし命令の形で下される。③は実質的な意味での立法権である。

最高裁判所の**規則制定権**（憲法77条）の意味は，権力分立の視点から裁判所の自主性を確保・尊重し，司法における最高裁判所の統制を強化することにある。規則で定められる事項は，裁判所の自律権にかかわる内部事項と，訴訟に関する事務手続などである。なお，最高裁判所は，下級裁判所に関する規則を定める権限については，下級裁判所に委任できる（77条3項）。また，下級裁判所の裁判官は，最高裁判所の裁判官の指名に従って内閣が任命することになっているが（80条），これは裁判官の任命が，内閣の意思によって政治的に利用されないことを保障するものである。

Point　違憲審査権の行使や判例の変更の場合には，大法廷で審理しなければならない。

最高裁判所の審理は，15名全員の合議体である**大法廷**と，３名以上の合議体である**小法廷**のいずれかで行われる。ある事件をどちらで扱うかは最高裁判所の判断によるが，違憲審査権を行使する場合や判例を変更する場合は，大法廷で審理しなければならない（裁判所法10条[*3]）。

＊1　裁判所法５条：最高裁判所の裁判官は，その長たる裁判官を最高裁判所長官とし，その他の裁判官を最高裁判所判事とする。

＊2　裁判所法39条：最高裁判所長官は，内閣の指名に基いて，天皇がこれを任命する。
　２．最高裁判所判事は，内閣でこれを任命する。
　３．最高裁判所判事の任免は，天皇がこれを認証する。
　４．最高裁判所長官及び最高裁判所判事の任命は，国民の審査に関する法律の定めるところにより国民の審査に付される。

＊3　裁判所法10条：事件を大法廷又は小法廷のいずれで取り扱うかについては，最高裁判所の定めるところによる。但し，左の場合においては，小法廷では裁判をすることができない。
　１．当事者の主張に基いて，法律，命令，規則又は処分が憲法に適合するかしないかを判断するとき。（意見が前に大法廷でした，その法律，命令，規則又は処分が憲法に適合するとの裁判と同じであるときを除く。）
　２．前号の場合を除いて，法律，命令，規則又は処分が憲法に適合しないと認めるとき。
　３．憲法その他の法令の解釈適用について，意見が前に最高裁判所のした裁判に反するとき。

3　下級裁判所

Point　下級裁判所の任期は，10年で再任可能だが，定年がある。

すでに述べたように下級裁判所には，高等裁判所，地方裁判所，家庭裁判所，簡易裁判所の４種類がある。いずれも裁判を行うにあたっては，上級裁判所の指揮命令を受けることなく完全に独立して職権を行使する。しかし，上級審の判決は，その事件における下級審の判断を拘束する（裁判所法４

条[*1]）。下級裁判所の裁判官の任期は，10年である。ただし，再任されることができる（憲法80条）。定年は，簡易裁判所裁判官は70歳，その他の裁判官は65歳である。

高等裁判所は，長官および相応する員数の判事で構成される。主に控訴と抗告事件を扱い，原則として審理は３名の合議体で行われる。

地方裁判所は，相応する員数の判事および判事補で構成される。原則として初級審を扱い，原則として審理は１名または３名の合議体で行われる。

家庭裁判所は，相応する員数の判事または判事補で構成される。家庭に関する事件と少年に関する事件を扱い，原則として審理は１名で行われる。

簡易裁判所は，相応する員数の簡易裁判所判事で構成され，軽微な事件に関する初級審を扱い，審理は１名で行われる。

＊1　裁判所法４条：上級審の裁判所の裁判における判断は，その事件について下級審の裁判所を拘束する。

【演習問題 5-16】裁判所の組織に関する次の説明のうち正しいものはどれか。

1．最高裁判所は，規則制定権を下級裁判所に委任できる。
2．小法廷は，最高裁判所における５名以上の合議体である。
3．下級裁判所の裁判官は，内閣の指名に基づき天皇が任命する。
4．最高裁判所のその他の裁判官は，長官が任命する。

第４項　違憲審査制

Key Word	抽象的審査制説，付随的審査制説，司法消極主義，憲法判断回避の準則，統治行為，合憲性推定の原則，立法事実，明白性の原則，合憲限定解釈，適用違憲，司法積極主義，二重の基準論，条約優位説，憲法優位説，法令違憲，合憲限定解釈，適用違憲，一般的効力説，個別的効力説
Key Point	違憲審査制は，法令などが憲法に違反しているかどうかを判断する制度である。日本国憲法81条で規定され，裁判所が訴訟事件において適用すべき法令の合憲性を審査し，法令が憲法に適合しないと判断するときはその適用を拒否する権能をもつ。

1　違憲審査制の意義

Point　違憲審査制の意義は，第1に憲法の最高法規性の保障，第2に人権の保障，第3に三権の均衡と抑制の制度的確保である。

立憲主義憲法の憲法保障制度として，重要な役割を果たしているのが違憲審査制である。かつて西欧では，裁判所の違憲審査は民主主義ないしは権力分立制に反するとして制度化されなかったが，ドイツのナチス党独裁という苦い経験を経て，人権は法律で保障されるべきとの観点から戦後広く導入されることとなった。日本も憲法において，一般の裁判所に違憲審査制を認めている（憲法81条）。

違憲審査制の意義は3つある。1つは，憲法の最高法規性を保障するためのものである。憲法は国の最高法規であり，それに違反する法律，命令，その他国務に関する行為などは無効となるが，それは合憲・違憲を判断する機関があって初めて成り立つからである。もう1つは，基本的人権の尊重に不可欠ということである。基本的人権の尊重は憲法の重要な原則であるが，その権利が立法・行政機関によって侵害された時，法の番人たる裁判所ないしはそれに類する機関によって，それが救済されなければならない。最後に三権分立の対等な関係を実現するためには，各々の機関の均衡と抑制を制度によって確保する必要がある。

以上の理由により，違憲審査制は日本国憲法において，重要な制度であるといえる。

2　違憲審査制の性格と付随的審査制

Point　日本の違憲審査制は，裁判所が司法権の行使に付随して，具体的な事件の判断に際して適用法令の合憲性を判断するもの（付随的審査制説）であり，具体的な事件と関係なく合憲性を判断すること（抽象的審査制説）はできない。

違憲審査をどういう機関が行うかは，国によって様々である。かつてフランス（フランス第四共和制）では，違憲審査を行う独立の機関を設置していたが，今日では裁判所による方式が一般的である。その方式も，専門の憲法裁判所で抽象的に審査をする方法と，通常の裁判所で具体的な争訟を通して審査をする方法に大別される。西欧の多くは前者であり，アメリカは後者である。日本では，前者だとする**抽象的審査制説**と後者だとする**付随的審査制説**とが憲法81条の解釈に関して裁判で争われたが，付随的審査制説が採用された。なぜなら，まず憲法81条は司法権の章において規定されている。司法権とは，権利義務にかかわる法律上の争訟において，法を適用して権利義務関係を確定する国家作用であるから，違憲審査権はそれに付随するものとして定められたと考えられるからである。ただし，第3の学説として，法律で憲法裁判権を与えるならば抽象的審査ができるとする**法律委任説**も有力である。

付随的審査制は，個人の権利保障を第一に考える伝統的な司法観念に基づいた制度である。それに対して抽象的審査制は，違憲の法律を排除して憲法を頂点とした秩序ある法体系を維持することを目的とする。本来，この2つの制度は異質なものと認識されていたが，それぞれが機能を付加して歩み寄るようになった。したがって，今日の付随的審査制は，個人の権利保障を通して憲法秩序そのものを保障するという意義をもっている。日本の付随的審査制も，人権保障だけでなく憲法秩序の保障もあわせもつ制度として考えるべきとされている。

Point　付随的審査制からは，立法を尊重する司法消極主義によって，憲法判断回避の準則，統治行為，合憲性推定の原則，明白性の原則，合憲限定解釈，適用違憲，が導き出される。

付随的審査制の特質は，違憲審査権を慎重に行使する態度にある。これを**司法消極主義**という。司法消極主義の根拠は，国会の立法は国民によって選ばれた議員によってなされるのに対し，裁判官はそうではないので，民主主義の基礎である国会にまず充分な敬意をはらうことが必要であるという理由による。その視点から重要なのが，**憲法判断回避の準則**（ブランダイス・ルール）である。これは，事件の解決にとって必要な場合以外には，憲法判断をしないという一連のルールである。憲法秩序を絶対的な目的としないことから導き出された理論であるが，濫用すれば憲法の整合性を失うことになりかねないので，事件の重大性や違憲の程度を総合的に考慮しながら，時には憲法判断に踏み込むことも必要といえる。司法消極主義は，このほか**統治行為**や**合憲性推定の原則**（立法は原則として合憲であるとの推論に立つこと）

を肯定する。ところで，法令が合憲であるためには，その法令の背景にあって，その必要性や合理性を裏づける一般事実の妥当性が問題となる。それを**立法事実**という。立法事実が存在しないか不合理であることが明らかな場合，その法令は違憲となる。このように不合理が明白である場合に限り違憲とする**明白性の原則**もまた司法消極主義の特徴である。さらに，違憲審査の場合でも，**合憲限定解釈**や**適用違憲**により，なるべく法令そのものを違憲とすることを避ける傾向がある。

Point　司法消極主義と司法積極主義は，人権の種類によって使い分けられる違憲審査権行使の態度であり，その根拠は二重の基準論にある。

民主主義を根拠とする司法消極主義においても，民主主義の重要な基礎をなす表現の自由が規制されるときは，合憲性の推定はされず厳格な審査基準が適用される。これは**司法積極主義**と呼ばれるが，結局のところ，その判断は規制対象である人権の種類により使い分けられる。この人権の種類により使い分けられるという考え方は，**二重の基準論**による。二重の基準論とは，違憲審査基準について，アメリカで発展し日本に導入された考え方である。経済的自由と精神的自由とを区別し，後者は優越的地位の人権として合憲性の推定を排除し，厳格な審査基準を適用する反面，前者には合憲性の推定を認め，より緩やかな基準（合理性の基準）によって審査する。

3　違憲審査の主体と対象

Point　違憲審査の主体はすべての裁判所であり，対象は，「一切の法律，命令，規則又は処分」であるが，条例や条約もこれに含まれる。

違憲審査権の主体は，憲法81条によれば，最高裁判所のみに与えられているように見える。しかし，すべての裁判官は，自己の良心に従い，この憲法と法律にのみ拘束され，憲法を尊重し遵守する義務を負っているのであるから，下級裁判所もまた具体的な争訟に法を適用するにあたり，その法令が憲法に適合するかしないかを判断する権限を有する。終審裁判所ではないだけである。したがって，すべての裁判所は違憲審査の主体と考えられる。

違憲審査の対象は，「一切の法律，命令，規則又は処分」である（憲法81条）。地方議会の制定する条例は，広義の「法律」に含まれる。「命令」には，政令，省令，人事院規則，地方公共団体の長や委員会の定める規則（広義の条例であるが「法律」には含まれない）などが含まれる。「規則」は，憲法上の規則すなわち議院規則と裁判所規則である。「処分」とは，一般に行政処分の意味である。裁判の判決もこれに含まれる。

Point　憲法優位説により，条約は違憲審査の対象となる。

ところで，憲法81条からは２つの問題が導かれる。まず，条約は対象となるのかどうかについてである。条約の効力が憲法に優越するという**条約優位説**に立てば，そもそも条約の違憲審査は存在しない。しかし，通説では**憲法優位説**をとる。理由は３つある。第１に，条約優位説では，憲法に違反する条約が締結された場合には，法律よりも簡単な手続によって成立する条約（憲法61条）で実質的に憲法改正ができ，国民主権の建前に反すること，第２に条約優位説の根拠となる国際協調主義（憲法前文）は重要な原則ではあるが，それは条約が憲法に優位することを当然には意味しないこと，第３に条約優位説の根拠である憲法98条１項は，国内秩序での憲法の最高法規性を宣言しているから条約が除外されるのは当然であり，同２項は過去の反省に立って条約の遵守を強調し，正規に成立した条約は，原則として公布のみによって国内法としての効力が認められることを明らかにしたにすぎない，からである。

したがって，条約は国家間の合意であって一国の意思だけで無効にすることはできず，また，きわめて政治的な内容の国際法ではあるが，国内では国内法として作用する以上，その作用の点からは法律に準ずるものとして，違憲審査の対象となると考えられる（砂川事件最大判昭和34.12.16刑集13・13・3225）。

Point　立法の不作為は，国会が正当な理由なく立法を怠っただけでなく，立法をなすべき内容が明白であり，事前救済が必要とされ，他の救済手段がないこと，によって違憲審査の対象となる。

つぎに，立法の不作為（国会があるべき法律を作らないこと）について，違憲審査の対象とすることができるかどうかである。立法行為の中には，作為（法律を作ること）と不作為が含まれるからである。憲法の規定ないしは解釈上，立法が義務づけられているにもかかわらず，正当な理由なく相当期間を経過しても国会が立法を怠った場合，その不作為は違憲といわざるを得ないが，しかし，それでも裁判所による違憲審査権が直ちに生じるわけではない。違憲審査が認められる条件としては，それに加えて立法をなすべき内容が明白で，事前救済の必要性が顕著であり，他の救済手段がないこと，の3つが必要とされる（元日本兵損失補償請求事件東京高判昭和60.8.26判時1163・41）。

4　違憲判断の方法と違憲判決の効力

Point　違憲判断には，法令自体を違憲とする法令違憲と，法令の中の合憲部分だけを適用する合憲限定解釈と，法令ではなく適用行為だけを違憲とする適用違憲の３つの方法がある。

裁判所が，ある法令を違憲であるとする結論に達した場合，その法令そのものを違憲とする方法と，法令そのものを違憲としない方法がある。前者を**法令違憲**と呼び，後者はさらに**合憲限定解釈**と**適用違憲**とに分かれる。合憲限定解釈とは，法令の中に合憲部分と違憲部分が含まれているとして，違憲部分を除いて限定的に解釈することをいう。適用違憲とは，その法令そのものではなく，法令をこの事件に適用する行為を違憲とする考え方である。

Point　違憲判断された法令は，個別的効力説により，その争訟に限り適用されないとするのが判例・通説である。

さらに，このように裁判所がある法令を違憲無効と判示した後，その法律の効力はどうなるか。学説は３つある。すなわち，議会の廃止手続を待たずに無効となるとする**一般的効力説**，その具体的な事件に限り適用されないとする**個別的効力説**，法律の定めに任せられているとする法律委任説，である。これらは，違憲審査制の性格についての学説と対応する。違憲審査制の性格について抽象的審査制説をとれば，その結果として判決の効力は，一般的効力説になる。付随的審査制説をとれば，個別的効力説になる。法律委任説をとれば，ここでも法律委任説になる。判例・通説は，違憲審査制の性格を付随的審査制説においているので，効力も個別的効力説をとる。その理由は，そもそも裁判は具体的事件について判断を下すのであるから，その効力も当該事件にのみ及ぶと考える方が合理的であり，また，一般的効力説に立つと，違憲とされた法令を法令集から除去する効果が生じ，そのような消極的立法は憲法41条の趣旨に反するからである。

【演習問題 5-17】次の違憲審査制に関する説明のうち，正しいものはどれか。

1．今日の違憲審査は司法消極主義をとるので，司法積極主義による違憲審査は行われていない。
2．違憲審査の効力は，当該事件に限り有効とするのが個別的効力説である。
3．条約は，憲法優位説により違憲審査の対象とならない。
4．立法事実は，司法消極主義から導かれる判断方法である。

第5節　財　　政

Key Word	財政，財政民主主義，租税法律主義，租税，課税要件法定主義，課税要件明確主義，予算，予算法律説，決算
Key Point	日本国憲法は財政のコントロールを民主主義プロセスに組み込み，さまざまな角度からの統制を加えている。

財政とは，国家が活動するために必要な財力を調達・管理・使用する作用のことである。日本国憲法は，その第7章（83条から91条）に財政に関する規定を置き，さまざまな角度から統制を加えている。以下において，その理念と具体的な内容をみていきたい。

第1項　財政民主主義

Point　財政民主主義とは，財政に関する議決権を国会に与え，財政に民主主義的統制を加える原則のことである。

1　財政民主主義の内容

日本国憲法は，83条において「国の財政を処理する権限は，国会の議決に基いて，これを行使しなければならない」として，国会による財政へのコントロールについて定めている（**財政民主主義**）。国民を代表する機関である国会に財政のコントロールを委ねることによって，財政への統制を民主主義プロセスに組み入れている。このことは，最終的には国家の支出を負担するのは国民であることに由来するとともに，公権力に対する統制の一つとなっている。後に触れるところの租税法律主義や予算・決算に関する規定以外にも，国費・債務負担の国会議決主義（85条）や内閣による国会・国民への財政状況の報告義務（91条）等の規定が置かれ，様々な角度からの統制が図られている。

2　財政民主主義と予算の提出権

以上のように日本国憲法は国会による財政のコントロールについて定めるが，その一方で予算の作成及び提出は内閣に委ねられている。財政民主主義の考え方を徹底するために，予算を国会が作成することは可能なのだろうか。この点について，憲法は86条及び73条5号において予算の作成・提出権を内閣に与える旨を明文で規定しているため，憲法を改正しない限り，国会に予算の作成及び提出の権限を認めることはできない。

第2項　租税法律主義

Point　租税法律主義とは，租税の変更や新たな課税は，法律または法律の定める条件によらなくてはならないとする原則である。

1　租税法律主義の概要

租税法律主義は，イギリスの「代表なければ課税なし」という政治原理に由来する。日本国憲法では，84条において「あらたに租税を課し，又は現行の租税を変更するには，法律又は法律の定める条件によることを必要とする」として，この原理を取り入れている。租税法律主義は，より具体的には**課税要件法定主義**，**課税要件明確主義**等を内容としている。そこでは，納税義務者，課税物件，課税標準，そして税率等の課税要件及び租税の賦課・徴収手続については必ず「法律」によって明確に定められていなくてはならないとされる。以下において，租税法律主義に関するいくつかの論点についてみていきたい。

2　租税の定義

旭川市国民健康保険料条例事件判決（最大判平18・3・1民集60・2・587）において，最高裁判所は「国又は地方公共団体が，課税権に基づき，その経費に充てるための資金を調達する目的をもって，特別の給付に対する反対給付としてでなく，一定の要件に該当するすべての者に対して課する金銭給付」は形式がどのようなものであっても**租税**に該当するとの見解を示している。この定義は，①国もしくは地方公共団体によってなされていること，②課税権に基づいてなされていること，③国・地方公共団体の経費のための資金を集めることが目的とされていること，④特別に何かを得ることへの見返りとして支払われるものではなく，要件に該当する者全員が支払わなくてはならない性質の金銭であること，という4つの要件に分けることができる。負担金や手数料，国の独占事業の料金等も，84条にいう「租税」に含まれると解されている。なお，それらはむしろ83条の対象となるものであるという見解も主張されている。

3　租税法律主義の及ぶ範囲

租税法律主義の理念は「租税」以外にも及ぶのだろうか。上記の判決において，最高裁判所は「租税以外の公課であっても，賦課徴収の強制の度合い等の点において租税に類似する性質を有するものについては，憲法84条の趣旨が及ぶと解すべきである」と述べ，厳格に「租税」のみに対象を絞るのではなく，より広い範囲に及ぶと捉えている。このように，租税法律主義の考え方は「租税」以外のものにも及び得ると解されている。

4　「法律」以外による課税の可否

租税法律主義は，「法律」以外による課税を一切禁止しているのだろうか。この問題について，⑴法律による委任は許されるか，⑵条例による地方税の課税は可能であるか，という2つの点に分けてみていきたい。

⑴　法律による委任は許されるか

法律による委任は一定の条件の下で許されると広く解されている。先に触れたように，租税法律主義は課税要件法定主義，課税要件明確主義等をその内容としている。このことからは，納税義務者，課税物件，課税標準，そして税率等の要件を法律によって明確に定めることが要求される。命令への委任が認められないものではないが，それらの事項を法律で明確に定めることが必要とされる。なお，仙台高等裁判所は秋田市国民健康保険税条例事件判決において，憲法84条における「法律」には地方税に関する条例も含まれると判示している（仙台高秋田支判昭57・7・23行集33・7・1616）。また，最高裁判所は条例によって国民健康保険料率算定の基礎であるところの賦課総額の算定基準を定め，その上で保険料率をその算定基準に基づいて決定することなどを首長に委任したことは84条に反しないと判断している（最大判平18・3・1民集60・2・587）。

その一方で，法律において租税の種類や課税の根拠を決めた上での委任であっても，納税義務者，課税物件，課税標準，そして税率等の要件を政令で定めることは不可能とされている。なお，条約によって関税が協定されることについては，通説は条約も国会の承認を得て定められていることや条約が法律よりも強い効力を持つことなどを根拠に，許されると解されている。

⑵　条例による地方税の課税は可能であるか

地方公共団体の課税権をめぐっては学説上争いがある。判例は，憲法92条・94条によって普通地方公共団体が地方自治体の本旨に従って財産の管理・事務の処理・行政の執行をする権能を有することから，そのための財源を「自ら調達する権能を有することが必要であることからすると…地方自治の不可欠の要素として…国とは別途に課税権の主体となることが憲法上予定されているものと解される」としている（最判平25・3・21民集67・3・438）。もっとも，同判決は普通地方公共団体の課税権について「税目，課税客体，課税標準，税率その他の事項については，憲法上，租税法律主義（84条）の原則の下で，法律において地方自治の本旨を踏まえてその準則を定めることが予定されて」いるとして，そのような準則が法律で定められた場合においては，その範囲内で行使されなければならないとしている。

第３項　予算・決算

Point　予算とは，国の事業遂行に必要な１会計年度における収入・支出の見積もりであり，国家機関を歳入・歳出の面において拘束する法規範である。

1　予　　算

予算とは，国の事業遂行に必要な１会計年度における収入・支出の見積りのことであり，国の財政行為の準則である。１会計年度の長さは，決算が毎年行われることが憲法90条で規定されていることからも，１年間であると解されている。このように予算は毎年作成されなくてはならないが，一方で国の事業は複数年度にまたがることがある。そのような場合には，複数年度にわたる継続費を計上することが認められている。なお，一度議決された継続費についても，後の年の予算の審議において重ねて審議することは可能である。

2　予算の法的性格

憲法86条は，内閣が予算を作成し，内閣より予算の提出を受けた国会がその審議・議決を行う旨を定めている。予算の審議に関しては憲法上衆議院に先議権が認められているため，まず最初に衆議院に提出されなくてはならない（60条１項）。このように予算は国会によって審議され，そして政府を歳出面で規律する性格を持っている。では，そもそも予算とはどのような規範なのだろうか。この点については，予算を法律として捉える見解（**予算法律主義**）と，法律とは異なる，独自の形式の法規範として捉える見解に分かれている（後者が多数説）。なお，どちらの見解においても，予算の拘束力は政府に向けられたものであり，国民を直接に拘束するものではないとされている。

3　国会による予算修正の範囲

国会は予算についてどの範囲まで修正を施すことができるのだろうか。予算修正には増額修正と減額修正があるが，通説は，国会はどちらの修正を施すことも可能とする見解に立っている。その根拠としては財政民主主義や83条によって国会が財政に関する最高議決機関とされていることなどが挙げられている。もっとも，原案に新たな款項を設けることやその金額を増加する修正については，内閣の予算提出権との関係から制限されるとする見解もみられる。政府は国会による予算修正の範囲は「内閣の予算提出権を損なわない範囲内」にとどまると解している。すなわち，予算の発議権が内閣にある以上，その予算の同一性が損なわれるまでの修正は許されない，とする見解である。

4　予算と法律との不一致

では，予算と法律が不一致をきたした場合はどうなるのだろうか。まず，予算が成立したにもかかわらず，それを執行するための法律が存在しない場合である。その場合，法律がなくては予算の執行は不可能なことから，内閣はこのような事態に対応するための法律案を国会に提出することとなる。ただ，そのような場合であっても国会には法律案を成立させる義務はない。なお，予算法律説に立てば，予算と法律は同じ法的性格を有するため，法律のみに基づいた支出が可能であると考えることもできる。

それとは逆に，法律は存在しているが，その法律を執行するための予算がない場合はどうなるのだろうか。そのような場合には，内閣は予備費の支出や補正予算，経費の流用等の手段を講じることによって，法律を執行しなくてはならない。その理由としては，内閣の法律を執行する義務が挙げられる（73条1号）。

5　皇室費用・予備費と予算

皇室の費用も，予算に計上され国会の議決を経ることを要する（88条後段）。この規定は皇室財政民主主義の一翼を担う規定であり，そこにおいては，あらゆる皇室費用（すなわち宮廷費，内廷費，皇族費の全て）が予算に計上されなくてはならないとされている。

予算に計上されているところの予備費の支出は内閣によってなされるが，その支出については必ず国会の事後承諾を得なくてはならないとされている

(87条2項)。

6 決　算

予算に加え，日本国憲法は**決算**に関する規定を設けている。憲法90条において，決算は毎年会計検査院の検査を受けること，そして内閣は次の年度に検査報告とともに決算を国会に提出することが規定されている。このことは，財政に対するいわば「事後的」な統制であるといえる。しかしながら，国会の決算に関する議決は決算の法的効力自体に影響を与えるものではなく，政治的な影響にとどまる。

第4項　公金支出の禁止

Point　日本国憲法は，公の財産の支出が認められない領域を規定している。

憲法89条は，「公金その他の公の財産は，宗教上の組織若しくは団体の使用，便益若しくは維持のため，又は公の支配に属しない慈善，教育若しくは博愛の事業に対し，これを支出し，又はその利用に供してはならない」と規定し，国家による支出に制限をかけている。これらの制限は財政民主主義の原理によってもなお超えることのできない，強力なものである。

憲法89条の前段は，20条における政教分離及び信教の自由の原則を財政的な側面から補強する性格のものであると広く解されている。その一方で，後段に関しては，①国費の濫用を防止する趣旨の規定であるとする見解，②私的な事業に公権力の支配が及ぶことを防止する趣旨であるとする見解，という二つの見解に分かれている。これらの見解は，「公の支配に属する」という文言の意味内容を巡って対立している。

①の見解は，「公の支配に属する」の意味内容を広く・緩やかに捉える。そこでは国や地方公共団体が，業務や会計に関する報告を求めることや予算の変更を勧告する程度の監督権を持つことが「公の支配」に該当するとされる。一方，②の見解は，「公の支配に属する」の意味をより厳格に捉え，事業の根本的な方向性にまで重大な影響を与えるほどの権力の支配を指すと捉

える。

公金の支出については，私学への助成をめぐって論争が展開されてきた。この問題については，国の私学への監督権限（私立学校振興助成法12条）が「公の支配」に該当するかが判断の別れ目となるため，上述の①，②どちらの見解に立つかによって結論が分かれる。千葉地方裁判所は「公の支配」について「国又は公共団体が人事，組織，予算等について根本的に支配していることまでをも必要とする趣旨ではなく，それよりも軽度の法的規制を受けていることをもつて足り」るとした上で，私立学校は教育基本法や学校教育法等の規制を受けていることから助成は合憲であるとの判断を示している（千葉地判昭61・5・28判時1216・57）。なお，同判決は私立学校の地位や役割，助成の目的や効果，他の憲法規定（19条，20条，23条，26条）等の諸要素も総合的に勘案されるべきであると述べている。

【演習問題 5-18】次の文章のうち，正しいものはどれか。

1．予算について，国会は減額修正をすることも増額修正をすることもできる。
2．法律によって租税の種類や課税の根拠が明確にされていれば，税率や課税標準等は政令に委任することができる。
3．予算は政府のみならず，国民をも拘束する性格の規範である。
4．条例によって地方税を課すことは一切認められない。

第6節　地方自治

Key Word	地方自治，制度的保障，地方公共団体，住民，地方自治の本旨，団体自治，住民自治，普通地方公共団体，特別地方公共団体，道州制，首長と地方議会，自治事務，法定受託事務，条例制定権，条例，横だし条例，上乗せ条例
Key Point	地方自治とは，国家の一部である一定の地域において，住民の意思と責任に基づき，その地域のために政治や行政活動を行うことをいう。地方自治は，住民の自治を基本することから，「民主主義の小学校」と呼ばれる。

1　地方自治の基本原理

Point　地方自治は地方における政治と行政を，その地域住民の意思に基づいて行われることから「民主主義の小学校」といわれる。さらに，地方自治は中央政府の権力の強大化を抑え，権力を地方に分散させる目的を有する。

⑴　地方自治の意味と制度の変遷

地方自治とは，地方の政治や行政事務を中央政府ではなく，その地域の住民を構成員とする地方公共団体が担い，地域住民の意思に基づき政治や行政活動を行うことをいう。したがって，地方自治は中央政府ではなしえない地域における行政や住民の日常生活などに関わる身近な行政を実現することであり，これは地方分権の考え方に基づいて行われるものといえる。

地方自治制度は，明治憲法の時代から存在した。ただ，明治憲法では中央集権的な国家体制を指向するものであったために，地方自治に関する規定そのものは存在しなかった。しかし，国家の行政を遂行するために地方行政を担う機関が必要不可欠であった。そこで，このような機関にある程度の自治権を付与することで地方自治が行われていた。そのため，市制及町村制・府県制・地方官官制のなどの法令により，地方団体としての市町村や府県が認められ，さらに議会の議員選挙も認められていた。また，執行機関として市長や知事（勅任官）等も存在した。しかし，市長や知事は中央政府の内務大臣の指揮監督を受けるものとされた。

一方で，日本国憲法は第８章に地方自治の規定を置いた。日本国憲法制定の際に，GHQは日本民主化の重要政策の１つとして地方自治の確立が必要であると考えていたこともあり，直接憲法の中に規定された。さらに終戦とともに新たに，住民の権利の拡充，地方公共団体の自主性・自立性の強化，地方公共団体の能率化と公正の確保，という３つの原則に従って地方自治法などが制定された。これは，戦後日本の国家構造として地方自治を重視する姿勢の表れである。これにより，地方自治は法律上の制度ではなく，憲法上の制度とされた。憲法上の制度として保障する性質については諸説があるが，一般的に，憲法は地方自治制度が歴史的・伝統的に形成されてきたことを確認し，国家はこの制度の本質を空洞化するようなことを許してはならない（**制度的保障**）と解されている。

⑵　地方公共団体の意義と地方自治の本旨

憲法92条以下において定められる「**地方公共団体**」とは，日本国内のある一定の地域において，そこの**住民**を構成員とし，住民が経済的文化的に密接な共同生活を営み，共同体意識をもつ社会的基盤が存在し，また憲法上認められた自主行政権，自主立法権や自主財政権など自治の基本的権能を付与された団体をいう。一般的に，地方公共団体は都道府県・市町村を指し，住民のための自治を独立的にかつ総合的に行う役割を担っている。

憲法では，地方公共団体の組織や運営については地方自治の本旨に基づいて，法律で詳細を定めることになっている（92条）。ここでいう「**地方自治の本旨**」とは，一般的に地方自治の本来のあり方であり，地方自治における基本精神である。地方自治の本旨の中身は，**団体自治**と**住民自治**の２つの要素からなるといわれている。団体自治とは，地方の運営は国家から独立した公共団体が自らの権限と責任において行われるべきであるとする自由主義的・地方分権的な要素をもつものである。住民自治とは，地方自治がその地域の住民の意思によって行われるべきであるとする民主主義的な要素をもつものである。地方自治は住民自治を目標として，それを達成するための手段として団体自治が必要とされるので，地方自治の本旨としてこれらは必要不可欠なものとなっている。

(3) 地方自治の本旨に関する諸規定

憲法は，92条から95条までの規定をもって地方自治を保障している。これら規定は，すべて地方自治の本旨である団体自治と住民自治に基づいて構成されている。団体自治に基づくものは，地方公共団体自らの財産管理，事務処理，行政の執行，そして条例を制定することである（94条）。これを保障することにより，地方公共団体は中央政府から介入されることなく独立して自治権を行使できる。

他方，住民自治に基づくものは，議会を設置し，さらに地方公共団体の長および地方議会の議員は直接住民による選挙で選び（93条），また，ある特定の地方公共団体のみに適用される特別法の住民投票（95条）がある。さらに，92条に基づき地方自治法によって，住民の直接請求の諸制度（条例制定・改廃請求，監査請求，議会の解散請求，議員・長の解職請求〈地方自治法74条～88条〉）が確立されている。

憲法95条で規定する「地方特別法」は，その地方公共団体の住民の投票で過半数の同意を得なければ，国会は制定することができない。これは，当該地方公共団体の住民意思の尊重という住民自治の要素を含むものである。さらに，95条は当該地方公共団体に対する国の不当な干渉の排除という団体自治の要素に立脚するとも解される。この点から住民自治と団体自治は，いわば相互補完的な関係にある。

2 地方公共団体の組織

Point 地方公共団体は，地域内の自治を行うために，憲法や法律が定めた自治権を行使する団体であり，住民に直接選ばれた長（首長）・議会といった機関を有する。

(1) 地方公共団体の種類と二重構造

地方自治法1条の2では，地方公共団体とは地域における行政を自主的かつ総合的に実施する役割を担うとされている。具体的には**普通地方公共団体**（同法1条の3第2項）である都道府県・市町村がこれにあたる。また，東京都の特別区は地方公共団体に含まれるのかという議論がある。これについて，昭和27（1952）年の地方自治法改正で特別区区長公選制を廃止したことについて争われた事件で，最高裁（最大判昭和38・3・27刑集17・2・121）は憲法上地方公共団体といえるためには，事実上住民が経済的文化的に密接な共同生活を営み，社会的基盤が存在し，「相当程度の自主立法権，自主行政権，自主財政権等」の地方自治の基本的な権能が附与されている団体であることが必要であるとして，東京都の特別区は憲法上の地方公共団体には当たらないと判示し，区長公選制を廃止しても違憲ではないとした。したがって，憲法上の地方公共団体とは，都道府県・市町村の普通地方公共団体を指し，特別区は含まれない。ただ，その後，昭和49（1974）年の改正で区長公選制が復活し，「地方公共団体は，普通地方公共団体及び特別地方公共団体とする」（同法1条の3第1項）と地方自治法に規定されたことで，現在，特別区は**特別地方公共団体**（同法1条の3第3項）となり，政策的観点から法律上「地方公共団体」と解されている。

都道府県・市町村は地方自治法上の「普通地方公共団体」に該当するが，この基礎的な地方公共団体である市町村と広域の地方公共団体である都道府県からなる二重構造は憲法で保障されているのかという点において，見解が分かれている。この点に関して，憲法にいう「地方公共団体」とは，地方自治の沿革や実態を併せ考えると，都道府県・市町村という標準的な二段階の地方公共団体を指すと解され，これが通説的見解となっている。しかし，都道府県は必ずしもこれに該当しないとする反対説も有力である。

都道府県と市町村は，対等な協力関係の確立が目指され，法律上同列である。ただ，地方自治法は，一方で市町村の事務処理に関して広域地方公共団体である都道府県の関与を認めている（同法245条）。

さらに，都道府県に代わる広域の地方公共団体として「道州」を置くことに関する議論がある。これについて憲法が現在の都道府県を統合することについて一切許していないといえない以上，立法政策の問題であると解することができるであろう。すなわち，都道府県を廃止して，**道州制**を導入しようとすることは，地方自治法を改正すればいいことであり，憲法に違反するものではない。

(2) 地方公共団体の統治構造

憲法93条は，地方自治の本旨である団体自治と住民自治を確保するためにいくつかの機関を設けている。具体的に，市長や知事といった**地方公共団体の長**（首長）と住民から選ばれた議員で構成される**地方議会**を設置している。これらの機関は住民による直接選挙によらなければならない（93条2項）。直接選挙は，地方自治の民主化を徹底しようとするものであり，また地方自治の本旨に従った制度であるといえる。地方公共団体はこれらの機関とともに**住民**によってその統治構造を形成する。

では，そもそも地方自治の統治構造で欠かせない存在である**住民**とは何を指すのか。住民は地方公共団体の構成員にして，地方自治の担い手であり，地方自治法によれば，「市町村の区域内に住所を有する者」が，市町村及びこれらを包括する都道府県の住民とされる。住民は地方公共団体のサービスを受ける一方で，その負担を分担する義務を負う（地方自治法10条）。ただし，住民の権能のうち選挙権などは日本国民に限られる（同法11条～13条）。

(3) 地方公共団体の機関

先に述べたように，憲法上，地方公共団体はいくつかの機関を有する。それは，地方公共団体の長（首長）および議事機関としての議会である。まず，地方公共団体の長は執行機関であり，具体的に都道府県知事や市町村長を指す。これらは，当該地方公共団体を統轄し，これを代表するとともに，その事務を管理し，執行する地位にある（同法147条・148条）。その任期は，原則として4年とされ（同法140条），選挙権を有する日本国民たる住民の直接選挙によって選出される。

首長の権限は，①議会の議決を経るべき事件について議案を提出すること，②予算を調製し，これを執行すること，③地方税の賦課徴収又は使用料・手数料などの徴収に関すること，④財産の取得・管理・処分を行うこと，⑤公の施設を設置し，管理すること（同法149条）などである。

また，都道府県・市町村には，地方自治法などの定めにより，委員会又は委員が置かれる（同法138条の4第1項）。例えば，教育委員会，選挙管理委員会，人事委員会や監査委員のほかに，都道府県に設けられる公安委員会などがある（同法180条の5）。

議会は，日本国民たる住民により直接選挙で選出された議員で構成され，その任期は，4年である（同法93条）。地方議会の議員の定数は，地方公共団体の規模に応じた法定基準の範囲内において，各公共団体が条例によって定める（同法90条・91条）。

議会の権限は，①条例を制定し又は改廃すること，②予算を定めること，③決算を認定すること，④地方税の賦課徴収又は使用料・手数料などの徴収に関すること，⑤財産を交換し，譲渡し又は貸し付けること，⑥当該地方公共団体がその当事者である審査請求その他の不服申立て，訴えの提起，和解，調停に関することなど（同法96条）とされる。

そして，都道府県知事・市町村長は，議会の議決・選挙などが法令や会議規則に違反すると認めるときは，再議・再選挙を要求することができ，議会による不信任を受けたときは，10日以内に議会を解散することができる（同法176条 -178条）。

3　地方公共団体の権能と事務

Point　地方公共団体は，地方自治の本旨に基づいて自治権を行使し，住民のための行政を実現するために事務を行う。

地方公共団体は，憲法92条の地方自治の本旨に基づいて，自治権を行使することができる。そこで憲法94条は，地方公共団体の自治権を規定している。94条は財産管理，事務処理，行政の執行，条例制定権について規定し，これらを地方公共団体の自治権として保障している。したがって，地方公共団体の自治権の根拠は，直接的には94条となるが，更に基本となるのは92条ということになる。

わが国は平成11年の地方自治法の大改正により，地方自治は大きな変容を見せた。この改正は，新たな地方分権に向けて，国と地方公共団体との適切な役割分担を定め，地方公共団体の自主性・自立性が十分発揮されることを狙いとしている。これに基づき，地方自治法（1条の2第2項）は「国際社会における国家としての存立にかかわる事務，全国的に統一して定めることが望ましい国民の諸活動若しくは地方自治に関する基本的な準則に関する事務又は全国的な規模で若しくは全国的な視点に立つて行わなければならない施策及び事業の実施その他の国が本来果たすべき役割」を国が担うべきとした。例えば，防衛や外交，特に国家同士を拘束するような外交関係の処理，さらに貨幣などの鋳造や管理などがこれである。

そして，同法1条の2第2項の「住民に身近な行政」，例えば，戸籍や住民票の管理，道路・河川・公園の管理などは，地方公共団体が引き受ける事務であるといえる。また，国の専属的事務とされる外交活動であるが，姉妹都市の提携などのように地方公共団体レベルでの国際交流は認められるといえよう。なお，警察，教育，社会保障といった行政事務は国・地方公共団体どちらも行うことが可能であり，相互に協力すべき事務である。

従来，地方公共団体の事務は公共事務（固有事務），委任事務，行政事務の三種類に区分され，委任事務には団体委任事務と機関委任事務があった。機関委任事務は，住民により直接選ばれた首長を，中央政府の主務大臣の地方機関化するものであるとして問題とされてきた。

そこで，平成11年の地方自治法改正などの制度改革により，機関委任事務は廃止され，そのほかの事務に関しても整理統合が行われ，地方公共団体の事務は自治事務と法定受託事務に二分されることになった。自治事務とは，地方公共団体の処理する事務のうち，法定受託事務以外のものをいう。例えば，都市計画の決定，飲食店営業の許可，病院・薬局の開設許可などがこれである（同法2条8項）。法定受託事務とは，国が本来果たすべき役割に係る事務であって，国においてその適正な処理を特に確保する必要があるものとして法律又はこれに基づく政令に特に定めるものをいう。例えば，国政選挙の実施に関する事務，旅券の交付，国道の整備などがこれである（同法2条9項）。

4 条　例

Point 条例は，地方公共団体が自主的に制定できる法規で，国の法令に違反しない範囲内で住民の権利義務に関することを定めることができる。

(1) 条例制定権と人権制約

憲法94条は，地方公共団体の**条例制定権**を定めている。一般に，**条例**とは「地方公共団体がその自治権に基づいて制定する自主法である」と定義される。ここでいう自主法とは，国家法（法律など）とは別に，独自に地方公共団体の事務に関する事項を規律するものをいう。

94条における「法律の範囲内で条例を制定することができる」という文言には2つの意味が含まれている。1つは，地方公共団体は条例制定権を有しているが，自治事務に関するものでなければならないことを意味する。自治事務であれば，地方公共団体の自治権が及ぶ地域の住民の基本的人権に制約を課すことが可能であると解されている。

ただ，条例による人権制約が許されるとしても，憲法上法律に留保されている事項について条例での規制が可能かどうかという問題がある。まず，条例によって財産権を規制できるか否かが，憲法29条2項との関係で問題となる。これについては，条例は住民の代表機関である地方議会の議決によって成立するものであり，実質的に国民の代表機関の議決によって成立する法律に準ずるものであるという点で，条例によって財産権を規制することも合憲である，と解されている（奈良県ため池条例事件：最大判昭和38・6・26刑集17・5・521）。ただ，当該財産権が一地方を超えて全国的な利害関係を有する場合は，その規制は法律によらなければならない。

つぎに，条例によって刑罰を科すことができるか否かが，憲法31条との関係で問題となる。これについては，最高裁は，条例は前述のように住民の代表機関である地方議会の議決によって成立するものである以上，法律に類するものであるから，法律による委任が「相当程度に具体的であり，限定されて」いれば，条例で刑罰を定めることができる，と判示した（大阪市売春取締条例事件：最大判昭和37・5・30刑集16・5・577）。

さらに，条例による地方税の賦課徴収が許されるか否かが，租税法律主義（憲法84条）との関係で問題となる。これについては，地方公共団体は自治権の1つとして課税権を有し，84条の「法律」には条例も含まれると解するのが一般的である。地方税法3条[*1]で条例により「税目，課税客体，課税標準，税率その他賦課徴収について定をする」と規定しているのは，84条の趣旨を確認したものということができる。

(2) 「法律の範囲内」の意味

94条のもう1つの意味は，「法律の範囲内」で条例は制定できるとされている以上，条例は法律に反してはならないということである。このように考えるならば，国会が作った法律と地方公共団体が作った条例が抵触する場合は，直ちに法律が優先することになる。確かに条例の効力は法律に劣る。しかし，このまま素直に解してしまうと，地方公共団体は，自治権を行使する地域にとって必要で，その住民が支持するような内容の条例であっても，法律がその条例と異なる内容の規定を設けているときは，条例が制定できないことになる。これでは，地方自治の本旨に反してしまう恐れもある。

このような法律と条例の関係について，最高裁は，ある事項を規律する国の法律と条例とが併存する場合，それぞれ別の目的で規律し，条例の適用により，法律の目的をなんら阻害することがない場合や，両者が同一の目的であっても，国の法律が必ずしもその規定で全国的に一律に規制するのではなく，各地方公共団体において，その地方の実情に応じて，別段の規制を行うことを容認するものであるならば，法律と条例は抵触するものではない，と判示した（徳島市公安条例事件：最大判昭50・9・10刑集29・8・489）。つまり，法律と同一の目的であるが，法律の規制対象以外について規制を行う「**横だし条例**」や法令と同一の事項で同一の目的をもった条例であるが，規制の基準が法律よりも厳しい基準を定める「**上乗せ条例**」は，認められる。ただし，「上乗せ条例」は，特に法律がその条例の存在を許す趣旨である場合に限り，許されると解されている。さらに，法律の不存在が全国的に規制を許さない趣旨でない限り，あるいは，法律がすでに存在している場合であっても条例を定めることについて法律が明示的ないし黙示的に禁止していない限り，条例を定めることは可能であると解されている。

なお，94条にいう「法律の範囲内」の「法律」とは，法律に基づき制定された政令等も含むと解される。したがって，条例は政令などにも違反してはならない。

また，条例で問題となるのは，地域格差である。これについて最高裁は，憲法が条例制定権を認めた以上，地域によって差別が生じることは当然予期されることであるから，かかる差別は憲法自ら認めるところであるとしている（最大判昭和33・10・15刑集12・14・3305）。

*1　地方税法3条1項：地方団体は，その地方税の税目，課税客体，課税標準，税率その他賦課徴収について定をするには，当該地方団体の条例によらなければならない。

２項：地方団体の長は，前項の条例の実施のための手続その他その施行について必要な事項を規則で定めることができる。

【演習問題 5-19】次の文章のうち誤っているのはどれか。

1．防衛や外交などは国が担うべきであるとされる。しかし，外交活動の一環である姉妹都市の提携などの国際交流は地方公共団体レベルにも認められる。
2．憲法の保障する罪刑法定主義は，刑罰を科すには法律によらなければならないとされている以上，条例によって刑罰を科すことは許されない。
3．判例によれば，特別区は憲法上の「地方公共団体」に含まれない。
4．条例は「法律の範囲内」において制定されるものであるが，法律よりも規制範囲を広く設けるような条例や，法律よりもさらに規制が厳しい条例は，原則として憲法94条に違反しない。

第７節　９条と戦争放棄

Key Word	戦争の違法化，平和的生存権，戦争放棄，自衛戦争，戦力の不保持，自衛のための必要最小限度を超える実力，集団的自衛権，砂川事件，長沼ナイキ訴訟
Key Point	９条１項の禁止されている「戦争」「武力による威嚇」「武力の行使」とは侵略目的のものであり，自衛のための実力行使は禁止されていない（判例・政府見解）。同条２項がその保持を禁止する「戦力」について，政府はそれを「自衛のための必要最小限度を超える実力」としているが，最高裁は，その実質的な範囲がどの程度かについては明らかにしていない。

1　憲法９条の淵源

Point　憲法９条の原案はマッカッサー・ノートにあるが，その理論的背景には戦争の違法化という大きな流れがある。

第３章第４節第１項にあるとおり，日本国憲法は先の世界大戦の経験を踏まえ，９条１項で戦争放棄を宣言し，２項で一切の戦力の保持を禁止している。この憲法９条の骨格の原案は**マッカーサー・ノート**にある（第２章第２

節第１項)。このメモの第２原則の中で，マッカーサーはGHQ民政局に以下のように指示した。「国家の主権的権利としての戦争を廃棄する。日本は，紛争解決のための手段としての戦争，および自己の安全を保持するための手段としてのそれをも放棄する。日本はその防衛と保護を，今や世界を動かしつつある崇高な理想に委ねる。いかなる日本陸海空軍も決して許されないし，いかなる交戦者の権利も日本軍には決して与えられない。」このような指示のもとマッカーサー草案が作られ，さらにそれが衆議院での審議を経て，現行の憲法９条になった。

このような沿革を考えると，日本国憲法９条は外圧によって作られたと考えられるが，その背景にある平和主義の思想自体は，**戦争の違法化**という国際的潮流と関連する（第３章第４節第１項)。日本国憲法９条もこのような国際的潮流を踏まえて解釈する必要がある。

2　平和的生存権

Point　憲法前文で規定している平和的生存権については，学説ではその法的権利性を認める見解もあるが，最高裁は認めていない。

憲法前文の第二段は，全世界の国民が「平和のうちに生存する権利」（**平和的生存権**）を有することを認めている（第３章第１節第１項)。この平和的生存権については，前文自体の裁判規範性の問題とも関連し，その法的権利性，すなわち裁判所において法的権利として主張可能かどうかが問題となる。この点，学説にはその法的権利性を認める見解があり，また下級審の判決でもその権利性を肯定するものがある（たとえば長沼ナイキ訴訟第一審判決（札幌地判昭和48・９・７判時712・24）および名古屋高判平成20・４・17判時2056・74)。しかしながら，その権利内容が不明確であること，また，ある国家行為が平和を害するかどうかは高度に政治的判断が必要で裁判所の判断になじまないといった点を理由に権利性を否定する見解も存在し，最高裁においてもその権利性は認められていない。

3　戦争の放棄

Point　憲法９条１項で禁止される戦争は，判例および政府見解によると，侵略戦争のことであり，自衛のための実力行使を禁止するものではない。

(1) 憲法9条1項によって禁止される戦争

憲法9条1項は①国権の発動たる戦争，②武力による威嚇，③武力の行使の3つを禁止している。まず「国権の発動たる戦争」とは，国家の主権行使の一部として認められる実力行使のことであり，戦時国際法の適用を受け，宣戦布告等の一定の手続を経て行われるものを意味する（**形式的意味の戦争**）。「武力による威嚇」とは，実際に実力の行使は行わないものの，その実力行使の可能性を背景にして，相手国に一定の要求を強要することをいう（たとえば，1915年に日本が中国に対して行った21カ条の要求がこれにあたる）。最後の「武力の行使」は，宣戦布告等を行わない事実上の実力行使を意味する（**実質的意味の戦争**）（たとえば，戦前に日本の関東軍が引き起こした満州事変がこれにあたる）。

(2) 自衛戦争の許容性

憲法9条1項はこのような①～③の行為（以下，①～③を含めて戦争という）を禁止しているが，ここで問題となるのは，このような戦争の放棄が，その目的いかんを問わず，すべての戦争を放棄しているのか，それとも一定の目的，たとえば自衛のための戦争も禁止しているのかが問題となる。すなわち，戦争には大きく侵略目的のものと，外国からの急迫または現実の違法な侵害に対して自国を守ることを目的とする自衛ためのもの（**自衛戦争**）があるが，憲法9条1項は侵略目的の戦争だけを放棄しているのか，自衛のための戦争をも放棄しているのかが問題となる。

学説には，①侵略目的の戦争と自衛のための戦争を区別することは困難であること，②恒久平和を目指す日本国憲法が国際法上当然に禁止される侵略戦争だけを放棄しているとは考え難いといったことを理由に，憲法9条1項は目的を問わず，すべての戦争を放棄しているとする見解がある（**全面放棄説**）。もっとも，この立場に立った場合でも，自衛のための一切の措置が禁止されるわけではなく，外交交渉や警察による措置は認められる。

一方で，憲法9条1項が禁止するのは「国際紛争を解決する手段として」の戦争であって，この国際紛争を解決する手段としての戦争とは，不戦条約（1928年）以来，侵略戦争を意味することから，同条同項は侵略戦争だけを禁止しており，自衛のための戦争を放棄しているわけではないという見解も存在する（**限定放棄説**）。もっとも，２項の「戦力」を広くとらえて，対外戦争を行う可能性のある一切の実力ととらえれば，限定放棄説に立っても実際には自衛のための戦争を遂行することはできなくなる。

この点について，政府解釈は限定放棄説の立場に立ち，９条１項は侵略戦争を禁止する趣旨であり，自衛のための実力行使まで禁止する趣旨ではないと解している。そして，その実力行使を担う組織として自衛隊が存在し，政府は①わが国に対する急迫不正の侵害があること，②これを排除するために他の適当な手段がないこと，③必要最小限度の実力にとどまることといった要件を満たしていれば，外国からの攻撃に対して実力をもって対抗してよいと解している（第３章第４節第１項）。

また，最高裁判所も砂川事件最高裁判決（最大判昭和34・12・16刑集13・13・3225）において，「わが国が，自国の平和と安全を維持しその存立を全うするために必要な自衛のための措置をとりうることは，国家固有の権能の行使として当然」と判示し，憲法９条は**自衛権**それ自体を否定しているわけではないとしつつ，憲法９条２項の趣旨を説明する際に「〔９条〕一項において永久に放棄することを定めたいわゆる侵略戦争を引き起こすがごときことのないようにするため」と述べて，９条１項の趣旨を侵略戦争の放棄と解している。

4　戦力不保持

Point　憲法９条２項でその不保持が禁止される「戦力」とは，政府見解によれば「自衛のための必要最小限度を超える実力」であり，外国からの攻撃に対抗するために必要な最小限度の実力を保持することは同項に違反しない。

(1)　学説

憲法９条２項は「陸海空軍その他の戦力」は保持しないとしている。この「戦力」とはどのような意味で解すべきであろうか。学説には，ここでいう戦力とは侵略戦争遂行のための装備・組織を指すとして，自衛のための装備・組織は戦力にはあたらないという見解が存在する。この見解は，憲法９条１項の戦争放棄について限定放棄説に立ったうえで，９条２項冒頭の「前項の目的」を，侵略のための武力行使を放棄することと解し，２項で保持が禁止される戦力を，侵略目的のための実力に限定して解釈する（**限定不保持説**）。百里基地訴訟第一審判決（水戸地判昭和52・２・17判時842・22）はこの立場に立っているといわれる。

他方で，「前項の目的」を侵略戦争の放棄にとどまらず，憲法９条全体の目的，すなわち前文にある「正義と秩序に基づく平和を誠実に希求する」こととし，「前項の目的」に戦力の範囲を限定する意味をもたせず，自衛のためのものも含め対外戦争につながる一切の実力がここでいう戦力にあたると解する見解もある（**全面不保持説**）。憲法９条１項の戦争放棄に関して，全面放棄説に立つ立場はもちろんのこと，限定放棄説の立場に立ったうえで，侵略戦争の放棄を徹底させるため，自衛目的といえども，およそ戦争につながる可能性のある実力の保持を禁じていると考える立場も存在する。この全面不保持説からすると，対外戦争につながる可能性のある実力組織は憲法９条２項で保持が禁じられる戦力にあたる。それゆえ対外戦争を遂行可能な実力，すなわち「警察力を超える実力」を保持することは禁じられるので，現状の自衛隊は憲法９条２項の戦力にあたると考えられる。砂川事件第一審判決（東京地判昭和34・３・30判時180・２）および長沼ナイキ訴訟第一審判決（札幌地判昭和48・９・７判時712・24）も，目的のいかんを問わず，戦争につながる可能性のある実力の保持が憲法９条２項で禁止されていると解している。

さらに，憲法９条２項で目的を問わず一切の戦力の保持が禁止されているとしたうえで，国家に固有の自衛権が認められることを根拠に，自衛のための必要最小限度の実力であれば，対外戦争につながる可能性がある実力であっても，その保持を認める立場や，憲法13条が国民の生命，自由および幸福追求に対する権利を認めている以上，これらの権利を守るために外国からの攻撃に対処する実力を備えることができると考える立場も存在する。

⑵ 政府見解

政府は，憲法９条１項に関して，先述のとおり限定放棄説の立場に立つ。しかしながら，憲法９条２項の解釈に関しては限定不保持説のように，その保持の目的に応じて２項の戦力にあたるかどうかを判断していない。他方で，全面不保持説のように警察力を超える一切の実力を放棄していると解しているわけでもない。政府見解によれば，たしかに憲法９条２項は，目的がどのようなものであれ戦力を保持することを禁止しているが，主権国家にはその固有の権限としての自衛権が認められているため，外国からの急迫不正の侵害があり，それによって国民の生命や身体が危険にさらされる場合に備えて，これを排除するために必要最小限度の実力をもつことは禁止されない。すなわち，憲法９条２項でその保持が禁止される戦力とは自衛のための**必要最小限度を超える実力**を意味すると考える。なお，最高裁判所は，憲法９条２項のいう「戦力」が何を意味するのかについて，これまで明示的に判断したことはない。

5　交戦権の否認

Point　憲法９条２項後段で否認されている交戦権とは，政府見解によれば，交戦国に国際法上認められている権利のことを指す。

憲法９条２項後段は「国の交戦権は，これを認めない」と規定している。ここでいう交戦権の内容については，戦争を行う権利と解する余地もあるが，政府見解のように自衛のためであれば敵国に対して実力行使をしてもよいという立場に立つと，そのように解することはできない。政府は，ここでいう交戦権については戦争そのものを行う権利ではなく，戦争に伴って**国際法上交戦国に認められる権利**，具体的には相手国兵力の殺傷および破壊，相手国領土の占領および統治，第三国船舶の臨検などを行う権利と解している。もっとも，政府見解では自衛のための実力行使は認められているので，自衛のための必要最小限度の範囲であれば，敵国兵力の殺傷等は認められることになる。

6　日本の安全保障政策と憲法

Point　日本が現状として採用している安全保障政策（自衛隊の保持，日米安全保障体制，集団的自衛権）は，政府見解に照らせば憲法に違反していない。最高裁は，駐留アメリカ軍が憲法９条２項の「戦力」に該当しないと判断したが，その他の点については具体的に判断していない。

(1) 自衛隊と憲法

憲法9条2項は戦力の保持を禁止しているが，日本には警察を超える実力組織である自衛隊が存在する。自衛隊については，その誕生当時から憲法9条2項との整合性が問題となり，全面不保持説の立場からは，その違憲性が指摘されていた。しかしながら，先述のとおり政府は憲法9条2項の戦力は自衛のための必要最小限度を超える実力と解したうえで，一貫して自衛隊を合憲としており，その規模が拡大している現在においても，その立場は変わらない。

裁判所では，下級審レベルで自衛隊が違憲と判断されたことがある。**長沼ナイキ訴訟**第一審判決（札幌地判昭和48・9・7判時712・24）は，全面不保持説に立ったうえで「自衛隊の編成，規模，装備，能力からすると，自衛隊は……憲法第9条2項によってその保持が禁ぜられている…『戦力』に該当する」として，自衛隊が憲法9条2項の戦力にあたると判断した。しかし，長沼ナイキ訴訟上告審判決（最判昭和57・9・9民集36・9・1679）では，原告の訴えの利益の消滅を理由に本案審査はされず，今日に至るまで最高裁判所は自衛隊の合憲性について判断を保留している。

(2) 日米安全保障体制と憲法

日米安全保障条約にもとづき，日本の安全および極東の平和と安全に寄与するため，アメリカ軍が日本に駐留しているが，この駐留米軍が憲法9条2項で禁止される戦力にあたるかどうかが問題となる。政府見解によれば，憲法9条2項は戦力の「保持」を禁じているが，ここでいう「保持」とは，自らが主体となって保有することを意味するので，アメリカの軍隊である駐留米軍が日本に存在しても，それは日本が「保持」する戦力にはあたらず，アメリカ軍の日本駐留は憲法9条2項の禁止する「戦力の保持」には該当しない。

砂川事件第一審判決（東京地判昭和34・3・30判時180・2）では「わが国が外部からの武力攻撃に対する自衛に使用する目的で合衆国軍隊の駐留を許容することは…日本国憲法第9条第2項前段によって禁止されている陸海空軍その他の戦力の保持に該当するものといわざるを得」ないと判示されたが，砂川事件最高裁判決（最大判昭和34・12・16刑集13・13・3225）では，憲法９条２項が「その保持を禁止した戦力とは，わが国がその主体となってこれに指揮権，管理権を行使し得る戦力をいうものであり，…外国の軍隊は，たとえそれがわが国に駐留するとしても，ここにいう戦力には該当しないと解すべき」と判示され，最高裁も政府見解と軌を一にしている。さらにすすんで日米安全保障条約自体が憲法に違反するかという問題については，最高裁判所は統治行為論（第５章第４節第１項）にもとづき，「一見極めて明白に違憲無効であると認められない限り」は審査しないと判示したうえで，日米安全保障条約は一見極めて明白に憲法に違反するものではないと判示した。

⑶　集団的自衛権と憲法

国際連合憲章51条は「この憲章のいかなる規定も，…個別的又は集団的自衛の固有の権利を害するものではない」と規定し，加盟国の**個別的自衛権**および**集団的自衛権**を認めている。個別的自衛権とは自国に対する急迫不正の侵害があった場合に，他に適当な手段がなければ，必要最小限度の実力をもって，その侵害を排除する権利である。他方で集団的自衛権とは，自国と密接な関係にある外国に対する武力攻撃に対して，自国が直接攻撃されていないにもかかわらず，その武力攻撃を実力をもって阻止する権利のことをいう。

個別的自衛権については，先述のとおり，政府は従来から一貫して認めてきたが，集団的自衛権については，その態度を変化させてきた（第３章第４節第２項）。従来，政府は集団的自衛権の行使は，自衛のための必要最小限度を超える実力の行使にあたるとして，国際法上は認められているとしても，憲法上は許されないとしてきた（1972年政府見解）。第２次安倍政権は，この従来からの方針を閣議決定によって変更し，「現在の安全保障環境に照らして慎重に検討した結果，…我が国と密接な関係にある他国に対する武力攻撃が発生し，これにより我が国の存立が脅かされ，国民の生命，自由及び幸福追求の権利が根底から覆される明白な危険がある場合」（**存立危機事態**）に，他に適当な手段が存在しないのであれば，必要最小限度の範囲で実力行使をしても憲法に違反しないことが宣言された（2014年閣議決定）。これによって政府見解は変更され，存立危機事態があれば，限定的に集団的自衛権を行使しても憲法に違反しないというのが政府見解となった。そして，この閣議決定にもとづき，2015年には関連法が改正され，たとえば自衛隊法76条1項2号で，自衛隊が出動する要件として「我が国と密接な関係にある他国に対する武力攻撃が発生し，これにより我が国の存立が脅かされ，国民の生命，自由及び幸福追求の権利が根底から覆される明白な危険がある事態」が追加された。

このように存立危機事態があるという条件のもとで限定的に集団的自衛権を認めることについては，批判も存在する。たしかに政府見解の変更によって，いわゆるフルスペックの集団的自衛権の行使が可能になったわけではなく，あくまで存立危機事態の存在を前提にして限定的に集団的自衛権の行使が可能になったにとどまる。しかし，自国に対する武力攻撃があった場合に限るとしていた従来の見解に比べ，実力行使に対する明確な歯止めがなくなったとして，このような政府見解の変更を批判する立場も存在する。

【演習問題 5-20】次の文章のうち誤っているのはどれか。

1．憲法9条1項の「武力の行使」とは，宣戦布告等の手続を経ないで行われる国家の事実上の実力行使のことである。
2．憲法9条は戦争放棄や戦力の不保持を規定しているが，最高裁判所の判例によれば，これによって国家固有の権能である自衛権それ自体が否定されるわけではない。
3．憲法前文の「平和のうちに生存する権利」は，最高裁判所の判例においても，その具体的権利性が認められている。
4．最高裁判所の判例によれば，憲法9条2項の「戦力」とは，わが国がその主体となって指揮・管理する戦力をいうのであって，日本に駐留する外国の軍隊は，ここにいう戦力にはあたらない。

第8節　憲法改正

Key Word	硬性憲法，憲法改正，憲法保障，憲法改正の限界
Key Point	憲法96条では憲法改正手続を規定している。憲法も法である以上，改正は可能だが，憲法改正については，統治の安定性や憲法秩序の維持のため，通常の法律よりも厳格な手続が採用されている。

1　憲法改正の意義

Point　憲法改正に厳格な手続が採用されているのは，憲法を改正可能なものとしつつ，法的安定性を確保するのが目的である。

憲法改正とは，憲法典に定められた手続に則り，憲法を変更することである。クーデター等憲法典の手続を踏まずに行われる憲法の変更は，憲法改正とはいわない（例，フランス革命，ヒトラー政権によるワイマール憲法の破壊）。

憲法改正については，憲法96条でその手続が規定されているが，日本国憲法は**硬性憲法**（第1章第1節第3項）であり，その改正には法律よりも厳格なものが求められている。日本国憲法も法であり，人間によって作られたものである以上，時代とともにその内容を変更する必要がある。他方で，憲法の最高法規性を維持し，憲法秩序を保護するためには，憲法が法律と同様の手続で変更されることは適切とはいえない（**憲法保障**としての憲法改正）。すなわち，憲法も法である以上は一切変更することはできないとするのも妥当ではなく，とはいえ簡単に改正可能だとするのもよくない。この変更可能性と安定性のバランスをとって，憲法96条は憲法改正の可能性を保障しつつ，法律改正よりも厳格な手続を設けて，その安定性も確保している。

2　憲法改正の手続

Point　憲法改正の手続は大きく①国会による発議と②国民投票による承認の２段階に分かれる。詳細は国会法および「日本国憲法の改正手続に関する法律」（憲法改正手続法）で定められている。

(1)　国会による発議

各国の憲法改正手続には様々なものがあるが，日本国憲法96条1項は，憲法を改正するためには①国会による発議と②国民による承認の2つをクリアしなければならないとした。この憲法上の手続については国会法や「**日本国憲法の改正手続に関する法律**」（以下，憲法改正手続法）によって具体化されている。

まず国会による発議について，憲法96条1項は各議院の総議員の3分の2以上の賛成でこれを発議することを求めているが，そもそも改正案を発案する権限がどの機関にあるのかは明確に規定されていない。この問題について，国会法68条の2は衆議院では100人以上，参議院では50人以上の議員の賛成があれば，憲法改正案を各議院に発案できるとしている。また，国会法102条の7は，**憲法審査会**（国会法102条の6にもとづき，日本国憲法及び日本国憲法に密接に関連する基本法制について広範かつ総合的に調査を行い，憲法改正原案，日本国憲法に係る改正の発議又は国民投票に関する法律案等を審査するため，各議院に設けられた機関）にも憲法改正案の発案権を認めている。

法律上積極的に認められているわけではないが，内閣に発案権があるかどうかについては学説上争いがある。憲法改正と法律との違いを強調し，内閣に発案権を認めることは違憲だという説と，国会において全面的な修正も可能とするのであれば，実際に法を執行する内閣に発案権を認めても差し支えないという説が対立しているが，現行法上は積極的に内閣に発案権を認める規定がないので，内閣が憲法改正案を発案することはできない。もっとも，内閣のメンバーは国会における最大与党に所属する議員であることが多いので，内閣のメンバーも議員としてであれば発案に関与することは可能である。

次に改正案を議決する際の手続として，憲法96条1項は「総議員の3分の2」の賛成が必要だとしている。憲法の安定性確保のため，法律とは違い過半数ではなく3分の2の賛成が必要であり，また法律案の議決は出席議員のうちの過半数であるのに対して，憲法改正の場合は総議員が分母になっている。つまり，欠席議員は反対の票ということになる。なお，憲法改正の発議については，衆議院の優越（第5章第2節第2項）は認められていない。

ここで，国会の議決手続に関する定足数の問題と同様に，憲法改正手続における総議員も法律上の定数を意味するのか，現に在任する議員数（死亡した議員や辞職した議員は除かれる）を意味するのかの争いがある（第5章第2節第3項）。法律上の明確な定めはないが，法律等の議事手続の場合，法律上の定数で考えることが先例となっているので，憲法改正案の発議についても同様の手続が採用される可能性が高い。

(2) 国民の過半数の承認

国会による発議の次は，国民の承認が求められる。この国民による承認については国民投票で行われるが，この国民投票について，憲法96条1項後段は，憲法改正のための特別な国民投票と選挙の際に行う国民投票の2つの可能性を認めているが，憲法改正手続法は，前者の特別な国民投票を前提にしている。

ここで問題となるのが，国民の承認に必要な過半数の意味である。すなわち，ここでいう過半数については，これが①有権者の過半数，②投票数（無効票，棄権票含む）の過半数，③有効投票数の過半数のどれを意味するのかが問題となる。①，②，③の順に分母が大きくなるので，改正は困難になるが，憲法改正手続法98条2項は「投票総数」を「憲法改正案に対する賛成の投票の数及び反対の投票の数を合計した数」としたうえで，126条1項で賛成の投票が，当該投票総数の2分の1以上であれば国民の承認があったものとすると規定しており，③の意味で過半数を解している。

なお国民投票は，国会の発議から60日以後180日以内で，国会の議決した日に行われるが（憲法改正手続法2条1項），憲法改正案に対する賛成又は反対を促すような運動（国民投票運動，憲法改正手続法100条の2）については，憲法改正手続法100条以下で，通常の選挙運動の場合とは異なる規律がなされている。

3　憲法改正の限界

Point　憲法の定める手続にしたがえば，その憲法をどのような内容に変更してもよいかという問題については，限界説と無限界説の対立があるが，通説は限界説である。

(1)　憲法改正の限界という問題

日本国憲法96条の改正手続さえ踏めば，日本国憲法をいかなる内容の憲法に変更しても憲法に違反しないのかという問題が**憲法改正の限界**という問題である。この問題は，憲法の基本原理（国民主権，基本的人権の尊重等）を変更する，いわば自殺的な憲法改正がなされた場合に特に問題となる。たとえば，まさに日本国憲法が大日本帝国憲法の改正手続にしたがって誕生した際，天皇主権を否定する改正が憲法改正の限界を超えているのではないかという形で問題になった（第2章第2節第2項）。

(2)　限界説と無限界説

以上のような憲法改正の限界については，その限界を肯定する**限界説**と，憲法改正には内容上の限界はないとする**無限界説**が存在する。限界説の論拠は大きく2つある。一つは，憲法典の内部に憲法と法律の関係のような上下の区別があり，上位の憲法規範については憲法改正によって変更できないというものである。国民主権や基本的人権の尊重といった憲法原理は，それ自体が普遍的価値をもった超実定法的規範（実定法を支える基本的な規範であり，実定法に優位する規範）であって，実定法に優位する価値を有しているので憲法改正で変更することはできない。国民主権については，憲法前文が国民主権を人類普遍の原理とし，この原理に反する一切の憲法を排除すると規定していること，基本的人権については憲法11条および97条が，その不可侵性を保障していること等が法的根拠として考えられる。もう一つは，憲法が存在しない状態から憲法をつくる憲法制定と，既存の憲法改正規定にしたがって憲法を変更する憲法改正を区別したうえで，前者の憲法制定権をもつのは主権者たる国民で，後者の憲法改正権をもつのは有権者とし，憲法超越的な憲法制定権者が決定した憲法原理を，憲法で権限を与えられたにすぎない改正権者が変更することはできないと主張するものである。要するに，憲法超越的原理を根拠にするか，憲法制定権と改正権を区別する立場に立つかの違いはあるが，限界説は憲法の基本原理をそれ以外の憲法規範と区別したうえで，前者については改正権者でも改正できないとする。

他方で，無限界説も根拠は大きく2つある。一つは，憲法自身が明示的に改正禁止規定を置いていない以上，同一の憲法内において上下の区別を設けることは適切ではなく，手続規定に沿っていればいかようにも憲法を変更できるとする。もう一つは，日本国憲法の改正手続の場合，最終的には主権者たる国民自身の投票によって改正が決せられるので，国民主権に則って，主権者の判断に限界を設けるべきではないと主張する。

この両説の違いは，①憲法の内部に超実定的規範の存在を認め，その規範を他の憲法規範よりも優位すると考えるのか（限界説はこれを肯定し，無限界説はこれを否定する），②憲法制定をする主権者たる国民と憲法改正国民投票をする国民を異なるものと考えるのか（限界説は両者を異なるものとするが，無限界説は両者を同じものとする）という点に関する立場の違いに起因している。通説は，限界説を採用しているといわれる。

(3) 限界説の問題

もっとも，通説である限界説については，いくつか注意しなければならない点がある。まず，憲法の基本原理が改正の限界となるとしても，そもそもどの基本原理が限界となるのか（たとえば平和主義，地方自治制度，天皇制は改正の限界になるのか），またどのような改正をすれば基本原理そのものが否定されたと評価できるのか（たとえばどの人権規定をどのように改正すれば基本的人権の尊重という原理が侵害されたとみなされるのか）について明確ではないという点である。

次に，限界を超えた改正がなされた場合でも当該改正の効力自体は無効とならないという点である。日本国憲法誕生の法理としての八月革命説（第2章第2節第2項）が主張するように，改正の限界を超えた改正がなされた場合，すなわち革命によって改正がなされた場合でも，その改正の結果誕生した憲法は，新憲法であり，その誕生が旧憲法の改正手続にしたがっていなくとも当該新憲法の効力は否定されない。日本国憲法の制定が，大日本帝国憲法の改正の限界を超えていたとしても，日本国憲法の効力は否定されないのである。つまり，限界説は，限界を超えた改正を，憲法改正ではなく，革命，クーデターと評価するにとどまり，限界を超えた改正の結果生じた新憲法の効力を否定するものではない。

さらに，たとえ改正の限界を超えた改正がなされても，それを事後的に裁判所が審査できるのかということが問題となる。国民投票をする国民は主権者ではなく有権者だといっても，有権者が決めたことを裁判所が事後的に審査し，場合によっては無効だと宣言することは許されないのではないかという批判がある。また，統治行為論（第5章第4節第1項）を背景として，憲法改正のような高度に政治的問題については，裁判所が判断を控えることも予想される。この点，憲法改正手続法は127条で，国民投票の結果に異議のある投票人に，その無効を東京高等裁判所に訴えることを認めている。しかし，無効とされるための事由は憲法改正手続法128条1項で定まっており，無効とされる事由は専ら手続上の瑕疵に限定されている。そのため，当該訴訟で内容上の限界を争うことは想定されていない。

【演習問題 5-21】次の文章のうち誤っているのはどれか。

1．憲法改正は，憲法典所定の手続にしたがって，憲法の内容を変更することを意味する。
2．憲法改正を法律改正よりも厳格にすることは憲法保障につながる。
3．憲法改正手続法によれば，憲法改正国民投票で改正を成立するために必要な過半数の賛成とは，有権者数の過半数の賛成を意味する。
4．憲法改正の限界について，限界を認める限界説の立場に立っても，限界を超えて成立した新憲法の効力が直ちに否定されるわけではない。

【演習問題】の解説および正解

第１章　憲　法

【演習問題１－１】（６頁）

1．成文の憲法典の体裁をもつものは，その内容にかかわらず，すべて形式的意味の憲法と呼ばれる。

2．イギリスのように成文の憲法典はなくても，議会制定法，憲法習律，判例法などによって，国家の統治機構や権利保障が定められている場合，これらが実質的意味の憲法にあたる。

3．固有の意味の憲法とは，国家の統治機構についての規範をもつものである。人権規範をもつことは，立憲的意味の憲法の重要な特質の一つである。

4．フランス人権宣言16条に規定されているように，権利の保障と権力分立制は，立憲的意味の憲法を支える二大要素である。

正解は３

【演習問題１－２】（８頁）

1．近代憲法は，自由の基礎法として個人の人権を保障することを主たる目的とする。

2．近代憲法は，国家権力を制限する意味で制限規範であり，人権を制限する根拠となる意味で制限規範なのではない。

3．近代憲法は制限規範であると同時に，授権規範として国家権力に権限を授与する。アメリカ合衆国憲法修正10条が規定するように，国家は，憲法の授権した範囲内において権力を行使することができる。

4．近代憲法は，実質的内容において人権保障を定めていることから，形式的効力において，国家の法体系のなかで最高法規として位置づけられている。

正解は２

【演習問題１－３】（10頁）

1．イギリスは通常，不文憲法の国といわれている。もっともより正確には，成文の憲法典がないことから不成典憲法ではあるが，成文の議会制定法が実質的意味の憲法に含まれることから，成文憲法をもつといえる。

2．アメリカ合衆国憲法は，憲法修正の手続について厳格な要件を必要としているので硬性憲法である。

3．日本国憲法は，前文で国民が憲法を制定したことを規定しているから民定憲法である。

4．1791年フランス憲法は，統治形態として立憲君主制を採用したが，その憲法自体は，国民主権原理に基づき国民が制定したものであるから民定憲法である。

正解は１

【演習問題１－４】（14頁）

1．18世紀末に制定された近代憲法では，消極国家観の下で，「国家からの自由」である自由権の保障が人権保障の中心であった。自由権が「18世紀的人権」といわれる理由は，ここにある。
2．近代憲法は，国民主義を建前としながら制限選挙制を採用していた。普通選挙制が導入され，全国民の参政権が保障されたのは，19世紀半ばの参政権拡大運動以降のことである。参政権が「19世紀的人権」といわれる所以である。
3．20世紀に入り，現代型の憲法であるドイツ・ワイマール憲法の下では，積極国家観により社会権が保障されるようになった。社会権が「20世紀的人権」と呼ばれる所以である。
4．現代憲法の下では，社会権を保障するために進んだ行政国家現象による人権侵害の危険性を抑止するために，裁判所による違憲審査制度を活性化する司法国家化の傾向が一致して見られる。
正解は2

【演習問題1－5】（21頁）
1．法の支配において認められた憲法の最高法規性は，法治主義（形式的法治国家論）においては認められず，憲法は法律と同列とされた。
2．法の支配では，自然権思想に基づき人権の不可侵性が認められたが，法治主義では法実証主義の下，権利の保障は，国家が法律に基づいて認めた範囲内においてであるとされた。
3．法の支配では，憲法の最高法規性が違憲審査制によって担保されたが，法治主義では，そもそも憲法の最高法規性が認められなかったので，違憲審査制は採用されなかった。
4．法の支配では，法の手続のみならず内容の適正までもが要求された。法治主義において，法の手続の適正しか求められなかったのとは対称的である。
正解は4

第2章　日本憲法略史

【演習問題2－1】（27頁）
1．五箇条の御誓文は，明治元年3月14日，明治天皇が公卿諸候をひきいて天地神明に誓った明治新政府の基本綱領である。
2．帝国憲法は，君主の単独の意思によって制定された「欽定憲法」である。
3．帝国憲法は，立憲主義を採用し，権力分立の制度を採用していた。
4．帝国憲法は，皇室自律主義の原則に立ち，国法体系は憲法と皇室典範を頂点とする2つの体系によって構成されていた。つまり，皇室典範には憲法と同格あるいはそれ以上の権威が認められていた。
正解は2

【演習問題2－2】（28頁）
1．皇室典範は憲法と同格の法規範であり，その改正には帝国議会の議を経る必要がなかった（帝国憲法74条1項）。
2．貴族院は，皇族，華族および勅任議員から構成され，衆議院と対等の権能が与えられていた。
3．帝国憲法は，当時の19世紀のドイツの諸憲法と同じく多くの人権規定が「法律の留保」を伴っていた。
4．行政権は国務各大臣の輔弼により，司

法権は天皇の名において法律により裁判所が行うとされていた（帝国憲法57条）。
正解は1

【演習問題2－3】(40頁)
1．現行憲法の草案は帝国憲法の改正案として審議され，昭和21年11月3日に公布された。
2．「八月革命説」の論理は，憲法改正に限界があるということを前提として成り立つ。
3．帝国憲法の全面的な変更も改正として有効であるとする「改正説」は，憲法改正には何らの限界がないという立場をとる。
4．占領管理法説は，占領下では占領者の意思が最高規範であり，日本国の主権は最高司令官に移ったという立場をとる。
正解は3

第3章　日本国憲法の基本原理

【演習問題3－1】(44頁)
1．日本国憲法の上諭は，公布文であるが，前文は憲法典の一部をなす。
2．日本国憲法の前文は，本文と同じ法的性質をもつ。従って，前文は96条の「この憲法の改正，……」にいう「この憲法」の一部をなすので，前文を改正するときには96条の改正手続を必要とする。
3．正しい。これが通説である。
4．日本国憲法の前文の裁判規範性を肯定する説も近時有力ではあるが，その場合でも，本文の各条項をまず適用すべきものとしている。
正解は3

【演習問題3－2】(46頁)
1．国民主権とは，国政についての最終的な決定権が国民にあることをいう。
2．日本国憲法1条が規定するように，「天皇は，日本国の象徴であり日本国民統合の象徴であつて，この地位は，主権の存する日本国民の総意に基く」。それゆえ，象徴天皇制は，国民主権と対立しない。
3．日本国憲法が認める直接民主制としては，最高裁判所裁判官の国民審査と地方自治特別法の住民投票と憲法改正の国民投票の三つのみである。
4．日本国憲法は，イニシアティブ（国民発案）を認めていない。
正解は4

【演習問題3－3】(51頁)
1．日本国憲法は，基本的人権を法律によっても侵しえない権利として保障する。この点で，「法律の留保」のついた帝国憲法の権利保障とは決定的に異なる。
2．公共の福祉とは，人権相互の矛盾・衝突を調整するための公平の原理を意味し，この意味での公共の福祉による制限は，すべての人権に論理必然的に内在している。
3．日本国憲法は，基本的人権の制約原理として「公共の福祉」をあげ，「公共の福祉」による制約が存することを一般的に定めている。

4．比較衡量論とは，「基本的人権を制限することによって得られる利益またはその価値と，それを制限しないことによって維持される利益または価値とを比較衡量して，前者の利益またはその価値が高いと判断される場合には，それによって人権を制限することができる」という理論である。

正解は2

【演習問題3－4】(53頁)

1．従来の政府解釈は，集団的自衛権の行使は禁止されているというものであった。しかし，平成26年7月1日，政府は集団的自衛権の行使を容認する閣議決定を行い，政府解釈を変更した。

2．憲法9条は武力の行使を放棄するので，まして海外での必要最小限を超える武力の行使を放棄するのは当然である。

3．憲法9条は，「国際紛争を解決する手段として」の戦争＝侵略戦争を放棄している。

4．1978年，当時の福田首相は，自衛のための必要最小限のものである場合，核兵器を持ち得ると答弁したが，攻撃用の核兵器の保持まで認めていない。

正解は1

第4章　基本的人権

【演習問題4－1】(55頁)

1．人権概念の背景には自然法思想，自然権思想があることから，人権は憲法によって与えられたものではなく，人間が生まれながらに有するものと考えられている。

2．人権は，国家が成立する以前から認められる権利として理解されている。

3．憲法上の権利の中には国家・政府の存在を前提とする権利，例えば国家賠償請求権や社会権などがあり，人権の概念よりも広いものとして基本権と呼ばれる。

4．人権を認める論拠には，神の似姿論，自然法，理性，道徳的人格性などがあるが，人間の尊厳もその中の一つである。

正解は3

【演習問題4－2】(57頁)

1．ドイツの憲法学においては，問題文のように人権と市民権を区別して用いるのが一般的である。

2．国家賠償請求権，参政権，刑事補償請求権，参政権，裁判を受ける権利などは国家という組織の存在を前提にする権利であるから，人間が生まれながらに有するという厳密な意味での人権には含まれない。

3．2で列挙した諸権利は日本国憲法で保障されているものである。

4．実証主義は，経験的に検証可能な社会的事実として存在する限りにおいての実定法のみを法学の対象と考える。実定法主義ともいう。正義，道徳，自然法といった形而上的な要素と法の連関を否定し，規範と事実の分離を法の探求の前提とする。

正解は4

【演習問題４－３】（61頁）

1．制度的保障とは，直接に個々の国民に権利としての人権を保障するのではなく，一定の制度そのものを客観的に保障するものであり，その内容は問題文の通りである。

2．社会国家的な立場から保障される権利は，社会権といわれる。

3．自由権の本質は，国家に対する干渉阻止の要求，すなわち「不作為請求権」である。

4．問題文の中の「裁判を受ける権利」は，社会的・経済的弱者のみに認められる権利ではないから社会権ではない。

正解は１

【演習問題４－４】（66頁）

1．八幡製鉄事件において最高裁は問題文のように述べている。

2．都の職員に採用された外国人が管理職への昇任試験の受験を認めないことの違憲性が争われた事件で，最高裁は問題文のように判示した。

3．最高裁は，社会保障上の施策における在留外国人の処遇について，国は特別の条約の存しない限り，その限られた財源の下で福祉的給付を行うに当たり，自国民を在留外国人より優先的に扱うことも許されると述べた。

4．政治活動の自由は外国人にも及ぶかの点が争われたマクリーン事件において，最高裁は問題文のように判示した。

正解は３

【演習問題４－５】（70頁）

1．在監者とは，受刑者以外に刑事被告人・被疑者や死刑囚，労役場留置者を含む。

2．猿払事件最高裁判決は問題文のように判示した。

3．受刑者である場合には，法律の根拠がなくても，刑務所の規律，脱走の防止などの要請から，必要最小限度の人権の制約（信書発受の制限）は認められると解されている。

4．よど号ハイジャック新聞記事抹消事件において最高裁は問題文のように判示した。

正解は３

【演習問題４－６】（73頁）

1．最高裁は，企業は雇用の自由を有するから特定の思想・信条をもつ者の採用を拒否しても違法とはいえないと判示した

2．問題文の通りである。

3．秘密投票の保障，奴隷的拘束・苦役からの自由，婚姻の自由，児童酷使の禁止，労働基本権などは，その権利の性質からして私人間に適用されることを前提としている。

4．問題は正しい。間接適用説は私的自治の原則と社会的権力からの個人の人権保障との調整を企図する見解である。

正解は１

【演習問題４－７】（76頁）

1．わいせつ文書・図画の頒布販売の禁止は，他人の人権の侵害を論拠として正当化することはできないであろう。

2．問題文の例は，まさしく人権相互のあいだの衝突を調整する原理としての公共の福祉を論拠にできるものである。
3．街の美観の維持のための諸種の表現行為の規制は，他人の人権侵害を論拠とする制限とはいえない。
4．選挙の公正確保のための選挙運動の制限は，個人の人権侵害の次元を超える国家的な法益を保護するための制限である。

正解は2

【演習問題4－8】(79頁)

1．最高裁が認めたものとして，環境権を挙げているのが誤り。プライバシーの権利や自己決定権も正面から認めたものはないが，プライバシーの権利につき前科照会事件（最判昭和56・4・14)，自己決定権につきエホバの証人輸血拒否事件（最判平成12・2・29）には認めたとも解釈できるものもある。
2．「京都府学連事件」（最大判昭和44・12・24）において，承諾なしにみだりに容ぼう・容姿を撮影されない自由を認め，公共の福祉のために必要がある場合には相当の制限を受けることを認めた。
3．エホバの証人輸血拒否事件（最判平成12・2・29）の判決内容である。判例は，自己決定権を憲法上の権利として明確には認めていない。正解。
4．プライバシーの権利の根拠は憲法13条に求められるが，当然に保障される権利であるとまではいえない。

正解は3

【演習問題4－9】(82頁)

1．「法の下の平等」は，法適用の平等だけではなく，法内容の平等も求めるものと解されている。
2．憲法14条に列記された事項は，平等に扱われる事柄を例示したものであるが，これ以外の事由によるものも不合理な差別は禁じられている。
3．正しい。三菱樹脂事件（最大判昭和48・12・12）の判旨である。最高裁は，労働者の採用決定にあたり，その思想・信条を調査することは違法でないとした。
4．場合により，女性を保護するための合理的な差別（区別）は認められる。

正解は3

【演習問題4－10】(84頁)

1．最高裁は，単に事態の真相を告白し陳謝の意を表明するにとどまるものであれば，思想・良心の自由を侵害しないとしている（最大判昭和31・7・4)。正解。
2．思想・良心の自由は，たとえ日本国憲法を否定するような思想であっても，内心にとどまる限りにおいては絶対的に保障される。
3．最高裁は，内申書に政治活動の事実を記載しても，思想・信条を推知させるものではないから憲法19条に違反するものではないとした（最判昭和63・7・15)。
4．思想・信条に関連する外部的行動に関する事実の開示を強制すれば，憲法19条に違反となる。

正解は1

【演習問題４-11】（87頁）
1．政教分離原則は，信教の自由を保障するための制度的保障である。
2．信仰の自由は，内心の自由であるから絶対的に保障される。
3．宗教的行為の自由といっても，他人に危害を及ぼすような有形力の行使は制約を受ける。
4．津地鎮祭訴訟で，最高裁は，国と宗教とのかかわり合いを一切否定することは困難だとしている（最大判昭和52・７・13）。
正解は１

【演習問題４-12】（89頁）
1．学問の自由の中でも，特に研究成果発表の自由，教授の自由については公共の福祉による制約が認められる。
2．判例は，限られた範囲ではあるが，初等・中等教育機関の教師にも教育の自由が認められるとする（最大判昭和51・５・21）。
3．大学の自治の主体は，教授その他の研究者であって，学生は大学の自治主体ではない（最大判昭和38・５・22）。
4．適法な捜査令状が出ているような場合には，警察官の学内立ち入りを拒否できない。
正解は４

【演習問題４-13】（97頁）
1．表現の自由は経済的自由などに比べて優越的地位を認められるが，絶対的保障を受けるわけではない。
2．判例は，「博多駅フィルム提出事件」（最大決昭和44・11・26）において，取材の自由は「憲法21条の精神に照らし，十分尊重に値する」と述べ，保障するとまではいっていない。
3．北方ジャーナル事件最高裁判決における判示内容（最大判昭和61・６・11）。正解。
4．判例は，「第１次家永訴訟」において，「一般図書としての発行を何ら妨げるものでは」ないから，検閲にはあたらないと判示した（最判平成５・３・16）。
正解は３

【演習問題４-14】（100頁）
1．憲法22条１項の保障する職業選択の自由には，営業の自由が含まれる。
2．薬事法の距離制限は，国民の生命及び健康に対する危険の防止という消極的目的による規制なので，不良医薬品の供給の防止などの目的のために必要かつ合理的な規制を定めたものとはいえないから憲法に違反する（最大判昭和50・４・30）。
3．憲法上，弱者保護等のために経済的自由を規制することは許される。正解。
4．国家の財政目的のための職業の許可制による規制については，その必要性と合理性についての立法府の判断が，政策的・技術的な裁量の範囲を逸脱し著しく不合理なものでない限り，憲法に違反しない（最判平成４・12・15）。
正解は３

【演習問題４-15】（103頁）
1．憲法29条１項は個人の財産権のみでなく，私有財産制度そのものを保障している。

2．条例による財産権の制約は，可能である。

3．憲法29条２項の公共の福祉は，社会国家的見地からする積極的制約を認めたものと解される。

4．内在的制約の場合を除いて，特別の犠牲を課した場合には補償が必要とされる。

正解は４

【演習問題４-16】（104頁）

1．本条は私人間においても適用される点に意味がある。

2．応急的な救助に対する協力を求めることは許される（災害救助法25条参照）。

3．憲法18条は，「犯罪に因る処罰の場合を除いては」とあり，正しい。改正刑法12条３項を参照。

4．奴隷的拘束は人格を侵害するものであり，いかなる場合にも許されない。

正解は３

【演習問題４-17】（113頁）

1．法律の委任が相当な程度に具体的であり，限定されていれば条例によって刑罰を科すことができる。

2．憲法31条の規定は，行政手続にも準用される。

3．被告人には弁護人依頼権が認められている（憲法37条３項）。

4．現行犯の場合には令状なしでも捜索・押収が認められる。

正解は４

【演習問題４-18】（119頁）

1．通説・判例は抽象的権利説に立っている。

2．憲法25条１項は，失業者に限定せず社会的・経済的弱者の保護を目的としている。

3．文化の発達や国民経済の進展，その他さまざまな要因により変化する。

4．生存権は，社会権の中核的権利である。

正解は２

【演習問題４-19】（124頁）

1．憲法26条２項に関連する社会権的側面。

2．学校図書館法に関連する社会権的側面。

3．国民教育権説と国家教育権説の対立があるが，この内容は国家教育権説の内容に沿うものであり，自由権的側面を強調する国民教育権説の立場からは否定される。

4．教育基本法４条３項に関連する社会権的側面。

正解は３

【演習問題４-20】（130頁）

1．労働基本権制限の代替措置として人事院勧告制度が設けられた。

2．労働組合法８条は，損害賠償請求ができないと規定している。

3．団結権の保障は，労働組合法により具体化されている。

4．勤労者の大部分は私企業の労働者であって，憲法28条は私人間においても労働基本権が保障されるべきことを要請している。
正解は１

【演習問題４-21】（135頁）
1．裁判を受ける権利は，受益権ないし国務請求権であり，国家に対する作為請求権であるが，社会権とは根本的に性質が異なる。
2．特別裁判所の設置は禁止されている（憲法76条２項）。
3．請願を受けた機関は，誠実に処理する義務を負うが，審査や結果報告の法的義務はない。
4．憲法40条を参照。
正解は４

【演習問題４-22】（143頁）
1．秘密選挙は，選挙人の自由な意思表明を担保する選挙方法である。一方の公開選挙は，選挙人の自由意思の表明を萎縮させる効果をもつといわれる。
2．普通選挙は，納税額や財産を選挙権の要件とする制限選挙に対するものである。
3．公職選挙法129条を参照。
4．公職選挙法142条を参照。
正解は２

第５章　統治機構

【演習問題５-１】（148頁）
1．現行憲法には国事行為に関する無答責の規定しか置かれていない（３条参照）。
2．摂政不訴追の規定はあるが，天皇不訴追の規定はない。
3．最高裁判決は民事裁判権は天皇には及ばないとしている。
4．摂政は在任中は訴追されないと皇室典範は明記している（21条参照）。
正解は４

【演習問題５-２】（150頁）
1．天皇は国事行為を通じて国家の尊厳的役割を担っていることにより，天皇を君主と考えることもできる。
2．対外的代表機能を元首の属性とすれば，天皇を元首と考えることも可能であり，外交慣例では元首とされている。
3．全く対外的代表権をもたないわけではなく，外国使節の信任状は天皇あてに奉呈されるなど，部分的に対外的代表権を保有している。
4．摂政は国事行為の代行機関であり，天皇の地位を代行するものではない（５条参照）。
正解は３

【演習問題５-３】（154頁）
1．憲法は皇位は世襲としか規定していない（２条参照）。
2．皇位は皇統に属する男系の男子が継承する（皇室典範１条参照）。
3．特例法により退位の例がある。
4．皇室会議には皇族は２人参加している（同28条２項参照）。
正解は２

【演習問題５-４】（158頁）
1．国事行為には該当しないが，公的行為として一般に認められている。

2．助言と承認とは内閣により個別ではなく一括して行われている。
3．恩赦の決定自体は内閣の権能であり，これを天皇は認証する。
4．高裁長官は７条５号により天皇により任命が認証される官吏である（裁判所法40条第２項参照）。

正解は４

【演習問題５-５】（160頁）

1．皇族としての品位保持の資に充てるなどのために皇族費が支給されている（皇室経済法６条参照）。
2．皇居は国有財産である。
3．内廷費は宮内庁で経理されないお手元金である。
4．相当の対価による売買や外交上の儀礼的贈答などは，国会の議決が不要である（同２条参照）。

正解は１

【演習問題５-６】（164頁）

1．学説の多くは「最高」を字義どおりに捉えず，同列中の首位と見る。
2．形式的意味の法律の制定権のことだとすれば，内容からすれば法律とされるものの制定を他の機関に認めることになる。
3．例外として憲法は，各議院の規則制定権，最高裁判所の規則制定権，地方公共団体の条例制定権を認めている。
4．衆議院の優越は認められるが，あくまで国会の議決で指名する。

正解は２

【演習問題５-７】（168頁）

1．法律案も，衆議院で３分の２以上の多数で再可決すれば参議院の意思を覆せる。
2．予算のみが衆議院で先議される（60条１項）。
3．衆議院で可決して10日を経過すると衆議院の議決が国会の議決とされる。
4．国政調査権が広範にわたることは否定できないが，権力分立とくに司法権の独立を侵すようなことは許されない。

正解は２

【演習問題５-８】（172頁）

1．憲法52条は常会，53条は臨時会，54条１項は特別会について定めている。
2．緊急の場合に開かれるのが緊急集会で，そこでとられた措置は次の国会で衆議院の同意がなければ効力を失う。今まで緊急集会は２回開かれた。
3．「内閣総理大臣は内閣を代表して議案を国会に提出」（72条）するの議案に法律案も含まれると解される。
4．本会議の定足数は３分の１である。（56条１項）

正解は１

【演習問題５-９】（174頁）

1．原則はそうだが，緊急の場合，参議院の緊急集会が認められている。
2．憲法に明示的に禁ずる規定はないし，内閣は参議院を含めた国会に連帯して責任負うからである（66条３項）。
3．政治的にはともかく，内閣がそれに法的に拘束されることはない。
4．平成21年末までで，４回ある。

正解は３

【演習問題５-10】（177頁）

１．国会法107条は，会期中は議院が，閉会中は議長が，辞職を許可できるとしている。議員の自由な辞職を認めることは議院の自律権への重大な侵害と考えられる。

２．参議院の緊急集会は会期でないことはその通りであるが，国会の役割を緊急の場合に代替するのであるから，通常の会期と同様に考え，会期中国会議員が享有する特権はすべて緊急集会中の参議院議員にも認められると考えるべきである。国会法100条はその旨定めているが，この規定がなくとも憲法50条から当然に認められると考えられる。

３．院外での責任を問わないのは，自由な議会活動を保障するためであり，議会活動に関する一切の問題は，その所属する議院に委ねるという議院の自律権の要請である。（51条，58条２項）

４．平成12年国会法改正により，比例区選出議員が党籍を変更した場合，退職者となる制度が導入された。この問題は，比例代表制の先進国であるドイツでも，懸案になっており，拙速の嫌いなしとしない。

正解は３

【演習問題５-11】（182頁）

１．均衡本質説は，議会と内閣の対等関係を前提とする。議会優位を前提としない。

２．解散権を本質要素とするのは均衡本質説。議会と内閣の権力的バランスをとるため。

３．内閣の連帯責任制は，責任本質説と均衡本質説の直接的な対比要因にはならない。

４．当初は，解散権の存在が重要視されていたため，歴史的には均衡本質説が先行する。

正解は１

【演習問題５-12】（187頁）

１．現職の自衛官を含めないと解するのが一般的である。

２．内閣の行政権行使も閣議決定を必要とする。

３．内閣または内閣総理大臣の「所轄」の下にあって，内閣から独立しているのが原則。

４．内閣総理大臣の閣議主宰権は内閣法で定める権限である。

正解は４

【演習問題５-13】（190頁）

１．内閣はすべての権限行使について，国会に対して責任を負うので，天皇の国事行為の助言と承認も同様となる。

２．内閣の連帯責任のほかに，各国務大臣は自己の所轄事項につき，単独責任があると解されている。

３．法律の委任に基づいた委任命令も可能である。

４．自発的に政治的責任をとって総辞職することもできる。

正解は２

【演習問題5-14】(193頁)

1. 通説・判例では統治行為，一部の学説では自律権で説明する。
2. 通常の裁判所の系列に属さない弾劾裁判所は，特別裁判所である。
3. 卒業認定には及ぶが，単位認定には及ばない。
4. 行政機関は，終審でなければ裁判ができる。

正解は2

【演習問題5-15】(196頁)

1. 下級裁判所裁判官には任期制と定年制，最高裁判所裁判官には国民審査と定年制がある。
2.「判決」は，非公開にできない。
3. これに加えて，国民審査によっても罷免される。
4. 三権分立の趣旨により，立法・行政・司法機関はそれぞれ独立し他の機関の支配を受けない。

正解は2

【演習問題5-16】(199頁)

1. 77条3項により，下級裁判所に関する規則を定める権限は委任できる。
2. 3名以上の合議体である。
3. 下級裁判所の裁判官は，最高裁判所の指名した名簿に基づき内閣が任命する。
4. 内閣が任命する。

正解は1

【演習問題5-17】(205頁)

1. 司法消極主義と司法積極主義の違いは，違憲審査における人権の種類に応じて使い分けられる態度である。
2. 違憲審査の効力を，具体的事件の争訟に限定するのが個別的効力説である。
3. 条約優位説なら対象とならない（通説・判例は憲法優位説）。
4. 立法事実は，司法消極主義と関係がない。

正解は2

【演習問題5-18】(212頁)

1. 通説は本肢の見解をとっている。
2. 租税法律主義においては納税義務者，課税物件，課税標準，そして税率等の要件は必ず「法律」によって明確にされていなくてはならないとされるため，本肢のような委任は憲法上許されないと解される。
3. 予算法律説においても予算を独立の法形式と捉える見解（多数説）においても，予算の拘束力はその性格上政府に向けられたものであると解されており，国民を直接的に拘束する性格のものではないと考えられる。
4. 地方公共団体が課税権の主体となることが憲法上予定されているとするのが，判例の立場である。

正解は1

【演習問題5-19】(222頁)

1. 地方自治法は国と地方との適切な役割分担を定め，防衛や外交，特に国家同士を拘束するような外交関係の処理，さらに貨幣などの鋳造や管理などは国の事務とされる。しかし，外交活動の一環としての姉妹都市の提携などは地方公共団体にも認められる。

2．条例は，地方議会の議決で成立するので，法律に類するものであり，さらに法律による委任が相当程度に具体的で，限定されていれば，条例で刑罰を定めることができる。
3．最高裁は，憲法上の「地方公共団体」について，事実上住民が経済的文化的に密接な共同生活を営み，社会的基盤が存在し，「相当程度の自主立法権，自主行政権，自主財政権等」の地方自治の基本的な機能が付与されている団体とし，特別区はこれに含まれない，と判示した。
4．法律の規制よりその範囲が広い「横だし条例」は違憲とならず，法律より規制の厳しい条例「上乗せ条例」は，法律がその条例の存在を許すならば違憲とならない。

正解は2

【演習問題5-20】（230頁）
1．憲法9条1項の「武力の行使」とは，戦時国際法に則らない事実上の実力行使のことをいう（実質的意味の戦争）。
2．砂川事件最高裁判決（最大判昭和34・12・16刑集13・13・3225）によれば，憲法9条は国家固有の権能である自衛権そのものを否定するものではない。
3．平和的生存権については，下級審レベルでは具体的権利性を認めた判決もあるが，最高裁判所は認めていない。
4．砂川事件最高裁判決（最大判昭和34・12・16刑集13・13・3225）によれば，憲法9条2項がその保持を禁止している「戦力」とは日本が指揮・管理する組織であって，日本に駐留する外国の軍隊はこれに該当しない。

正解は3

【演習問題5-21】（236頁）
1．憲法改正は，革命やクーデターによる憲法変更とは異なり，現行憲法の改正規定に沿った憲法の変更を意味する。
2．憲法改正を法律改正よりも厳格にし，改正を難しくすることは憲法秩序の維持につながるため，憲法改正の制度は憲法保障の機能をもつ。
3．憲法96条1項の過半数について，憲法改正手続法は有権者ではなく，有効投票数の過半数としている。
4．日本国憲法の誕生がそうであるように，限界説の立場でも，限界を超えて成立した新憲法の効力が必然的に否定されるわけではない。

正解は3

付録　憲法用語の基礎知識

この付録は，法学検定4級の試験を受けるために必要となると思われる憲法用語をピック・アップしたうえで，本書において定義や説明がなされている用語については，頁数のみを示し，本書で定義や説明がなされなかったり，不十分なものについては，紙片の許す限りできるだけ解説を試みた。従って，この付録は，試験対策に利用できるようになっており，併せて索引の役割も部分的に果たすものである。

あ～お

アクセス権　個人がマス・メディアに対して自己の意見の発表の場を提供することを要求する権利。「知る権利」を実現するための権利であり，反論権などのほか，広義には，投書や番組参加なども含まれる。マス・メディアの巨大化・独占化という状況のなかで，情報の送り手と受け手が分離し，マス・メディアを利用して表現できるものが少数の者に限られるという認識のもとに主張されている。→反論権，知る権利

旭川学力テスト事件　1961年に文部省の実施した全国中学校一斉学力テストに対して，実力阻止行動にでた4人の教師が公務執行妨害罪などで起訴された事件。第一審判決と第二審判決は，本件学力テスト実施には重大な違法があり，よって公務執行妨害罪は成立しないとしたのに対して，最高裁（最大判昭和51・5・21）は，「国家の教育権説」（国家は，主権者たる国民の信託に基づき，教育内容を決める大幅な権限をもつとする説）と「国民の教育権説」（教育権は，親もしくは教師を中心とする国民の側にあり，国家が教育内容に介入することは原則的に許されないとする説）のいずれも極端かつ一方的であり，そのいずれも採用することはできないとして，学力テストが適法であるとの判断を示し，公務執行妨害罪について有罪とした。121～123頁参照。→教育を受ける権利

旭川市国民健康保険料条例訴訟　旭川市民であり国民健康保険に加入していた杉尾正明氏が，2004年度分から2006年度分の保険料について，市の条例で保険料率を定めず，これを市長の告示に委任することが，租税法律主義を定める日本国憲法84条に違反するとして，賦課処分の取消しなどを求めた訴訟。最高裁判所（最大判平成18・3・1）は，まず，国または地方公共団体が課税権に基づき，その経費に充てるための資金を調達する目的をもって，特別の給付に対する反対給付としてではなく，一定の要件に該当するすべての者に対して課する金銭給付を，憲法84条に規定する租税に当たるとした。次に，市町村が行う国民健康保険の保険料は，租税と異なり，被保険者において保険給付を受けとることに対する反対給付として徴収されるものであ

るから，保険料に憲法84条の規定が直接に適用されることはないとした。しかし，市町村が行う国民健康保険は，保険料を徴収する方式のものであっても，強制加入とされ，保険料が強制徴収され，賦課徴収の強制の度合いにおいては租税に類似する性質を有するものであるから，憲法84条の趣旨が及ぶと判示した。そのうえで，条例が保険料率の決定を市長の告示に委ねている点については，84条の趣旨に必ずしも反しないと結論づけた。207頁参照。→租税法律主義

朝日訴訟　118頁。→生存権

新しい人権　憲法制定時には予想されていなかったため，日本国憲法の人権条項に規定されていないが，その後の社会の進展とともに新たに人権として保障が要請される権利。人権カタログは，網羅的ではなく，また，現代の情報化・技術化などの進展にともない，憲法制定当時には考えられていなかった人権侵害が生じうる。そこで，人権カタログにあげられていない「新しい人権」を憲法上の権利として保障することが必要となる。「新しい人権」を導き出す根拠は，主に憲法13条の幸福追求権に求められ，プライバシー権，人格権，環境権，平和的生存権などが提唱されている。77頁～78頁参照。→プライバシー権，幸福追求権，環境権，平和的生存権

アファーマティブ・アクション　これまで人種や性などで社会的に差別されてきた人々に対して，社会的地位の向上のために暫時ではあれ優遇する措置。積極的差別是正措置とか積極的優先処遇の訳語があてられる。アメリカの州立大学への入学などで，入学定員の一定割合を人種上の少数派に優先的に割り当てた施策などがこれにあたる。81頁参照。→法の下の平等

家永裁判（教科書裁判）　高校用教科書『新日本史』の執筆者であった家永三郎が，文部省の行った教科書検定により不合格処分になったことなどに対して，検定制度や処分の違憲性・違法性を理由に，国家賠償請求や不合格処分の取消しを求めて争った裁判。1965年以来三次にわたって提訴され，1997年の最高裁判決により終結した。第三次訴訟の最高裁判決（最判平成9・8・29）では，検定制度は教科書の思想内容の審査を目的とするものではなく，また，一般図書としての発行を妨げるものでもないから，検閲にはあたらず，合憲としたものの，南京大虐殺，731部隊による生体実験などの記述の削除を求めた検定意見などを違法とした。92頁参照。→検閲

違憲審査制（違憲立法審査制・司法審査制・法令審査制）　199頁～205頁。

一般的効力説　最高裁判所が違憲法令審査権を行使して，ある法令を違憲・無効とした場合，その効果が当該事件だけでなく，法令一般にまで及ぶとする説。この説に対しては，「国会は，……唯一の立法機関である」と規定した憲法41条の趣旨に反するとの批判があり，実務はこの説を採っていない。204頁参照。→個別的効力説，違憲審査制

一般的自由説・人格的利益説　憲法13条の幸福追求権の性格，射程をめぐる二つの学説。一般的自由説は，幸福追求権を個人の生活全般にわたって成立する一般的な行為の自由ととらえる（有力説）。これに対して，人格的利益説は，幸福追求権を人格的生存にとって必要不可欠な利益を包括

的に保障する権利とする（多数説）。一般的自由説は，人権のインフレ化を招くという欠点があるのに対して，人格的利益説は，人格的生存にとって不可欠な事柄が何か分からないという欠点があるといわれる。この両説の違いは，服装の自由などライフスタイルに関するさまざまな自己決定権を幸福追求権と認める傾向にある一般的自由説とそれを認めない傾向にある人格的利益説にあるといえる。77頁参照→幸福追求権

『宴のあと』事件　三島由紀夫の小説『宴のあと』をめぐり，自分をモデルとした小説で私生活の「のぞき見」描写をされ，プライバシー権を侵害されたとして，元外務大臣の有田八郎が謝罪広告と損害賠償を請求した事件。東京地方裁判所（東京地裁判昭和39・9・28）は，「私生活をみだりに公開されないという法的保障ないし権利」としてのプライバシー権を日本ではじめて認め，謝罪広告を認めなかったが，80万円の損害賠償の支払いを命じた。その後，控訴されたが，原告が死亡し，遺族と被告の間で和解が成立して決着がついた。78頁参照。→プライバシー，謝罪広告事件

浦和充子事件　1948年，浦和地方裁判所が，前途を悲観して母子心中をはかり，子どもを殺害したが自分は死に切れず，自首した母親（浦和充子）に対して，懲役3年，執行猶予3年の刑を言い渡し問題となった事件。この判決に対し，参議院法務委員会が国政調査権による調査を行い，判決の事実認定を問題にして量刑が軽すぎるとしたが，今度はこれに対して最高裁判所が「司法権の独立を侵害し，まさに憲法上国会に許された国政に関する調査の範囲を逸脱する」ものだとして強く抗議した。学説のほとんどすべてが最高裁を支持した。168頁参照。→国政調査権，司法権の独立

営業の自由　営業することの自由と個々の営業活動の自由。日本国憲法には，この自由の明文規定はないが，22条1項の職業選択の自由と29条の財産権の保障から，導かれると解される。すなわち，職業選択の自由は，選択した職業を遂行する自由も含むが，その職業が営業であれば，営業することの自由でもある。また，財産権の保障は，商品や仕入れ先の選定，価格の決定，営業時間の決定など，個々の営業活動の自由を保障することにもなる。それで，営業することの自由と個々の営業活動の自由とが合わさって営業の自由を構成する。98頁参照。→職業選択の自由，財産権

愛媛玉串料訴訟　87頁。→政教分離，目的効果基準

LRAの基準　「より制限的でない他の選びうる手段（less restrictive alternative）」の基準の訳。アメリカの判例上展開されてきた違憲審査の手法で，立法目的と規制手段との関係に着目し，立法目的が正当な場合でも，その立法目的を達成するためのより制限的でない他の手段が存在するかどうかを具体的に審査し，それが存在すると解されるときには，その規制立法を違憲とする基準である。わが国の最高裁判所は，「薬事法距離制限違憲判決」（最大判昭和50・4・30）において，この基準を用いたが，ほかの人権の領域においては採用に消極的である。→二重の基準，薬事法距離制限違憲判決

大津事件（児島惟謙＝こじまこれかた）　1891（明治24）年5月11日，日本を訪問中

のロシア皇太子が滋賀県大津で警備していた津田三蔵巡査に斬りつけられ負傷した事件。政府は，日ロ関係の悪化を恐れて津田を日本の皇族に対する罪を適用して死刑に処するように大審院長児島惟謙に申し入れたが，児島は，政府の圧力に屈せず，逆に担当判事を激励して無期徒刑の判決を下させた。発足後まもない司法権の独立を守った輝かしい事件とされる反面，担当裁判官の独立を侵害したとの指摘もある。→司法権の独立

か～こ

会期（会期不継続の原則）　168頁。→会期の種類。

会期の種類（常会＝通常国会，臨時会＝臨時国会，特別会＝特別国会）　169頁。

外国人の人権　62頁～66頁。→基本的人権の享有主体

外国人の参政権　64頁，138頁～139頁。→外国人の人権

外務省秘密漏洩事件（西山記者事件）　1971年６月に日本とアメリカの間で調印された沖縄返還協定をめぐり，沖縄アメリカ軍用地の復旧補償費を日本政府が肩代わりする旨の密約に関連する外務省の極秘電文を毎日新聞社の西山太吉記者が外務省女性事務官から入手し，社会党議員に流し，そのことが衆議院予算委員会で暴露されたため，事務官は国家公務員法100条１項の守秘義務違反に，西山記者は同法111条の秘密漏示そそのかし罪に問われた事件。別名，西山記者事件。最高裁判所（最決昭和53・５・31）は，「当初から秘密文書を入手するための手段として利用する意図で女性の公務員と肉体関係を持ち，同女が右関係のため被告人の依頼を拒み難い心理状態に陥ったことに乗じて秘密文書を持ち出させたなど取材対象者の人格を著しく蹂躙した本件取材行為は，正当な取材活動の範囲を逸脱するものである」と判示し，西山記者の取材活動における違法性を認め，有罪とした。94頁参照。→報道の自由，取材の自由

下級裁判所（高等裁判所，地方裁判所，家庭裁判所，簡易裁判所）　193頁～199頁。→最高裁判所

学問の自由（教授の自由）　88頁。

環境権　健康で快適な生活を維持する条件としての良好な環境を享受し，これを支配する権利。この場合，大気，水，日照などの自然的な環境に限定する説（多数説）と，遺跡や学校などの文化的・社会的環境まで含める説がある。環境権の憲法上の根拠としては，13条の幸福追求権とする説と，25条の生存権とする説，両者とする説などがある。もっとも，環境権という名の権利を真正面から承認した最高裁の判決はない。78頁参照。

間接選挙　選挙人が間接的に公務員（被選挙人）を選ぶ選挙。すなわち，まず，選挙人が一定数の中間選挙人（選挙人団）を選び，次に，その中間選挙人（選挙人団）が公務員（被選挙人）を選ぶ選挙制度である。形式的には，アメリカの大統領選挙がこの代表例としてあげられる。日本では，間接選挙の例は一度もない。→直接選挙

間接民主制（代表民主制）　選挙で選んだ代表者を通して政治，国家意思の決定に参加する制度。直接民主制に対する概念

であり，代表民主制と同義に用いられる。日本国憲法は，その前文で，「日本国民は，正当に選挙された国会における代表者を通じて行動し」と定め，間接民主制を原則としてとる。46頁参照。→直接民主制

議院規則制定権　166頁。→議院自律権

議院証言法　いわゆる証人喚問の詳細を定めた法律で，正式な名称は，「議院における証人の宣誓及び証言に関する法律」。憲法62条で各議院に保障された国政調査権を実効あらしめるため，1947年に制定された。各議院から出頭・宣誓・証言を要求された証人が正当な理由なくしてこれを拒んだ場合，また宣誓をした証人が虚偽の陳述をした場合，証人は処罰されることになっている。→国政調査権，議院規則制定権

議院自律権　166頁～167頁。

議員懲罰・議員懲罰権　議院自律権の一つとして，両議院にその所属議員に対して認められる制裁および制裁権。日本国憲法は58条２項でこれを規定する。正当な理由がないのに欠席をつづけるとか，院内の秩序を乱し，または議院の品位を傷つけるといった行為をはじめ，議院において無礼な発言を発し，または他人の私生活にわたる発言をするなどの行為は，議院による懲罰の対象となる。懲罰としては，公開の議場における戒告，陳謝，一定期間の登院停止，除名の４種類がある。166頁参照。

議員定数不均衡訴訟　139頁～140頁。→法の下の平等

議院内閣制（均衡本質説・責任本質説）　180頁～182頁。→権力分立制，内閣不信任決議

議員の免責特権　177頁。

基本的人権（人権・基本権）　54頁～56頁。

基本的人権の享有主体　基本的人権の保障を享受する担い手。天皇，未成年，在監者，公務員，外国人，法人が基本的人権の主体になりうるのかは問題となる。61～69頁。→天皇の人権，未成年者の人権，在監者の人権，公務員の人権，外国人の人権，法人の人権

基本的人権の種類（自由権，平等権，社会権，参政権，国務請求権）　58頁～61頁。

義務（国民の三大義務）　ある行為をなすべし，またはしてはならないとする規範による拘束又は負担。日本国憲法上の義務には，人権規定に掲げられている国民の義務と，公務員などの憲法尊重擁護義務（憲法99条）などがある。国民の義務としては，憲法26条２項の教育を受けさせる義務，憲法27条の勤労の義務，憲法30条の納税の義務があり，これらは国民の三大義務といわれる。帝国憲法には，勤労の義務がない代わりに，兵役の義務があった。

教育を受ける権利　120頁～123頁。→旭川学力テスト事件

行政国家　国家機能の重点が行政権の活動に置かれている国家。福祉国家の要請のもとで，行政権が議会に優位し，国家の基本的な政策決定が実質的に行政府によって行われている国家で，行政権の肥大化した国家ともいえる。わが国において，行政国家の現象は，内閣提出法案が質量ともに圧倒的で，行政機関が定立する行政立法が重要な機能を果たし，予算編成や国家計画策定がもっぱら行政府によって行われてい

ることなどにみられる。13頁参照。

居住・移転の自由　自己の住所又は居所をどこに定めるかの自由や自らの意思に反してそれを変更されることのない自由で，広くは人の移動の自由。居住と移転とは一体の観念であって，これを区別する実益はない。日本国憲法は，22条１項でこの自由を経済的自由として保障する。ただ，この居住・移転の自由は，自己の欲するところへ移動する自由を保障するという意味において，人身の自由としての意義をも有する。100頁参照。

緊急集会　170頁。

勤労の権利　労働能力を有する者に対して勤労の機会を国家に保障させようとする権利。憲法27条１項に規定されているが，労働の権利ともいい，勤労権または労働権ともいう。労働基本権に含められることがある。125頁。

具体的権利説　116頁。→プログラム規定説，抽象的権利説

警察予備隊違憲訴訟　1952年７月，日本社会党委員長の鈴木茂三郎が，自衛隊の前身たる警察予備隊の設置・維持に関して国が行った一切の行為が日本国憲法９条に違反し無効であることの確認を直接に最高裁判所に求めた訴訟。最高裁判所（最大判昭和27・10・８）は，「我が裁判所は具体的な争訟事件が提起されないのに将来を予想して憲法及びその他の法律命令等の解釈に対し存在する疑義論争に関し抽象的な判断を下すごとき権限を行い得るものではない」として，憲法81条の定める違憲審査制の性格について付随的審査制であるとの見解を示した。これ以降，日本国憲法における違憲審査制は付随的審査制であると解されるようになった。→付随的審査，違憲審査制

形式的意味の憲法　３頁～４頁。→実質的意味の憲法

刑事補償（刑事補償請求権）　134頁～135頁。→国家賠償請求権

検閲　92頁。→家永裁判（教科書裁判）

厳格な審査基準　違憲審査権の行使に際し，裁判所が立法目的ないし立法目的達成の手段について，厳しい審査を行うときの準則ないしテスト。アメリカの最高裁判所が憲法の判断で構築し，日本の裁判への導入が説かれているが，最高裁判所がこれを使い違憲とした例はまだないとされている。50頁，91頁。→漠然性の故に無効の法理，明白かつ現在の危険，事前抑制禁止の法理，明確性の原則

憲法改正　憲法の定める手続によって，憲法典中の条項を修正・削除し，あるいは新たな条項を設けることによって，憲法に変更をもたらす行為。日本国憲法96条は，国会の両議院の総議員の三分の二以上の多数による改正の発議の後，国民投票に付して過半数の賛成があってはじめて改正が可能となる硬性憲法を採用する。なお，96条の改正手続がとられたことはまだ一度もない。→硬性憲法と軟性憲法

憲法審査会　2008年の国会法の改正で各議院に設けられることになった審査会。これは，「日本国憲法及び日本国憲法に密接に関連する基本法制について広範かつ総合的に調査を行い，憲法改正原案，日本国憲法に係る改正の発議又は国民投票に関する法律案等を審査するため」設けられた。→憲法改正，国民投票

憲法判断の回避（憲法判断回避のルール）　201頁。→合憲限定解釈

権力分立制　国家の権力が一つの国家機関に集中すると，権力の濫用によって，国民の権利や自由が侵されるおそれがあるので，国家権力を立法・行政・司法に分け，それをそれぞれ異なる機関に分担させ，相互に抑制と均衡の作用を営ませようとする制度。近代の権力分立論の成立に重要な役割を果たしたのは，ロックとモンテスキューであったといわれる。6頁，15頁～16頁参照。

公共の福祉　49頁～50頁，73頁～76頁。

合憲限定解釈　解釈次第では違憲と判断される余地のある法令を，限定的に解釈することによって合憲とし，違憲判断を避ける手法。裁判所による違憲審査にあたっての憲法判断回避のルールの一つとしてアメリカで生成・発展した理論である。「限定合憲解釈」や単に「合憲解釈」，「限定解釈」といわれることもある。これは，法令には合憲性推定の原則がはたらいており，裁判所は，解釈により，できうれば違憲の判断を避けるべきとの要請に基づく。最高裁判所は，「全逓東京中郵事件」（最大判昭和41・10・26）でこの手法を用いたが，「全農林警察官職務執行法事件」（最大判昭和48・4・25）ではこれを使用しなかった。129頁参照。→合憲性推定の原則，憲法判断回避の原則

合憲性推定の原則　裁判所が法律についての憲法判断を行うにあたり，国民の代表者からなる国会の制定した法律は一般に合憲性の推定をうけ，裁判所は明白な誤り等がなければ違憲と判断すべきではないという原則。法律は，「国権の最高機関であつて，唯一の立法機関である」という国会が制定したものであるから，裁判所はそれを尊重して誠実に執行すべきとの要請に基づく。→司法消極主義，違憲審査制

公職選挙法　憲法44条・47条を受けて制定された法で，従来の衆議院議員選挙法と参議院議員選挙法とを統一し，それに地方公共団体の首長・議員の選挙に関する法令も統合したうえで，部分的改正を経て1950年に制定された法。公職選挙法は，たび重なる改正を行ったが，最近の主要な改正としては，1982年の参議院全国区選挙への拘束名簿式比例代表制の導入，1994年の衆議院議員選挙への小選挙区制及び拘束名簿式比例代表制の導入，2000年の衆議院議員定数の削減，そして同年秋の参議院議員定数の削減および参議院議員比例代表制の非拘束名簿式への変更，選挙権年齢（満18歳）の変更などがある。→比例代表制，小選挙区制

硬性憲法と軟性憲法　憲法の改正に関して，通常の法律の改正手続よりも厳しい特別な手続を経なければ改正できないのが硬性憲法であり，通常の法律の改正手続と同等の手続により改正できるのが軟性憲法である。硬性・軟性の区別は，このような改正手続の要件の難しさ・易しさを基準にしたものである。日本国憲法は，その改正のためには各議院の総議員の三分の二以上の賛成と国民投票において過半数の賛成を必要とし，出席議員の過半数で改正が可能な法律よりも厳しい要件が課されているので，硬性憲法である。9頁参照。→憲法改正

交戦権の否認　51頁，227頁。

幸福追求権　77頁。→一般的自由説・人格的利益説

公務員の人権　67頁。→基本的人権の享有主体

小売市場距離制限事件（小売商業調整特別措置法違反事件）　小売商業調整特別措置法は，小売市場（10以上の小売商がテナントとして入る一つの建物）を開設するには，知事の許可とともに，他の小売市場と一定の距離を置くことが必要であるとしていたが，知事の許可を受けずに小売市場を開設した業者が，同法違反で起訴された事件。最高裁判所（最大判昭和47・11・22）は，経済活動の規制には，社会公共の安全と秩序の見地からする規制（消極目的規制）と福祉国家の理念に基づく規制（積極目的規制）があることを明らかにし，小売市場の許可制を経済基盤の弱い小売商を過当競争による共倒れから保護するという積極目的規制であると認定して，「明白性の原則」に当てはめて合憲とした。98頁参照。→明白性の原則

合理性の基準　裁判所が立法目的や立法目的達成の手段の双方について，一般人を基準にして合理性が認められるかどうかを審査基準とすること。法律の合憲性判断に際しては，合憲性推定の原則がはたらいているから，裁判所が容易に合理性の判定をすると，ほとんどの場合，合憲の結論に至りかねない。この基準を用いた裁判では，当該法律の規制目的ないし目的達成の手段に合理的理由が存し，そこに立法者の権限の逸脱や濫用が認められない限り，合憲であるといった判示がなされる。わが国の最高裁判所は，二重の基準論を基礎におきながら，広くこの基準により違憲審査権を行使する傾向をみせている。→明白性の原則，合憲性推定の原則，二重の基準，違憲審査制

国事行為（天皇の国事行為）　153頁～158頁。

国政調査権（補助的権能説，独立権能説）　両議院が，各々国政のほぼ全般に関する調査を行う権能（憲法62条）。ただ，この権能の性質や限界については問題がある。第一に，国政調査権の性質については，憲法41条の「国権の最高機関」性に基づく，国権統括のための独立の権能とする説（独立権能説）と，議院に与えられた権能を実効的に行使するために認められた補助的な権能と解する説（補助的権能説）との争いがあるが，一般には補助的権能説が通説とされている。第二に，国政調査権の限界については，まず，司法権との関係では，司法権の独立の原則によって制約を受ける。現に裁判所に係属中の事件に関し裁判所の訴訟指揮などの調査や，裁判の内容の当否を批判する調査は許されない。また，確定判決を批判するような調査も許されない。ただし，裁判所に係属中の事件について裁判所とは異なった目的から調査することは，違法な調査ということはできない。検察権との関係については，検察事務は行政権の作用であるから，国政調査権の対象となる。とはいえ，起訴・不起訴について，検察権の行使に政治的圧力を加えたり，捜査の続行に重大な支障を及ぼすような調査権の行使などは認められない。167頁～168頁参照。

国選弁護人　被告人が貧困などの理由で自ら弁護人を依頼することができないとき，国がその費用で付する，裁判所から選

任される弁護人。これは，日本国憲法37条3項に基づく。なお，起訴前の被疑者の段階での国選弁護人に関しては，憲法上の何らの定めもなかったが，2006年から施行された改正刑事訴訟法により，一定の重い事件で，身柄の拘束を受けている被疑者に限り，国選弁護人の制度が初めて導入されている。108頁，110頁参照。

国民主権（国民主権の原理）　44頁～46頁。

国民審査（最高裁判所裁判官の国民審査）　195頁。

国民投票　一定の事項について，国民一般の意思を問う投票。国民投票は，国民の総意を直接に知るための制度（直接民主制）であり，議会制民主主義（代表民主制，間接民主制）の不十分さを補うためのものである。わが国の国政レベルで採用されている唯一のレファレンダム（国民投票ないし人民投票）は，まだ一度も実施されたことはないが，憲法改正の際の国民投票である（憲法96条）。→直接民主制，憲法改正

国民の代表機関　国権の最高機関，唯一の立法機関とともに，国会の地位もしくは特色の三つのうちの一つ。憲法43条は，「両議院は，全国民を代表する選挙された議員でこれを組織する」と規定し，国会が国民の代表機関であることを述べる。ただ，ここで「全国民の代表」とは，議員は特定の選挙区の代表ではなく，全国民の代表であって，選挙母体等の命令に拘束されず（命令委任の禁止），自己の信念に基づいてのみ行動できる（自由委任の原則），という意味である。162頁参照。→半代表

国務請求権　59頁，131頁～135頁。→基本的人権の種類，請願権，裁判を受ける権利，国家賠償請求権，刑事補償請求権

個人情報保護（個人情報保護法）　個人の人格的自律を保障するために，自己の情報に関する権利や利益を保護しようとする考え方（及び法）。コンピュータが発展することにより，厖大な情報の蓄積が可能となる中で，個人の情報を保護することが重要となっている。そこで，個人情報を処理する機関に対して，個人情報ファイルの設置の規制，利用や提供の制限，情報の正確性の確保などを義務づけるとともに，他方で，自己情報の開示請求権や訂正権などを個人の権利として保障することが必要となった。これを受けて，日本では，1970年代から，地方公共団体で個人情報保護条例がつくられるようになり，1988年には，「行政機関の保有する電子計算機処理に係わる個人情報の保護に関する法律」が制定され，さらに，データーベース化された情報に限らず，手書き文書など個人情報全般にその対象を拡大するため，2003年に「行政機関の保有する個人情報の保護に関する法律」を，さらに民間部門（個人情報取扱事業者）に対象を拡げるために，「個人情報保護法」を制定している（全面施行は2005年４月１日）。→情報プライバシー，プライバシー

国会単独立法の原則　国会が「国の唯一の立法機関である」ということからでてくる，国会中心立法の原則とともに二つの原則を形づくる他の一つ。この原則は，法律の制定手続について，国会以外の機関が関与できないとするものである。これは，憲法59条１項の「法律案は……両議院で可決したとき法律となる」の帰結と解され

る。内閣の法案提出権が問題になるが，通説は，憲法が議院内閣制をとり国会と内閣との共働をはかっていることからこれを肯定している。→国会中心立法の原則，唯一の立法機関

国会中心立法の原則　憲法に明示された例外を除いて，国会が立法権を独占し，他の機関は立法することはできないとする原則。憲法上の例外としては，両議院の議院規則（58条２項），内閣の政令（73条６号），最高裁判所の規則（77条１項），条例（94条）がある。→国会単独立法の原則

国会の召集　一定期日に国会議員を集会させ，会期を開始させる行為。その要件については，憲法52条以下で定められている。召集は，内閣の助言と承認によって天皇が行う（７条２号）。対象となる国会には参議院の緊急集会は含まれず，召集の実質的決定権は内閣にあるとするのが通説である。

国家緊急権　戦争や大規模な自然災害などの緊急事態のため，国家が存立の危機にさらされたとき，平時ならば守るべき憲法やその他の法を一時的に停止または無視して，国家の存立を維持すべきという考え方。「緊急は法を知らず」という言葉はこの考え方を表現したものといえる。

国家神道（こっかしんとう）　1945年のGHQの「神道指令」により国家神道は解体へ向かったが，その神道指令によれば，国家神道とは，非宗教的な国家祭祀として類別された宗教の一派をいう。神社神道ともいう。明治憲法下では国家神道は宗教ではないと位置づけられ，神職は官吏の待遇をうけ，官幣社などには公金が支出されるなど，国家との特別の関係をもち，事実上の国教としての機能を果たした。これに対しては，国家が神社を天皇神格化のために利用したという批判的な見解もある。

国家賠償請求権（国家賠償法）　133頁。→刑事補償

国権の最高機関（政治的美称説，統括機関説，総合調整機関説）　161頁～162頁。

子どもの意見表明権　1989年に国連で採択され，わが国でも1994年５月22日から発効している「児童の権利に関する条約」の12条では，子どもの意見表明権が保障されている。確かに，子どもといえども大人から保護されるばかりでなく，意見を表明する権利の主体となりうるが，この子どもの意見表明権は無制約で絶対というわけにはいかず，時・場所・内容・方法などによる制約が存するといわれる。→未成年者の人権

個別的効力説　最高裁判所が違憲審査権を行使して，法令を違憲・無効と判断した場合，その効果が当該事件にだけに及ぶとする説。通説も実務もこの立場にたっている。204頁参照。→一般的効力説，違憲審査制

固有の意味における憲法　４頁～５頁。

さ～そ

在監者の人権　69頁。→基本的人権の享有主体

罪刑法定主義　104頁～105頁。→適正手続

最高裁判所　197頁～198頁。→下級裁判所

最高法規（憲法の最高法規性）　日本

国憲法は，98条１項で，憲法を国の最高法規として位置づけている。最高法規というのは，憲法が国内で通用するあらゆる法の中で，ピラミッドの頂点に位置する最も強い形式的効力をもつ法規であるという意味である。従って，憲法に反する法律，命令などはその効力を有しない。この憲法の最高法規性を担保する制度として，違憲審査制があり，憲法保障のために重要な役割を果たしている。８頁，18頁～19頁参照。→違憲審査制

財産権（財産権の保障）　100頁～102頁。

財政民主主義（財政国会中心主義・財政立憲主義）　財政に関する事項は，国民の代表機関である国会で議決をしなければならないという考え方。財政における国会中心主義や財政立憲主義と同義に使用されることもある。明治憲法では，議会の議決を要しない勅令による緊急財政処分や予算不成立時における前年度予算の執行など財政民主主義の例外が設けられ，民主的コントロールが不十分であった。これを反省して，日本国憲法は，83条において「国の財政を処理する権限は，国会の議決に基いて，これを行使しなければならない」との規定をおき，財政作用を国会のコントロールの下においた（財政における国会中心主義）。83条を具体化して，租税法律主義（84条），国費支出承認主義（85条），予算審議権（86条），決算の審査承認権（90条），さらに国会および国民に対する財政状況の報告義務（91条）などを定め，その徹底的な民主化をはかっている。205頁～206頁参照。→租税法律主義

在宅投票制　身体障害者など，投票の意思があっても投票所へ行けない者が外出せずに自分の家で投票する制度。1948年の衆議院議員選挙法改正によってはじめて認められ，1950年の公職選挙法に引き継がれた。ここでは在宅投票として郵便投票のほか同居の親族による投票を認めた。しかし，1951年の地方選挙で，この制度が悪用されたため，1952年には廃止された。その後，「在宅投票制復活訴訟」が提起されたのを契機に，1974年に公職選挙法を一部改正して重度の身体障害者に限って郵送による在宅投票制が復活し，現在に至っている。

裁判官の身分保障　194頁。

裁判の公開　裁判の公正を確保するために，裁判を訴訟当事者や関係者以外の一般国民が傍聴することができる状態におくこと。憲法は「裁判の対審及び判決は，公開法廷でこれを行ふ」（81条１項）と定め，この原則を採用し，さらに刑事被告人については「公平な裁判所の迅速な公開裁判を受ける権利を有する」（37条１項）と定め，公開裁判を受ける権利を保障している。ただし，裁判の公開には憲法上の例外があり，裁判官の全員一致で公序良俗を害するおそれがあると判断した場合には，対審を公開にしないことができる（82条２項）。しかし，この例外になじまないものとして，政治犯罪，出版に関する犯罪，国民の基本的人権が問題となっている事件の対審は，常に公開にしなければならない（81条２項但書）。これは裁判の公開を保障していた帝国憲法59条のもとで，政治犯罪などについて，秘密裁判による不公正な取り扱いが行われた経験を踏まえたためとされている。195頁参照。

裁判を受ける権利　132頁。

歳費　国会議員が受ける手当。これは，両議院の議員の勤務に対する報酬としての性質を有するもので，１年を基準として国庫より相当額が支給される（憲法49条)。176頁。

サンケイ新聞意見広告訴訟　1973年12月２日，共産党を批判した自民党の意見広告をサンケイ新聞（現・産経新聞）が掲載したことに対し，共産党が言論の自由と名誉毀損を理由に反論文を同紙上に無料で掲載するように求めた，反論権が問題となった訴訟。最高裁判所（最大判昭和62・４・24）は，名誉毀損を否定するとともに，憲法21条から直接に反論文掲載の請求権は生じないとした。その理由として，反論文掲載が批判的記事を躊躇させ，表現の自由を間接的に侵す危険につながるおそれも多分に存することなどをあげた。95頁参照。→反論権，アクセス権

参政権→基本的人権の種類

自衛権（個別的自衛権，集団的自衛権）　52頁，225～230頁。

塩見訴訟　大阪市に生まれ，はしかのため２歳の時に失明し，1959年には１級の廃疾状態と認定された韓国籍の塩見日出さんは，1970年に日本国籍を取得し，障害福祉年金の受給を申請したが，廃疾認定日に日本国民でなかったことを理由に支給が認められなかったことに対し，その取消しを求めた訴訟。最高裁判所（最判平成元・３・２）は，「社会保障上の施策において在留外国人をどのように処遇するかについては，国は，特別の条約の存しない限り，その政治的判断によりこれを決定することができるのであり，その限られた財源の下で福祉的給付を行うに当たり，自国民を在留外国人より優先的に扱うことも，許される」とした。66頁。→外国人の人権，生存権

資格争訟（議員の資格争訟）　公職選挙法上の被選挙権の有無をはじめとする議員の資格に関して訴えて争うこと。これは，議員の資格の有無についての判断を議院の自律的な審査にゆだねる趣旨のものであり，当該議員の所属する各議院で裁判される（憲法55条)。手続としては，まず，各議院の議員から議長に文書で提起され，議長はこの訴状を懲罰委員会などに付託し，その審査を経た後に，本会議の議決によって決定される。ただし，議員の議席を失わせるには，出席議員の三分の二以上の多数による議決を必要とする（55条但書)。

自己決定権　78頁。→幸福追求権，一般的自由説・人格的利益説

事情判決の法理　行政処分や裁決の取消訴訟における違法，したがって取消しという原則の例外として認められている法理。行政事件訴訟法31条１項は，「取消訴訟については，処分又は裁決が違法ではあるが，……一切の事情を考慮したうえ，処分又は裁決を取り消すことが公共の福祉に適合しないと認めるときは，裁判所は，請求を棄却することができる。この場合には，当該判決の主文において，処分又は裁決が違法であることを宣言しなければならない」と定め，事情判決の法理を採用する。最高裁判所は，「そこには，行政処分の取消しの場合に限られない一般的な法の基本原則に基づくものとして理解すべき要素も含まれている」と解し，「衆議院議員定数不均衡訴訟」において，事情判決の法

理を適用し，違憲で違法な選挙だが，選挙自体は無効とはしないという判決を下した（最大判昭和51・4・14)。140頁参照。→議員定数不均衡訴訟

自然権・自然法　自然権とは，人間が生まれながらにしてもつ前国家的権利。日本国憲法の人権保障は，「侵すことのできない永久の権利」(11条・97条）という表現にみられるように，自然権の思想に立脚している。また，自然法とは，人間または人間社会の本性（nature）を基礎にして成立する法。人為によってつくりだされる実定法が，時代や社会の状況によってその内容が変化するのに対して，自然法は，普遍的かつ不変的に妥当するものとされる。

事前差し止め　表現物が市場に発表される前に，発表を禁止することなど。裁判所による事前差し止めは，司法上の権利保全のためのものであって，憲法21条2項が禁止する検閲には当たらないというのが，最高裁の立場である（「北方ジャーナル事件」最大判昭和61・6・11)。92頁参照→検閲，北方ジャーナル事件

事前抑制禁止の法理　表現行為が行われるに先立って，公権力が何らかの方法でこれを抑制するのを禁ずる法理。アメリカの判例上，事前抑制については，厳格かつ明確な要件のもとにおいてのみ許容されうるものであり，それには違憲性の重い推定がはたらき，規制を加える側で，抑制の正当性を証明する重い責任を負うものとされる。→事前差し止め，北方ジャーナル事件，厳格な審査基準

思想・良心の自由（信条説・内心説）　通常は世界観，人生観，主義，主張などの個人の内面的な精神作用の自由。憲法19条の「これを侵してはならない」とは，思想・良心が内心にとどまる限り，絶対的に保障されることを意味する。思想・良心の自由の保障に関しては，人生観・世界観・思想体系など人間の人格形成に関わる内面的精神活動のみを保障していると説く信条説と，事物の倫理的判断など広く内心の活動一般を保障していると説く内心説がある。なお，名誉毀損の回復措置としての謝罪広告（民法723条）については，裁判所が謝罪広告を命じた場合，命じられた者の人生観・世界観・思想体系などにかかわるわけではないが，だしたくない謝罪の意を表明させられることが内心に対する侵害になりうるとすれば，信条説に立つと，そもそも思想・良心の自由の侵害の問題を生じないが，内心説に立つと，思想・良心の自由の侵害の問題を生じることになる。→謝罪広告事件

実質的意味の憲法　4頁。→形式的意味の憲法

シビリアン・コントロール　軍事権を議会に責任を負う文民の大臣によって統制し，軍の独走を抑止すること（文民統制)。日本国憲法66条2項は，「内閣総理大臣その他の国務大臣は，文民でなければならない」との文民条項をもつ。183頁参照。

司法権の独立（裁判官の独立）　194頁～195頁。

司法国家　裁判所による違憲審査制が導入され，司法権が議会・政府の活動をコントロールする国家，あるいは行政事件の裁判権を特別の行政裁判所に委ねる行政国家に対して，行政事件の裁判権を通常の司法裁判所に委ねる国家。このいずれの意味においても，日本国憲法では，司法国家が

実現している。

司法消極主義・司法積極主義　201頁〜202頁。→違憲審査制，付随的審査，憲法判断の回避，統治行為論，合憲性推定の原則，明白性の原則，厳格な審査基準，二重の基準

社会権　60頁，114頁〜130頁。→基本的人権の種類

謝罪広告事件　衆議院議員総選挙に際して対立候補者の名誉を毀損したとして，裁判所から民法723条により謝罪広告を命じる判決をうけた候補者が，謝罪の強制は思想・良心の自由（憲法19条）の侵害であるとして争った事件。最高裁判所（最大判昭和31・7・4）は，この謝罪広告が「単に事態の真相を告白し陳謝の意を表明するにとどまる程度のもの」であり，良心の自由の侵害とまではいえないとした。ただ，本判決には，憲法19条の違反になるという反対意見も付されていた。→思想・良心の自由

集会・結社の自由　89頁〜90頁。

衆議院の解散　156頁，173頁〜174頁。

衆議院の優越　164頁〜165頁。

自由権→基本的人権の種類

取材の自由　93頁〜94頁。→報道の自由

小選挙区制　一選挙区から一人の議員を選出する制度で，一選挙区から二名以上を選出する大選挙区制に対するもの。日本では，最初の選挙法であった1889年の衆議院議員選挙法で原則として小選挙区制が採用された。衆議院議員については，1994年の公職選挙法の改正によって，従来の中選挙区制（一選挙区から三人ないし五人の議員を選出する選挙区制）にかわって小選挙区比例代表並立制が導入されている。→比例代表制

情報公開制度（情報公開条例）　国や地方が保有する情報を国民や住民に公開すべきであるという理念ないし法制度。国民主権の原理に支えられ，また国民の知る権利に基づいて，北欧やアメリカなどでこの制度が整備されてきた。特に，アメリカの情報自由法（1966年制定，1974年大幅改正）は，わが国にも大きな影響を与えたといわれている。日本では，1980年代から，全国の地方自治体で情報の開示請求権を住民に保障した情報公開条例（公文書公開条例）が制定され，国レベルでも1999年にようやく，「行政機関の保有する情報の公開に関する法律」が成立した（施行は2001・4・1）。95頁参照。→情報公開法，知る権利

情報公開法　国民主権の理念にのっとり，行政文書の開示を請求する権利につき定めた法律で，1999年に「行政機関の保有する情報の公開に関する法律」として成立し，2001年4月1日より施行されている法律。公開の対象となる行政文書には電磁的記録なども含み，開示請求者としては外国人や法人など何人も含むが，ただし個人に関する情報や，特に，防衛・外交・犯罪捜査などに関する情報については不開示とされる。不開示に対して不満のある者は，不服申立てができるし，さらに情報公開訴訟も提起できるようになっている。もっとも，この法律には，「知る権利」が明示されていないこと，不開示情報について広範な行政裁量が認められていること，対象が行政機関に限られ，国会・裁判所などは除外されていることなど，限界を伴っている

とされる。→情報公開制度，知る権利

情報プライバシー（情報プライバシー権）→プライバシー

条約（憲法優位説・条約優位説）　203頁。

条例　219頁～222頁。

職業選択の自由　自己の従事する職業を決定する自由。自己の選択したその職業を遂行する自由（職業活動の自由）を含む。憲法は，22条1項でこれを保障する。これは，経済的自由のひとつであるが，職業が自分の能力を発揮する場でもあるので，人格的価値と結び付いた自由としての意味も有する。なお，職業には，自己が営業主体となって営む職業と，自己が雇われてする職業の二つがあり，前者については，それを決定する自由は営業することの自由を含み，後者については，それを決定して行う自由は，労働権（憲法27条）の自由権的側面でもある。97頁参照。→営業の自由，勤労の権利

助言と承認（内閣の助言と承認）　157頁。

知る権利　政府または地方公共団体のもっている情報を手に入れる権利。アメリカでは，情報自由法を生み出すもととなった。日本では，「博多駅テレビフィルム提出命令事件」で，最高裁判所（最大決昭和44・11・26）が，「報道機関の報道は，民主主義社会において，国民が国政に関与するにつき，重要な判断の資料を提供し，国民の『知る権利』に奉仕する」と述べて，報道の自由の基礎づけに用いたが，通常は情報公開制度の整備を求める根拠として主張される。この権利の根拠としては，憲法21条の表現の自由とともに，国民主権ないし民主主義の原理があげられ，「新しい人権」の一つとされるが，情報開示請求という積極的な意味での知る権利は，法律や条例なくしては行使しえないものと一般に解されている。94頁参照。→情報公開制度，博多駅テレビフィルム提出命令事件，表現の自由，新しい人権，報道の自由

人格的利益説→一般的自由説

信教の自由（信仰告白の自由，宗教的行為の自由，宗教的結社の自由）　85頁。

人権規定の私人間効力＝私人間における基本的人権の効力（不適用説，直接効力説，間接効力説）　71頁～73頁。

人身の自由（身体の自由）　狭義には，人の身体が肉体上も精神的にも拘束を受けないこと，つまり個人が国家によって身体の拘束を受けたり，労役を強制されたりしないという身体そのものの自由，すなわち，奴隷的拘束・苦役からの自由（憲法18条）をいう。しかし，通常は，さらに憲法31条以下（32条を除き39条まで）の刑事手続保障を含めていう。なお，この刑事手続保障は，31条の法定手続あるいは適正手続の保障とよばれる一般原則と，具体的な手続保障とに分かれ，後者は，さらに逮捕などに関する令状主義などの犯罪捜査の段階での手続保障と，弁護人依頼権などの起訴された後の裁判段階での手続保障とに分かれる。前者は被疑者の権利保障，後者は被告人の権利保障と呼ばれる。103頁参照。

森林法違憲判決　森林を共有する兄弟の間で，森林分割に特別の制限を置いた森林法の規定が憲法29条に違反するかどうかが問題とされた事件。民法256条1項の共有物の分割を請求することができるという規定にもかかわらず，かつての森林法186

条が「その共有に係る森林の分割を請求することができない」と規定し，共有林の分割請求に制限を加えていた。この規定が日本国憲法29条２項に違反するのではないかという共有者からの訴えに対して，最高裁判所（最大判昭和62・４・22）は，森林法186条の分割請求権の制限が森林の細分化を防止するなどの立法目的との関係において，「合理性と必要性のいずれをも肯定することのできないことが明らか」であり，憲法29条２項に違反する，との判断を下した。なお，この違憲判決後，森林法186条の規定は削除された。→財産権

砂川事件　1957年７月，東京調達局によるアメリカ軍が使用していた立川飛行場（東京都北多摩郡砂川町）の拡張工事のための測量に対して，反対派のデモ隊数名が敷地内に立ち入ったことが，旧日米安全保障条約３条に基づく刑事特別法に違反するとして起訴された事件。東京地方裁判所（いわゆる伊達判決）は，安保条約によって，「わが国が自国と直接関係のない武力紛争の渦中に巻き込まれる虞があ」るとして，駐留米軍が憲法９条２項の戦力に該当して違憲であると判示し，被告人たちを無罪とした。しかし，最高裁判所（最大判昭和34・12・16）は，戦力とは「わが国がその主体となってこれに指揮権，管理権を行使し得る戦力をいうものであり，結局わが国自体の戦力を指し，外国の軍隊は，たとえそれがわが国に駐留するとしても，ここにいう戦力には該当しない」とし，また，安保条約は高度の政治性を有するものであって，司法裁判所の審査にはなじまない性質のものであると統治行為論を展開し，原判決を破棄し差し戻した。→統治行為論

請願権　131頁。→国務請求権

政教分離（政教分離原則）　86頁～87頁。→目的効果基準，愛媛玉串料訴訟，津地鎮祭事件

政治資金規正法　政治団体と公職選挙の候補者により行われる政治活動が国民の監視と批判の下に行われるようにするため，政治団体の届出，政治団体にかかわる政治資金の収支の公開や，政治団体と公職選挙の候補者にかかわる政治資金の授受の規正などを定めている法律。政党や政治家の金権政治への反省として，1948年に制定され，再発した政治腐敗に対する国民の批判の高まりのなかで，1975年に全面的に改正され，現在に至っている。なお，「八幡製鉄事件」で，最高裁判所（最大判昭和45・６・24）は，会社による政治献金を容認した。63頁参照。→八幡製鉄事件

青少年保護条例　青少年（18歳未満の者）の健全な育成をはかる目的で，地方公共団体で制定されている条例。「青少年保護育成条例」や「青少年健全育成条例」などという名称が使われることもある。内容は，多岐にわたるが，著しく性的感情を刺激し，又は著しく残忍性を助長する有害図書の青少年への販売の禁止を含む条例があり，これが検閲と表現の自由との関連で問題となった。知事が有害図書と指定したものを自動販売機に収納することを禁止する岐阜県の条例が違憲かどうか争われた「岐阜県青少年保護条例事件」で，最高裁判所（最三小判平成元・９・19）は，知事の指定と自動販売機への収納が検閲にあたらないと判断するとともに，有害図書が青少年の健全育成に有害であることは社会共通の認識になっており，規制は必要やむをえな

い制約であるから，憲法21条１項の表現の自由にも違反しないとした。→検閲，表現の自由

生存権　114頁～119頁。→プログラム規定説，抽象的権利説，具体的権利説，朝日訴訟，塩見訴訟，堀木訴訟

政党　共通の政治上の主義・主張をもつ人々が政権の獲得を目指して組織する政治団体。政党は，民意を議会に媒介するなど，議会制民主主義において必然的・不可欠なものであり，第二次大戦後のドイツでは，政党が憲法に編入され，政党法の制定に至っているが，日本国憲法は，政党に関する規定をもたず，政党法による政党の規制もない。とはいえ，「両議院は，全国民を代表する選挙された議員でこれを組織する」（憲法43条）と規定し，政党が選挙を通じて国民の政治意思形成を担うことを示唆するとともに，議院内閣制を採用して政府と議会の結合をはかっているので，日本国憲法は政党の存在を認めているといえる。→八幡製鉄事件

政党助成法　議会制民主主義における政党の機能の重要性から，国が政党に対し政党交付金による助成を行う法律。この法律は，1994年に制定され（施行は1995年１月１日），交付金は国勢調査人口に250円をかけた額とされ，これを議員数割と得票数割とに応じて各政党に交付される。

制度的保障　人権規定のなかで，個人の権利の保障を目的とするだけでなく，一定の制度を保障することを目的とする規定，もしくはもっと広義に，憲法が保障する特定の制度の本質的内容（核心）を立法によっても侵害することができないとする規定。日本国憲法において，制度的保障としては，政教分離（20条，89条），大学の自治（23条），婚姻・家族制度（24条），私有財産制（29条）のほか，地方自治制（92条）があげられている。→政教分離，大学の自治

政令　行政機関が制定する法形式である命令のうち，内閣が定める命令（法）。政令は，閣議にかけ，主任の国務大臣が署名し，内閣総理大臣が連署することが必要であり（憲法74条），天皇がこれを公布する（７条１号）。法律の執行のために必要な細目規定を定める執行命令の性質をもつ政令は，憲法73条６号に明文で認められている。また，法律の委任に基づいて定められる委任命令の性質をもつ政令は，憲法に明文の規定はないが，73条６号但書（「但し，政令には，特にその法律の委任がある場合を除いては，罰則を設けることができない」）がこれを前提としていると解され，内閣法はこれを認める。これに対して，帝国憲法で認められていた緊急勅令や独立命令は，国会を唯一の立法機関とする憲法41条から認められない。187頁～189頁参照。

選挙の基本原則（普通選挙の原則，平等選挙の原則，直接選挙の原則，秘密選挙の原則，自由選挙の原則）　139頁。

選挙区（大選挙区，中選挙区，小選挙区）　選挙において当選人を決定するために区画された一定の地域。選挙人が一人の議員を選出する小選挙区と，選挙人が二人以上の議員を選出する大選挙区に大別できる。もっとも，日本の衆議院は，1994年の制度の改正前において，一つの選挙区から三名～五名の議員を選出する中選挙区といわれる制度を採っていた。→小選挙区制

戦争の放棄　223頁。

全農林警職法事件　128頁。

戦力（戦力の不保持）　225頁。

総辞職（内閣の総辞職）　186頁。

租税法律主義（課税要件法定主義，課税要件明確主義）　206頁。

尊属殺重罰規定違憲判決　刑法199条の普通殺人罪が3年以上の懲役を規定するのに対して，刑法200条の尊属殺人罪が死刑又は無期懲役のみを規定するのは，日本国憲法14条1項に違反し，無効であると判示した最高裁判所の判決（最大判昭和48・4・4）。最高裁は，「尊属に対する尊重報恩は，……刑法上の保護に値する」ゆえに，刑法200条の立法目的は合憲であるが，立法目的達成の手段として，尊属殺人罪が普通殺人に比し刑の程度を極端に加重しており，これが不合理な差別的取扱いをするものと認められ，憲法14条1項に違反して無効である，とした。なお，1995年の刑法の全面改正により，刑法200条をはじめ，尊属に対する罪を加重する規定はすべて削除された。→法の下の平等

た～と

大学の自治　88頁。→制度的保障，ポポロ事件

代表民主制→間接民主制

弾劾裁判所（裁判官弾劾裁判所）　日本国憲法64条1項に基づき，両議院の議員で組織された訴追委員会から罷免（職務を辞めさせること）の訴追を受けた裁判官を裁判するために，両議院の議員によって組織される裁判所。弾劾（訴追すなわち罷免の請求に基づき公権力が公務員を罷免する制度）の具体的な手続は，裁判官弾劾法に規定されている。この法によると，弾劾による罷免の事由は，「職務上の義務に著しく違反し，又は職務を甚だしく怠つたとき」と，「その他職務の内外を問わず，裁判官としての威信を著しく失うべき非行があつたとき」の二つの場合に限定されている。過去に行われた裁判官弾劾裁判としては，9例あり，罷免となった裁判官は7人いる。193頁，195頁参照。

地方公共団体　地方自治を行うことを存立の目的とし，国の一定の地域とその住民によって構成される，公共的事務を処理する権限を有する団体。日本国憲法は，92条から95条までにおいて地方公共団体が憲法上の制度として存在することを認めているが，どのような団体が地方公共団体にあたるかを明示していない。憲法と同時に施行された地方自治法は，「基礎的な地方公共団体」としての市町村と，「市町村を包括する広域の地方公共団体」としての都道府県を普通地方公共団体とし，特別区などを特別地方公共団体としている。市町村が憲法上の地方公共団体に該当することには異論はなかろうが，都道府県もそれに該当するのか否か，また，市町村と都道府県という二重構造（二層制）も憲法によって保障されているのか否かは見解が分かれている。多数説は，沿革的事情から二重構造を憲法上の要請と解し，都道府県に代わるより広域の「道州制」を設けるか否かを立法政策の問題と解している。特別区が憲法上の地方公共団体にあたるか否かについて，最高裁判所（最大判昭和38・3・27）は，これにあたらないとしたが，1998年の地方自治法の改正により，特別区は「基礎的な

地方公共団体」と位置づけられ，現在において特別区は普通地方公共団体たる性格を強めている。

地方自治（地方自治の本旨）　213頁～218頁。

チャタレイ事件　イギリスの作家D. H. ロレンスの『チャタレイ夫人の恋人』の翻訳本につき，翻訳者と出版社の社長が刑法175条のわいせつ文書頒布罪にあたるとして起訴され，有罪とされた事件。最高裁判所（最大判昭和32・3・13）は，わいせつ概念に関する三要件（性欲を興奮・刺激させること，性的羞恥心を害すること，善良な性的道義観念に反すること）を確認するとともに，刑法175条が性的秩序を守り，最小限度の性道徳を維持するという公共の福祉による表現の自由の制限であり，合憲である，と判示した。→表現の自由

抽象的権利説　117頁。→プログラム規定説，具体的権利説

抽象的審査　201頁～204頁。→付随的審査

直接選挙　139頁。→間接選挙

直接民主制　46頁。→間接民主制（代表民主制）

津地鎮祭事件　三重県津市が市の体育館の起工にあたり，神式に則る地鎮祭を挙行し，神官への謝礼・供物代金などの費用として市の公金を支出したのが，日本国憲法20条・89条の政教分離原則に違反するのか否かが争われた事件。第二審（名古屋高判昭和46・5・14）は，「地鎮祭が特定宗教による宗教上の儀式であると同時に，憲法20条3項で禁止する『宗教的活動』に該当する」と判示した。これに対して，最高裁判所（最大判昭和52・7・13）は，政教分離について，国家と宗教の相対的分離の立場にたちつつ，目的効果基準を用いて，「本起工式は，宗教との関わり合いをもつものであることを否定しえないが，その目的は建築着工に際し土地の平安堅固，工事の無事安全を願い，社会の一般的慣習に従った儀礼を行なうという専ら世俗的なものと認められ，その効果は神道を援助，助長，促進し又は他の宗教に圧迫，干渉を加えるものと認められないのであるから，憲法20条3項により禁止される宗教的活動にはあたらない」とした。87頁参照。→政教分離，目的効果基準

抵抗権　7頁。

適正手続（デュー・プロセス）　個人の生命，自由，財産を奪うためには，法の定める適正な手続によらなければならないとする原則。アメリカ合衆国憲法修正5条・14条の「法の適正な手続（due process oflaw）」において定められたもので，これをうけて日本では憲法31条で「法定手続の保障」を定めている。31条については，条文の上で手続規定の法定が求められているが，通説は，それのみならず，手続内容の適正，実体規定の法定およびその内容の適正が求められていると解する。適正手続の内容として特に重視されるのは，公権力が国民に刑罰その他の不利益を科す場合には，当事者にあらかじめその内容を告知し，当事者に弁解と防御の機会を与えるという告知と聴聞の要請である。104頁参照→罪刑法定主義

適用違憲　204頁。→法令違憲，合憲限定解釈

天皇機関説（国家法人説）　美濃部達吉（1873～1948年）の天皇を国家機関とす

る憲法学説の通称。ドイツの国法学者イェリネックの国家法人説（統治権は法人たる国家に属するとする説）を踏襲して，国家は機関によって行動し，天皇はその最高機関にすぎないとする説。明治末期から大正初期にかけて，日本の統治権（主権）の主体は天皇であり，臣民はこれに服従するとの説を唱えた上杉慎吉（1878～1929年）との間で，大論争を闘わせた（天皇機関説論争）。このときは美濃部説が優位を占めたが，1935年，美濃部説に対する攻撃が貴族院ではじまり，美濃部は貴族院議員を辞任し，憲法著書が発禁されるなど，美濃部説は政治的に抹殺され，美濃部自身も翌年右翼に襲撃された（天皇機関説事件）。

天皇主権　国家の意思の最終的決定権が天皇にあるという国家原理。帝国憲法には明文規定はなかったが，上諭，１条と４条から天皇に主権があったと説かれている。45頁参照。→天皇機関説，国民主権

同時活動の原則　両議院が同時に召集，開会および閉会されるという原則。憲法では，衆議院が解散されたときに参議院も同時に閉会となる（54条２項）と定めているほか，明文の規定はないが，召集と開会も同時に行われることは，日本国憲法が両院制（二院制）を採用していることから当然に導かれる帰結とされる。ただし，参議院の緊急集会はこの原則の例外である。→独立活動の原則

道州制　文字どおりには，行政区画として道と州を置く地方行政制度。北海道以外の地域に複数の州を設置し，それらの道州に現在の都道府県より強い行政権を与えようとする構想。道州制ついてはさまざまな議論があるが，莫大な債務を負っている都道府県もあるため，財政問題の解決方法として主張されたり，広域行政の要請に応えるために主張されたりしている。最近では，地方分権と併せてその導入の必要性が説かれたりもする。→地方公共団体

統治行為論　192頁。

投票価値の平等　140頁。→議員定数不均衡訴訟

特別区　→地方公共団体

特別裁判所（の禁止）　193頁。

独立活動の原則　両院制の下で，各議院が独立して会議を行い，議決を行う原則。議院に運営自律権があることを前提として導き出される原則である。両議院の議決が一致したときは，国会の意思が成立したことになるが，両議院の意思が異なる場合は，国政の渋滞を防ぐために，衆議院の優越があり得るが，できるだけ両議院一致の議決を成立させるために，独立活動の原則の例外として両院協議会が開かれる（憲法59条～61条）。→同時活動の原則，両院協議会

苫米地事件　1952年８月27日，第三次吉田内閣の日本国憲法７条による「抜き打ち解散」が行われたことに対し，苫米地義三衆議院議員が，同解散が不信任決議を経ずに，憲法７条に基づいたこと，解散詔書の公布に至る過程において必要な全閣僚一致による助言と承認の二つの閣議が開かれなかったことは違憲であるとして，議員資格の確認と歳費の支払いを求めて訴えた事件。最高裁判所（最大判昭和35・６・８）は，衆議院の解散のような高度に政治性のある「国家行為は裁判所の審査権の外にあり，その判断は主権者たる国民に対して政治的責任を負うところの政府，国会などの

政治部門の判断に委され，最終的には国民の政治判断に委ねられているものと解すべきである」として，統治行為論を展開し，憲法判断を行わなかった。174頁参照。→統治行為論，衆議院の解散

な～の

内閣提出法案（内閣提出立法）　内閣によって国会に提出される法律案。議員提出法案とは区別される。国会を「国の唯一の立法機関」（憲法41条）と定めている日本国憲法の下では，内閣に法案提出権が認められるかどうかについては，学説上争いがあった。しかし，憲法72条は「内閣総理大臣は，内閣を代表して議案を国会に提出し」と規定しており，内閣法５条も，「内閣総理大臣は，内閣を代表して内閣提出の法律案」を国会に提出すると定めて，内閣による法案提出権を認めている。また，第一回国会以来，内閣提出法案が法案の重要な部分を占めるという実際上の運用がある。171頁参照。→唯一の立法機関

内閣不信任決議（内閣不信任決議権）　内閣を信任しないとする衆議院の意思表明（およびその権限）。内閣不信任決議は，内閣に対する衆議院のもつ最も強力な問責手段であり，議院内閣制の本質に属するものである。日本国憲法は，「衆議院で不信任の決議案を可決し，又は信任の決議案を否決したときは」，内閣は衆議院が解散されない限り，必ず総辞職しなければならないと定める（69条）。173頁，181頁～182頁，186頁参照。

内在的制約　人権という観念そのものに当然に内在する限界。人権の限界に関する公共の福祉論をめぐる論争の中で，人権は政策的制約を受けず，権利に内在する制約にのみ服すると説くのが内在的制約説である。内在的制約の具体的内容としては他人の権利を侵害しない（他者加害の禁止）ということなどがあげられるが，それは人権の衝突を調整する実質的公平の原理という意味での公共の福祉とほぼ同義になる。この意味での公共の福祉は，社会国家的公共の福祉に対して，自由国家的公共の福祉と呼ばれる。49頁，74頁参照。→公共の福祉

長沼ナイキ基地訴訟　1969年，防衛庁が北海道夕張郡長沼町の馬追山の山林にナイキ地対空ミサイル基地を建設しようとしたところ，それに反対する住民が，基地建設のために農林大臣がした保安林の指定解除処分の取消しを求めて争った訴訟。札幌地裁（いわゆる福島判決）は，平和的生存権の裁判規範性を認めるとともに，自衛隊は憲法９条２項が禁止した戦力に該当し違憲であるとし，住民の請求を認容した。しかし，札幌高裁は，砂防ダムの完備によって訴えの利益がなくなったとして訴えを却下し，そのうえ自衛隊の違憲性については統治行為論に触れ，最高裁判所（最判昭和57・９・９）も同様の理由で上告を棄却し，自衛隊の違憲性や平和的生存権について，憲法の判断を示さなかった。→憲法判断の回避，平和的生存権，統治行為論

奈良県ため池条例事件　1954年制定の奈良県の「ため池の保全に関する条例」は，ため池の堤とう（土手）に農作物などを植える行為を禁止し，この違反に対しては罰金刑を規定していたが，条例制定後もため池の堤とうに農作物を植えていたため

農民が条例違反で起訴された事件。最高裁判所（最大判昭和38・6・26）は，ため池の破損，決壊の原因となるため池の使用行為が憲法29条の保障する財産権の行使として保障されていないものであり，従って，これらの行為を条例で禁止，処罰しても憲法に反しないとした。220頁参照。→条例，財産権

軟性憲法　9頁。→硬性憲法と軟性憲法

二重の基準（二重の基準論）　50頁，76頁，91頁，202頁。→優越的地位，厳格な審査基準

ノンフィクション逆転事件　1964年に起こった傷害致死事件を取材した伊佐千尋氏のノンフィクション作品『逆転』（1977年刊行）の中で，実名を記された人物が知られたくない前科を書かれ，精神的苦痛を被ったとして慰謝料を請求する訴訟を起こした事件。最高裁判所（最判平成6・2・8）は，前科にかかわる事実があったとしても，みだりに前科を公表されないことにつき，法的保護に値する利益を有するし，新しく形成している社会生活の平穏を害されその更生を妨げられない利益を有すると判示し，慰謝料の一部を認めた。

は～ほ

博多駅テレビフィルム提出命令事件　1968年1月，アメリカ軍原子力空母エンタープライズの佐世保寄港反対闘争に参加する学生と機動隊員が博多駅付近で衝突し，機動隊側に過剰警備があったとして特別公務員暴行凌虐・職権濫用罪で告発された事件。地検は不起訴にしたため，付審判請求を行ったが，この審理を担当した福岡地方裁判所は，事件の模様を録画した取材フィルムの提出をNHKなど放送会社4社に命じ，放送会社側は報道の自由の侵害として争った。最高裁判所（最大決昭和44・11・26）は，犯罪の性質，態様，軽重および証拠としての価値とフィルム提出により取材の自由が妨げられる程度などとの比較衡量をして，提出命令が認められるか否かが決せられるという考え方をとり，提出命令を認める判断を下した。この決定は，その後，証拠としての取材フィルムの利用に関するリーディング・ケースとなった。50頁，93頁～94頁参照。→取材の自由，報道の自由

漠然性の故に無効の法理（明確性の原則）　法文が漠然不明確な法令は，違憲で無効とする裁判の法理。アメリカの判例で形づくられた法理であるが，日本の最高裁判所で用いられた例はないとされる。精神的自由を規制する立法が明確であることを求める「明確性の原則」とほぼ同義であり，法文は一応明確でも，法令の規制の範囲が過度に広汎であることを理由に違憲で無効とする法理（過度の広汎性の法理）もこれに近似した法理である。→厳格な審査基準

半代表（半代表の観念）　命令的委任（議員が選挙母体などの命令に拘束さること）の禁止などの古典的な代表概念（純粋代表）に対抗するものとして，フランス憲法学で，19世紀後半に主張された代表制の一類型（およびその観念）。普通選挙，再選，解散，比例代表制などの導入により，議員が選挙民の意思に従うことが求められる代表制を示す。日本でも憲法43条1項の

「両議院は，全国民の代表する選挙された議員でこれを組織する」というのを，自由委任の原則（議員は自己の信念に基づいてのみ行動できるという原則）から解釈するのが通説であるのに対して，半代表概念を用いて解釈する説が有力となりつつある。→国民の代表機関

反論権　マス・メディアへのアクセス権の特殊な形態として，マス・メディア側に是正を求める代わりに，偏向した報道などをされた者が，そのマス・メディアに反論を書くスペースを無償で提供するように求める権利。この憲法上の根拠としては，表現の自由や人格権があげられている。しかし，「サンケイ新聞意見広告訴訟」で，最高裁判所（最二小判昭和62・4・24）は，反論権の成立を否定した。95頁参照。→アクセス権，サンケイ新聞意見広告訴訟

非核三原則　日本において，核兵器を「つくらず，もたず，もちこませず」という原則。1971年，衆議院本会議で決議されたものである。ただし，政府見解では，核兵器の保持は，それが防衛用であれば，憲法上禁止されていないとしている。53頁参照。

一人一票の原則　投票は，各選挙につき一人一票に限られるとする原則。日本では，選挙法の制定以来この原則を採用し，公職選挙法36条も「投票は，各選挙につき，一人一票に限る」と定める。

表現の自由　89頁～97頁。

平等権→法の下の平等，基本的人権の種類

平賀書簡事件　1969年8月，当時の平賀健太・札幌地方裁判所所長が，札幌地方裁判所に係属中の長沼ナイキ基地訴訟を担当していた福島重雄裁判長に対して，自衛隊の違憲判断は避けるべきである旨を示唆する書簡を送った事件。福島判事は，これを不当な干渉と受け止め，その書簡を公開にした。札幌地方裁判所裁判官会議は，明らかに裁判に対する干渉に当たるとして平賀所長を厳重注意に付し，最高裁判所も裁判の独立と公正について国民の疑惑を招くものとして注意処分に付し，さらに，東京高等裁判所判事に転任させた。→司法権の独立，長沼ナイキ基地訴訟

比例代表制（拘束名簿式比例代表制，非拘束名簿式比例代表制）　各政党が得票数に比例した数の議席を獲得する選挙制度。死票がなくなり，有権者の意見がよりよく反映されるなどという長所がある反面，小党分立になり政局が不安定になるなどの短所があるとされる。日本では，1982年に公職選挙法を改正して，比例代表制が導入され，1983年の参議院通常選挙から，全国区選挙が比例代表制（拘束名簿式比例代表制＝有権者が政党に投票した結果により各党の得票数に比例して議席数が配分され，各政党が推薦する立候補者に順位をつけた名簿の順位に拘束され，当選者が決定される制度）によって実施されることになった。1994年の公職選挙法改正により，衆議院議員選挙にも小選挙区比例代表並立制が導入され，2000年秋の臨時国会で，参議院議員選挙の比例代表制が非拘束名簿式に変更されている（非拘束名簿式とは，政党が立候補者に順位をつけずに名簿を作成し届け出て，有権者は候補者名または政党名のいずれかを書き投票し，候補者の投票は所属政党の得票ともなり，それによって当選者の配分がなされ，政党内では，得票

数の順位で当選者が決定される方式である)。

プープル主権　J・J・ルソーの理論を基にフランス革命期以降に主張された人民（プープル）を主権の主体とする原理。1791年フランス憲法で確立されたナシオン主権に対抗して，1793年憲法などで採用された。プープル主権論において，主権の主体は政治的意思能力をもった市民の総体としての人民とされるため，人民の直接的な意思決定（直接民主制）が理論上可能となる。そこで，プープル主権論からすれば，日本国憲法の国民主権も直接民主制を要請していると説くが，国民主権という一般的原理からレファレンダム（人民投票）などの具体的な統治組織を創設すべきであるという要請を導き出すことは難しいとみられている。46，137頁参照。

付随的審査（付随的違憲審査制）　200頁。→抽象的審査

不逮捕特権　176頁～177頁。

プライバシー（プライバシーの権利）　77頁～78頁，95頁～96頁。

プログラム規定説　116頁～117頁。→抽象的権利説，具体的権利説

平和主義　51頁～53頁。

平和的生存権　新しい人権の一つとして主張されている，平和のうちに生存する権利。平和的生存権という考えは，自衛隊を違憲とする訴訟において，昭和30年代の後半から主張された。日本国憲法の前文２段に，「われらは，全世界の国民が，ひとしく恐怖と欠乏から免かれ，平和のうちに生存する権利を有することを確認する」とあり，平和的生存権は主にここから導き出されるといわれる。また，９条の平和主義や13条の幸福追求権をその根拠とする説もある。しかし，他方では，平和という観念は抽象的であり，平和的生存権も具体的権利とはいえないという説もある。判例においては，長沼ナイキ基地訴訟の一審判決（いわゆる福島判決）が平和的生存権の裁判規範性を認めたが，二審判決はこれを否定し，最高裁判所も前文２段の裁判規範性を実質的に認めなかった。42頁参照。→新しい人権，長沼ナイキ基地訴訟

弁護人依頼権　107頁。

包括的基本権（包括的人権）　広義では，個別の人権でカバーされない包括的な権利ないし総則規定。日本国憲法13条の幸福追求権，14条の法の下の平等及び31条の法定手続の保障がその例とされる。14条と31条は，人権の全分野に関係し，他の人権と複合して問題となること，個人の権利としての側面とともに国家に対する禁止原則という意味をもつことなどに特質があるのに対して，13条の幸福追求権は，それ自体が個別的人権ではなく，憲法の人権カタログに列挙されていない「新しい人権」を導き出す根拠となるので，とりわけ，包括的基本権といわれる（狭義の包括的基本権）。この幸福追求権は，人権を包括的に保障している総則的規定であり，個別的人権規定とはいわば特別法と一般法との関係にあるとされる。77頁参照。→幸福追求権，法の下の平等，適正手続

法人の人権　62頁～63頁。→基本的人権の享有主体，八幡製鉄事件

法治主義　19頁～21頁。→法の支配，法律の留保

報道の自由　93頁。→取材の自由

法の支配　17頁～21頁。→法治主義

法の下の平等　80頁〜82頁。→平等権

法律の留保　法律の留保は，二つの意味で使われる。一つは，法律による行政の原理の一つをなすものであり，行政は法律の根拠がなければ活動できないことを意味する。従来の見解は，個人の権利または自由，財産権を侵害する行政活動には，法律の根拠が必要であると解されていた（侵害留保説）。しかし，戦後，この見解に対して批判がなされ，すべての行政活動に法律の授権が必要であると説くものも現れた（全部留保説）。もう一つは，明治憲法の下では，臣民の権利が法律の範囲内でしか保障されていなかったことをさして法律の留保があるといわれた。明治憲法下では，臣民の権利は法律を根拠にいつでも制限できるとされていた。これに対して，日本国憲法下では，法律で規定すればどのような人権をも制限ができるというわけではない。20頁，26頁参照。

法律扶助の制度　無資力者や低所得者に対して裁判費用を扶助する公の制度。憲法32条の裁判を受ける権利が保障されていても，訴訟には弁護士費用などがかかるので，無資力者や低所得者は訴訟を断念せざるを得ないこともある。それで，財団法人・法律扶助協会が勝訴の見込みがあるとき，裁判費用を立替えるなどの援助を行っていた。また，2000年には，民事法律扶助法が制定され，扶助の拡充がはかられていた。なお，2006年に日本司法支援センター（法テラス）が新設されたのにともない，法律扶助協会の民事法律扶助事業は日本司法支援センターに引き継がれている。もっとも，憲法32条の裁判を受ける権利は法律扶助の制度を具体的に要求しているとまでは解されていない。従って，扶助の制度を設けないからといってすぐに違憲とはならないが，制度があったほうが憲法の趣旨からして望ましいと解されている。→裁判を受ける権利

法令違憲　裁判所が法令の違憲審査をした結果，法令そのものを違憲とする違憲判断の方法。これには，法令の目的について違憲・無効とする場合と，法令の目的は合憲であるが，その目的を達成するための手段が違憲・無効とする場合がある。後者については，「尊属殺重罰規定違憲判決」（最大判昭和48・４・４）や「薬事法距離制限違憲判決」（最大判昭和50・４・30）などの例がある。なお，法令の文面上は合憲であるが，当該事件への適用について違憲だとする適用違憲の手法がある。204頁参照。→合憲限定解釈，適用違憲

ポツダム宣言　29頁〜30頁，35頁，37〜39頁。

北方ジャーナル事件　1979年の北海道知事選に立候補を予定していた元旭川市長が，発売予定の雑誌「北方ジャーナル」の自分への批判攻撃記事により，名誉を毀損されるおそれがあるとして，同雑誌の出版の差し止めなどの仮処分申請を行った事件。雑誌社側は，これが憲法21条の表現の自由の保障および検閲の禁止に違反しているとして争ったが，最高裁判所（最大判昭和61・６・11）は，仮処分による事前差し止めは検閲には当たらないとしたうえで，「その表現内容が真実でなく，又はそれが専ら公益を図る目的のものでないことが明白であって，かつ，被害者が重大にして著しく回復困難な損害を被る虞があるときは，例外的に事前差止めが許される」と判

示した。この判決は，その後の同様な事件のリーディング・ケースとなった。92頁参照。→事前差し止め，検閲

ポポロ事件（東大ポポロ劇団事件） 1952年，東京大学の学生団体「ポポロ劇団」の演劇発表会に，警察官４人が私服で公安目的のため潜入していた際，これを発見した学生が，３人の身柄を拘束し，警察手帳を取りあげ謝罪文を書かせるなどするうち，洋服の内ポケットから紐を引きちぎるなどの暴力を加えたとして，「暴力行為等処罰ニ関スル法律」違反として起訴された事件。一審と二審は，被告人の行為は大学の自治を守るための正当行為であるとして無罪判決を下したが，最高裁判所（最大判昭和38・５・22）は，憲法23条を大学が学術の中心であることから特に大学における学問研究，教授の自由を保障するものと解し，「本件集会は，真に学問的な研究と発表のためのものではなく，実社会の政治的社会的活動であり，……大学の学問の自由と自治はこれを享受しない」として破棄差戻の判決を下した。88頁参照。→学問の自由，大学の自治

堀木訴訟　118頁。→生存権

ま～も

マグナ・カルタ（大憲章）　1215年，イギリスのジョン王が，貴族およびこれを支持していた市民に与えた勅許状。この中には，12条の「議会の承認がなければ課税なし」，39条の「法によらない逮捕の禁止」などに人権思想の萌芽がみられた。

マクリーン事件　日本国内で在留期間中に政治活動を行ったことなどを理由に在留期間の更新を不許可とされたアメリカ国籍のマクリーン氏が，法務大臣にこの不許可処分の取消しを求めた事件。第一審は，取消しを認めたが，第二審は一審判決を取消して請求を棄却した。最高裁判所（最大判昭和53・10・４）は，「憲法上，外国人は，わが国に入国する自由を保障されているものではないことはもちろん，……在留の権利ないし引き続き在留することを要求しうる権利を保障されているものでもない」として，上告を棄却した。ただし，外国人の人権について次のような注目すべき判断を示した。「憲法第３章の諸規定による基本的人権の保障は，権利の性質上日本国民のみをその対象としていると解されるものを除き，わが国に在留する外国人に対しても等しく及ぶものと解すべきであり，政治活動の自由についても，わが国の政治的意思決定又はその実施に影響を及ぼす活動等外国人の地位にかんがみこれを認めることが相当でないと解されるものを除き，その保障が及ぶ」。64頁参照。→外国人の人権

未成年者の人権　61頁。→基本的人権の享有主体，子どもの意見表明権

三菱樹脂事件　72頁，84頁。→思想・良心の自由，人権規定の私人間効力（間接的効力説）

明確性の原則→漠然性の故に無効の法理

明白かつ現在の危険　アメリカの判例によって形成された厳格な審査基準の一つ。表現行為を規制することができるのは，当該表現行為が，①近い将来に害悪を引き起こす可能性が明白であること，②その害悪が極めて重大であり，害悪の発生が時間的に切迫していること，③当該規制手

段が害悪を避けるのに必要不可欠であること，という三つの要件が認められた場合だけであるとする考え方である。最高裁判所は，判決でこの基準に言及した例がみられるが，全体としてその採用に消極的である。→表現の自由，厳格な審査基準

明白性の原則　裁判所がある法律を違憲・無効とするためには，「当該法的規制措置が著しく不合理であることが明白である場合に限って，これを違憲」とする原則（「小売商業調整特別措置法違反事件」最大判昭和47・11・22）。この原則は，規制措置に関する立法府の広い裁量（判断の余地）を認め，ただ，立法府がその裁量権を逸脱し，当該規制措置が著しく不合理であることが明白である場合に限って，それを違憲とする，という基準である。これは，法律には，一般に合憲性推定の原則がはたらくということに基づく。98頁，201頁参照。→合憲性推定の原則，合理性の基準，違憲審査制

名誉毀損（月刊ペン事件・夕刊和歌山時事事件）　名誉毀損とは，公然と事実を摘示し，人の名誉を毀損することであり，これに該当すると，刑法230条１項の名誉毀損罪になる。しかし，政府や公人に対する批判や論評のように，真実を明らかにし，正当な評価を加えることが必要な場合もある。そこで，刑法230条の２第１項は，①公共の利害に関する事実に係るもので，②専ら公益を図る目的による場合で，③事実の真実性が証明されたときは，処罰しないものとしている。なお，「月刊ペン事件」で，最高裁判所（最判昭和56・４・16）は，私人であっても一定の社会的影響力があればその私生活に関する評論をすることは公共の利害に関する事実に当たる場合があるという基準を打ち出しているし，「夕刊和歌山時事事件」で，最高裁判所（最大判昭和44・６・25）は，「事実が真実であることの証明がない場合でも，行為者がその事実を真実であると誤信し，その誤信したことについて，確実な資料，根拠に照らし相当の理由があるときは」，名誉毀損罪は成立しないとした。

命令（執行命令・委任命令）　行政機関によって制定される法。明治憲法においては，法律から独立して発せられる独立命令と緊急の際に天皇が法律にかわって出した緊急勅令があったが，日本国憲法の下では，執行命令（法律を執行するために細目規定を定める命令）と委任命令（法律に委ねられて法律を補充するために定める命令）のみが認められている。命令の種類としては，内閣が定立する政令，内閣府の長としての内閣総理大臣が発する内閣府令，各省の大臣が発する省令，委員会および庁の規則，会計検査院規則，人事院規則などがある。→政令

目的効果基準　87頁。→政教分離

黙秘権　憲法38条１項は，「何人も，自己に不利益な供述を強要されない」とするが，これが黙秘権あるいは供述拒否権などといわれるものである。これは，捜査の段階と公判の段階のいずれにおいても保障される。憲法36条の拷問の禁止は，この保障を国家権力に対する禁止として反面から規定したものでもある。最高裁判所は，氏名の黙秘が原則として不利益な事項に該当しないとする（最大判昭和32・２・20）。

や〜よ

薬事法距離制限違憲判決　99頁。

八幡製鉄事件　新日鉄の前身である八幡製鉄株式会社の代表取締役が自由民主党に政治献金を行ったのに対して，株主の一人が献金の違法性を争った事件。最高裁判所（最大判昭和45・6・24）は，「憲法第三章に定める国民の権利および義務の各条項は，性質上可能なかぎり，内国の法人にも適用されるものと解すべきである」とし，法人の人権を認めるとともに，「会社は，自然人たる国民と同様，国や政党の特定の政策を支持，推進しまたは反対するなどの政治的行為をなす自由を有するのである。政治資金の寄附もまさにその自由の一環であ」ると，会社の政治献金を政治的行為の自由の一つとして容認した。63頁参照。→法人の人権

唯一の立法機関　162頁。

優越的地位（表現の自由の優越的地位）　50頁，91頁，202頁。

予算　一会計年度における国の歳入・歳出の予定準則。ただ，予算の語は多義的に使われる。まず，国の予算の場合，内閣が作成して国会に提出する予算案と称されるものも，国会の議決を経て成立し，法的効力をもつものも，ともに予算と呼ぶ。国会の予算議決権は，原則として無制約であるが，予算の審議の仕方については，衆議院は参議院に対して先議権と議決の優越権がある（憲法60条）。予算案の発案・作成・提出権は内閣のみにある（86条）。国会は予算案の審議権・修正権・議決権をもつ（86条）。国会による予算案の修正には増額修正と減額修正があり，特に増額修正については解釈上の対立があるが，これを認めるのが通説である。予算の法的性格については，法律の一種とみるか，法律とは異なる独自の法形式とみるか，学説は分かれているが（後者が多数説），国民を直接拘束するものでないことは明らかである。予算単年制および会計年度独立の原則により，予算は一会計年度に限って効力を有する（86条）。209頁〜210頁参照。

り〜ろ

立憲主義（近代立憲主義）　権利の保障と権力分立によって権力を制限しようとする原理。1789年のフランス人権宣言16条が「権利の保障が確保されず，権力の分立が定められていない社会は，すべて憲法をもつものではない」と述べた憲法の定義が近代立憲主義の内容を示している。10頁，11頁，12頁，17頁。

立憲的意味の憲法（近代的意味の憲法）　5頁。

立法事実（論）　法律の基礎にあってその合理性を支える社会的・経済的・文化的な一般的事実。裁判において立法事実を主張したり，裁判所がそれについての見解を示すことを立法事実論という。法律には，その目的および目的達成の手段について合理的な根拠があるとする合憲性推定の原則がはたらいている。そこで裁判において，法律の無効を主張してこれを裁判所に認めてもらうためには，立法事実論の展開が有効となる。この手法がとられた例として，「薬事法距離制限違憲判決」（最大判昭和50・4・30）があげられる。ここで，最高裁は，薬局開設の許可基準とされた距離

制限について，立法目的達成にとっての必要性・合理性を支える立法事実があるか否かを検討し，結局，違憲とした。202頁参照。→合憲性推定の原則，薬事法距離制限違憲判決

両院協議会　法律，予算，条約，内閣総理大臣の指名などの国会審議で両院の意見が一致しないとき，異なる意見を調整して成案を作るために設けられる臨時の合議機関。各議院で選挙された10人ずつの委員で組織される。この両院協議会は法律案の議決については任意的であるが，他の案件については必要的である。165頁参照。→独立活動の原則

令状主義　恣意的な人身の自由の侵害などを防止するために，人，住居および物に対する強制捜査となる逮捕，捜索および押収に関しては，憲法33条と35条によって司法官憲（裁判官）が発する令状がなければならないという原則。これは，犯罪捜査に関しては捜査権の濫用がなされないように，これを裁判所が事前に審査して，その適正化をはかろうとするものである。この原則の例外としては，憲法33条の現行犯逮捕があり，この外に逮捕の直後に令状が発せられる刑事訴訟法上の緊急逮捕があるが，この緊急逮捕については，異論もあるが，一般に合憲と解されている。106頁参照。

連帯責任　内閣が共同して追う責任。憲法66条3項は，行政権の行使について，国会に対する内閣の連帯責任を規定する。閣議の決定方法として，慣行上，全会一致制が採用されているのも，この連帯責任による。189頁～190頁参照。

労働基本権（労働三権＝団結権，団体交渉権，団体行動権）　125頁～129頁。

ロッキード事件　アメリカの航空機製造会社のロッキード社が，大型ジェット旅客機トライスターなどの売り込み工作で，同社の販売代理店の丸紅を通じ当時の田中角栄首相に全日空への口利きとして5億円の賄賂を渡したことが発覚し，田中前首相が1976年7月に受託収賄罪などの疑いで逮捕・起訴された事件。東京地裁は，内閣総理大臣が自ら全日空に対して航空機選定購入を直接働きかけることは，内閣総理大臣の職務と密接に関係する行為であるとして，受託収賄罪の成立を認め，懲役4年（および追徴金5億円）の実刑判決を言い渡した。東京高裁もこれを支持したが，上告に至り，最高裁で係争中に田中角栄氏が死去し，判決の確定をえないまま裁判は終了した。

わ～

ワイマール憲法　1919年8月11日に制定されたドイツ共和国憲法。正式には「ドイツ・ライヒ憲法」というが，チューリンゲンのワイマールで制定されたので，通常はこの名でよばれる。日本国憲法25条の生存権の範になったとされる「すべての人に，人たるに値する生存を保障すること」との文言をもった151条や，153条3項「所有権は義務をともなう」は有名である。これらの規定を基に，ワイマール憲法は，世界で最初に社会権を規定した憲法といわれる。13頁，115頁参照。→社会権，生存権

日本国憲法

朕は，日本国民の総意に基いて，新日本建設の礎が，定まるに至つたことを，深くよろこび，枢密顧問の諮詢及び帝国憲法第73条による帝国議会の議決を経た帝国憲法の改正を裁可し，ここにこれを公布せしめる。

御名御璽

昭和21年11月3日

内閣総理大臣兼外務大臣		吉田茂
国務大臣	男爵	幣原喜重郎
司法大臣		木村篤太郎
内務大臣		大村清一
文部大臣		田中耕太郎
農林大臣		和田博雄
国務大臣		斉藤隆夫
逓信大臣		一松定吉
商工大臣		星島二郎
厚生大臣		河合良成
国務大臣		植原悦二郎
運輸大臣		平塚常次郎
大蔵大臣		石橋湛山
国務大臣		金森徳次郎
国務大臣		膳桂之助

日本国憲法

日本国民は，正当に選挙された国会における代表者を通じて行動し，われらとわれらの子孫のために，諸国民との協和による成果と，わが国全土にわたつて自由のもたらす恵沢を確保し，政府の行為によつて再び戦争の惨禍が起ることのないやうにすることを決意し，ここに主権が国民に存することを宣言し，この憲法を確定する。そもそも国政は，国民の厳粛な信託によるものであつて，その権威は国民に由来し，その権力は国民の代表者がこれを行使し，その福利は国民がこれを享受する。これは人類普遍の原理であり，この憲法は，かかる原理に基くものである。われらは，これに反する一切の憲法，法令及び詔勅を排除する。

日本国民は，恒久の平和を念願し，人間相互の関係を支配する崇高な理想を深く自覚するのであつて，平和を愛する諸国民の公正と信義に信頼して，われらの安全と生存を保持しようと決意した。われらは，平和を維持し，専制と隷従，圧迫と偏狭を地上から永遠に除去しようと努めてゐる国際社会において，名誉ある地位を占めたいと思ふ。われらは，全世界の国民が，ひとしく恐怖と欠乏から免かれ，平和のうちに生存する権利を有することを確認する。

われらは，いづれの国家も，自国のことのみに専念して他国を無視してはならないのであつて，政治道徳の法則は，普遍的なものであり，この法則に従ふことは，自国の主権を維持し，他国と対等関係に立たうとする各国の責務であると信ずる。

日本国民は，国家の名誉にかけ，全力をあげてこの崇高な理想と目的を達成することを誓ふ。

第1章　天　皇

第1条　天皇は，日本国の象徴であり日本国民統合の象徴であつて，この地位は，主権の存する日本国民の総意に基く。

第2条　皇位は，世襲のものであつて，国会の議決した皇室典範の定めるところにより，これを継承する。

第3条　天皇の国事に関するすべての行為には，内閣の助言と承認を必要とし，内閣が，その責任を負ふ。

第4条　天皇は，この憲法の定める国事に関する行為のみを行ひ，国政に関する権能を有しない。

②天皇は，法律の定めるところにより，その国事に関する行為を委任することがで

きる。

第5条　皇室典範の定めるところにより摂政を置くときは，摂政は，天皇の名でその国事に関する行為を行ふ。この場合には，前条第1項の規定を準用する。

第6条　天皇は，国会の指名に基いて，内閣総理大臣を任命する。

②天皇は，内閣の指名に基いて，最高裁判所の長たる裁判官を任命する。

第7条　天皇は，内閣の助言と承認により，国民のために，左の国事に関する行為を行ふ。

1　憲法改正，法律，政令及び条約を公布すること。

2　国会を召集すること。

3　衆議院を解散すること。

4　国会議員の総選挙の施行を公示すること。

5　国務大臣及び法律の定めるその他の官吏の任免並びに全権委任状及び大使及び公使の信任状を認証すること。

6　大赦，特赦，減刑，刑の執行の免除及び復権を認証すること。

7　栄典を授与すること。

8　批准書及び法律の定めるその他の外交文書を認証すること。

9　外国の大使及び公使を接受すること。

10　儀式を行ふこと。

第8条　皇室に財産を譲り渡し，又は皇室が，財産を譲り受け，若しくは賜与することは，国会の議決に基かなければならない。

第2章　戦争の放棄

第9条　日本国民は，正義と秩序を基調とする国際平和を誠実に希求し，国権の発動たる戦争と，武力による威嚇又は武力の行使は，国際紛争を解決する手段としては，永久にこれを放棄する。

②前項の目的を達するため，陸海空軍その他の戦力は，これを保持しない。国の交戦権は，これを認めない。

第3章　国民の権利及び義務

第10条　日本国民たる要件は，法律でこれを定める。

第11条　国民は，すべての基本的人権の享有を妨げられない。この憲法が国民に保障する基本的人権は，侵すことのできない永久の権利として，現在及び将来の国民に与へられる。

第12条　この憲法が国民に保障する自由及び権利は，国民の不断の努力によつて，これを保持しなければならない。又，国民は，これを濫用してはならないのであつて，常に公共の福祉のためにこれを利用する責任を負ふ。

第13条　すべて国民は，個人として尊重される。生命，自由及び幸福追求に対する国民の権利については，公共の福祉に反しない限り，立法その他の国政の上で，最大の尊重を必要とする。

第14条　すべて国民は，法の下に平等であつて，人種，信条，性別，社会的身分又は門地により，政治的，経済的又は社会的関係において，差別されない。

②華族その他の貴族の制度は，これを認めない。

③栄誉，勲章その他の栄典の授与は，いかなる特権も伴はない。栄典の授与は，現にこれを有し，又は将来これを受ける者の一代に限り，その効力を有する。

第15条　公務員を選定し，及びこれを罷免することは，国民固有の権利である。

②すべて公務員は，全体の奉仕者であつて，一部の奉仕者ではない。

③公務員の選挙については，成年者による普通選挙を保障する。

④すべて選挙における投票の秘密は，これを侵してはならない。選挙人は，その選択に関し公的にも私的にも責任を問はれ

ない。

第16条　何人も，損害の救済，公務員の罷免，法律，命令又は規則の制定，廃止又は改正その他の事項に関し，平穏に請願する権利を有し，何人も，かかる請願をしたためにいかなる差別待遇も受けない。

第17条　何人も，公務員の不法行為により，損害を受けたときは，法律の定めるところにより，国又は公共団体に，その賠償を求めることができる。

第18条　何人も，いかなる奴隷的拘束も受けない。又，犯罪に因る処罰の場合を除いては，その意に反する苦役に服させられない。

第19条　思想及び良心の自由は，これを侵してはならない。

第20条　信教の自由は，何人に対してもこれを保障する。いかなる宗教団体も，国から特権を受け，又は政治上の権力を行使してはならない。

②何人も，宗教上の行為，祝典，儀式又は行事に参加することを強制されない。

③国及びその機関は，宗教教育その他いかなる宗教的活動もしてはならない。

第21条　集会，結社及び言論，出版その他一切の表現の自由は，これを保障する。

②検閲は，これをしてはならない。通信の秘密は，これを侵してはならない。

第22条　何人も，公共の福祉に反しない限り，居住，移転及び職業選択の自由を有する。

②何人も，外国に移住し，又は国籍を離脱する自由を侵されない。

第23条　学問の自由は，これを保障する。

第24条　婚姻は，両性の合意のみに基いて成立し，夫婦が同等の権利を有することを基本として，相互の協力により，維持されなければならない。

②配偶者の選択，財産権，相続，住居の選定，離婚並びに婚姻及び家族に関するその他の事項に関しては，法律は，個人の尊厳と両性の本質的平等に立脚して，制定されなければならない。

第25条　すべて国民は，健康で文化的な最低限度の生活を営む権利を有する。

②国は，すべての生活部面について，社会福祉，社会保障及び公衆衛生の向上及び増進に努めなければならない。

第26条　すべて国民は，法律の定めるところにより，その能力に応じて，ひとしく教育を受ける権利を有する。

②すべて国民は，法律の定めるところにより，その保護する子女に普通教育を受けさせる義務を負ふ。義務教育は，これを無償とする。

第27条　すべて国民は，勤労の権利を有し，義務を負ふ。

②賃金，就業時間，休息その他の勤労条件に関する基準は，法律でこれを定める。

③児童は，これを酷使してはならない。

第28条　勤労者の団結する権利及び団体交渉その他の団体行動をする権利は，これを保障する。

第29条　財産権は，これを侵してはならない。

②財産権の内容は，公共の福祉に適合するやうに，法律でこれを定める。

③私有財産は，正当な補償の下に，これを公共のために用ひることができる。

第30条　国民は，法律の定めるところにより，納税の義務を負ふ。

第31条　何人も，法律の定める手続によらなければ，その生命若しくは自由を奪はれ，又はその他の刑罰を科せられない。

第32条　何人も，裁判所において裁判を受ける権利を奪はれない。

第33条　何人も，現行犯として逮捕される場合を除いては，権限を有する司法官憲が発し，且つ理由となつてゐる犯罪を明示する令状によらなければ，逮捕されない。

第34条　何人も，理由を直ちに告げられ，且つ，直ちに弁護人に依頼する権利を与へられなければ，抑留又は拘禁されない。又，何人も，正当な理由がなければ，拘禁されず，要求があれば，その理由は，直ちに本人及びその弁護人の出席する公開の法廷で示されなければならない。

第35条　何人も，その住居，書類及び所持品について，侵入，捜索及び押収を受けることのない権利は，第33条の場合を除いては，正当な理由に基いて発せられ，且つ捜索する場所及び押収する物を明示する令状がなければ，侵されない。

②捜索又は押収は，権限を有する司法官憲が発する各別の令状により，これを行ふ。

第36条　公務員による拷問及び残虐な刑罰は，絶対にこれを禁ずる。

第37条　すべて刑事事件においては，被告人は，公平な裁判所の迅速な公開裁判を受ける権利を有する。

②刑事被告人は，すべての証人に対して審問する機会を充分に与へられ，又，公費で自己のために強制的手続により証人を求める権利を有する。

③刑事被告人は，いかなる場合にも，資格を有する弁護人を依頼することができる。被告人が自らこれを依頼することができないときは，国でこれを附する。

第38条　何人も，自己に不利益な供述を強要されない。

②強制，拷問若しくは脅迫による自白又は不当に長く抑留若しくは拘禁された後の自白は，これを証拠とすることができない。

③何人も，自己に不利益な唯一の証拠が本人の自白である場合には，有罪とされ，又は刑罰を科せられない。

第39条　何人も，実行の時に適法であつた行為又は既に無罪とされた行為については，刑事上の責任を問はれない。又，同一の犯罪について，重ねて刑事上の責任を問はれない。

第40条　何人も，抑留又は拘禁された後，無罪の裁判を受けたときは，法律の定めるところにより，国にその補償を求めることができる。

第4章　国　会

第41条　国会は，国権の最高機関であって，国の唯一の立法機関である。

第42条　国会は，衆議院及び参議院の両議院でこれを構成する。

第43条　両議院は，全国民を代表する選挙された議員でこれを組織する。

②両議院の議員定数は，法律でこれを定める。

第44条　両議院の議員及びその選挙人の資格は法律でこれを定める。但し，人種，信条，性別，社会的身分，門地，教育，財産又は収入によつて差別してはならない。

第45条　衆議院議員の任期は，4年とする。但し，衆議院解散の場合には，その期間満了前に終了する。

第46条　参議院議員の任期は，6年とし，3年ごとに議員の半数を改選する。

第47条　選挙区，投票の方法その他両議院の議員の選挙に関する事項は，法律でこれを定める。

第48条　何人も，同時に両議院の議員たることはできない。

第49条　両議院の議員は，法律の定めるところにより，国庫から相当額の歳費を受ける。

第50条　両議院の議員は，法律の定める場合を除いては，国会の会期中逮捕されず，会期前に逮捕された議員は，その議院の要求があれば，会期中これを釈放しなければならない。

第51条　両議院の議員は，議院で行つた演説，討論又は表決について，院外で責任を問はれない。

第52条　国会の常会は，毎年１回これを召集する。

第53条　内閣は，国会の臨時会の召集を決定することができる。いづれかの議院の総議員の４分の１以上の要求があれば，内閣は，その召集を決定しなければならない。

第54条　衆議院が解散されたときは，解散の日から40日以内に，衆議院議員の総選挙を行ひ，その選挙の日から30日以内に，国会を召集しなければならない。

②衆議院が解散されたときは，参議院は，同時に閉会となる。但し，内閣は，国に緊急の必要があるときは，参議院の緊急集会を求めることができる。

③前項但書の緊急集会において採られた措置は，臨時のものであつて，次の国会開会の後10日以内に，衆議院の同意がない場合には，その効力を失ふ。

第55条　両議院は，各々その議員の資格に関する争訟を裁判する。但し，議員の議席を失はせるには，出席議員の３分の２以上の多数による議決を必要とする。

第56条　両議院は，各々その総議員の３分の１以上の出席がなければ，議事を開き議決することができない。

②両議院の議事は，この憲法に特別の定のある場合を除いては，出席議員の過半数でこれを決し，可否同数のときは，議長の決するところによる。

第57条　両議員の会議は，公開とする。但し，出席議員の３分の２以上の多数で議決したときは，秘密会を開くことができる。

②両議院は，各々その会議の記録を保存し，秘密会の記録の中で特に秘密を要すると認められるもの以外は，これを公表し，且つ一般に頒布しなければならない。

③出席議員の５分の１以上の要求があれば，各議員の表決は，これを会議録に記載しなければならない。

第58条　両議院は，各々その議長その他の役員を選任する。

②両議院は，各々その会議その他の手続及び内部の規律に関する規則を定め，又，院内の秩序をみだした議員を懲罰することができる。但し，議員を除名するには，出席議員の３分の２以上の多数による議決を必要とする。

第59条　法律案は，この憲法に特別の定のある場合を除いては，両議院で可決したとき法律となる。

②衆議院で可決し，参議院でこれと異なった議決をした法律案は，衆議院で出席議員の３分の２以上の多数で再び可決したときは，法律となる。

③前項の規定は，法律の定めるところにより，衆議院が，両議院の協議会を開くことを求める事を妨げない。

④参議院が，衆議院の可決した法律案を受け取つた後，国会休会中の期間を除いて60日以内に，議決しないときは，衆議院は，参議院がその法律案を否決したものとみなすことができる。

第60条　予算は，さきに衆議院に提出しなければならない。

②予算について，参議院で衆議院と異なった議決をした場合に，法律の定めるところにより，両議院の協議会を開いても意見が一致しないとき，又は参議院が，衆議院の可決した予算を受け取った後，国会休会中の期間を除いて30日以内に，議決しないときは，衆議院の議決を国会の議決とする。

第61条　条約の締結に必要な国会の承認については，前条第２項の規定を準用する。

第62条　両議院は，各々国政に関する調査を行ひ，これに関して，証人の出頭及び証言並びに記録の提出を要求することができる。

第63条　内閣総理大臣その他の国務大臣は，両議院の１に議席を有すると有しないとにかかはらず，何時でも議案について発言するため議院に出席することができる。又，答弁又は説明のため出席を求められたときは，出席しなければならない。

第64条　国会は，罷免の訴追を受けた裁判官を裁判するため，両議院の議員で組織する弾劾裁判所を設ける。

②弾劾に関する事項は，法律でこれを定める。

第5章　内　閣

第65条　行政権は，内閣に属する。

第66条　内閣は，法律の定めるところにより，その首長たる内閣総理大臣及びその他の国務大臣でこれを組織する。

②内閣総理大臣その他の国務大臣は，文民でなければならない。

③内閣は，行政権の行使について，国会に対し連帯して責任を負ふ。

第67条　内閣総理大臣は，国会議員の中から国会の議決で，これを指名する。この指名は，他のすべての案件に先だつて，これを行ふ。

②衆議院と参議院とが異なつた指名の議決をした場合に，法律の定めるところにより，両議院の協議会を開いても意見が一致しないとき，又は衆議院が指名の議決をした後，国会休会中の期間を除いて10日以内に，参議院が，指名の議決をしないときは，衆議院の議決を国会の議決とする。

第68条　内閣総理大臣は，国務大臣を任命する。但し，その過半数は，国会議員の中から選ばれなければらない。

②内閣総理大臣は，任意に国務大臣を罷免することができる。

第69条　内閣は，衆議院で不信任の決議案を可決し，又は信任の決議案を否決したときは，10日以内に衆議院が解散されない限り，総辞職をしなければならない。

第70条　内閣総理大臣が欠けたとき，又は衆議院議員総選挙の後に初めて国会の召集があつたときは，内閣は，総辞職をしなければならない。

第71条　前2条の場合には，内閣は，あらたに内閣総理大臣が任命されるまで引き続きその職務を行ふ。

第72条　内閣総理大臣は，内閣を代表して議案を国会に提出し，一般国務及び外交関係について国会に報告し，並びに行政各部を指揮監督する。

第73条　内閣は，他の一般行政事務の外，左の事務を行ふ。

1　法律を誠実に執行し，国務を総理すること。

2　外交関係を処理すること。

3　条約を締結すること。但し，事前に，時宜によつては事後に，国会の承認を経ることを必要とする。

4　法律の定める基準に従ひ，官吏に関する事務を掌理すること。

5　予算を作成して国会に提出すること。

6　この憲法及び法律の規定を実施するために，政令を制定すること。但し，政令には，特にその法律の委任がある場合を除いては，罰則を設けることができない。

7　大赦，特赦，減刑，刑の執行の免除及び復権を決定すること。

第74条　法律及び政令には，すべて主任の国務大臣が署名し，内閣総理大臣が連署することを必要とする。

第75条　国務大臣は，その在任中，内閣総理大臣の同意がなければ，訴追されない。但し，これがため，訴追の権利は，害されない。

第6章　司　法

第76条　すべて司法権は，最高裁判所及び法律の定めるところにより設置する下級裁判所に属する。

②特別裁判所は，これを設置することができない。行政機関は，終審として裁判を行ふことができない。

③すべて裁判官は，その良心に従ひ独立してその職権を行ひ，この憲法及び法律にのみ拘束される。

第77条　最高裁判所は,訴訟に関する手続，弁護士，裁判所の内部規律及び司法事務処理に関する事項について，規則を定める権限を有する。

②検察官は，最高裁判所の定める規則に従はなければならない。

③最高裁判所は，下級裁判所に関する規則を定める権限を，下級裁判所に委任することができる。

第78条　裁判官は，裁判により，心身の故障のために職務を執ることができないと決定された場合を除いては，公の弾劾によらなければ罷免されない。裁判官の懲戒処分は，行政機関がこれを行ふことはできない。

第79条　最高裁判所は，その長たる裁判官及び法律の定める員数のその他の裁判官でこれを構成し，その長たる裁判官以外の裁判官は，内閣でこれを任命する。

②最高裁判所の裁判官の任命は，その任命後初めて行はれる衆議院議員総選挙の際国民の審査に付し，その後十年を経過した後初めて行はれる衆議院議員総選挙の際更に審査に付し,その後も同様とする。

③前項の場合において，投票者の多数が裁判官の罷免を可とするときは，その裁判官は，罷免される。

④審査に関する事項は，法律でこれを定める。

⑤最高裁判所の裁判官は，法律の定める年齢に達した時に退官する。

⑥最高裁判所の裁判官は，すべて定期に相当額の報酬を受ける。この報酬は，在任中，これを減額することができない。

第80条　下級裁判所の裁判官は，最高裁判所の指名した者の名簿によつて，内閣でこれを任命する。その裁判官は，任期を10年とし，再任されることができる。但し，法律の定める年齢に達した時には退官する。

②下級裁判所の裁判官は，すべて定期に相当額の報酬を受ける。この報酬は在任中，これを減額することができない。

第81条　最高裁判所は，一切の法律，命令，規則又は処分が憲法に適合するかしないかを決定する権限を有する終審裁判所である。

第82条　裁判の対審及び判決は，公開法廷でこれを行ふ。

②裁判所が，裁判官の全員一致で，公の秩序又は善良の風俗を害する虞があると決した場合には，対審は，公開しないでこれを行ふことができる。但し，政治犯罪，出版に関する犯罪又はこの憲法第３章で保障する国民の権利が問題となつてゐる事件の対審は，常にこれを公開しなければならない。

第７章　財　政

第83条　国の財政を処理する権限は，国会の議決に基いて，これを行使しなければならない。

第84条　あらたに租税を課し，又は現行の租税を変更するには，法律又は法律の定める条件によることを必要とする。

第85条　国費を支出し，又は国が債務を負担するには，国会の議決に基くことを必要とする。

第86条　内閣は，毎会計年度の予算を作成し，国会に提出して，その審議を受け議決を経なければならない。

第87条　予見し難い予算の不足に充てるため，国会の議決に基いて予備費を設け，内閣の責任でこれを支出することができる。

②すべて予備費の支出については，内閣は，事後に国会の承諾を得なければならない。

第88条　すべて皇室財産は，国に属する。すべて皇室の費用は，予算に計上して国会の議決を経なければならない。

第89条　公金その他の公の財産は，宗教上の組織若しくは団体の使用，便益若しくは維持のため，又は公の支配に属しない慈善，教育若しくは博愛の事業に対し，これを支出し，又はその利用に供してはならない。

第90条　国の収入支出の決算は，すべて毎年会計検査院がこれを検査し，内閣は，次の年度に，その検査報告とともに，これを国会に提出しなければならない。

②会計検査院の組織及び権限は，法律でこれを定める。

第91条　内閣は，国会及び国民に対し，定期に，少くとも毎年1回，国の財政状況について報告しなければならない。

第8章　地方自治

第92条　地方公共団体の組織及び運営に関する事項は，地方自治の本旨に基いて，法律でこれを定める。

第93条　地方公共団体には，法律の定めるところにより，その議事機関として議会を設置する。

②地方公共団体の長，その議会の議員及び法律の定めるその他の吏員は，その地方公共団体の住民が，直接これを選挙する。

第94条　地方公共団体は，その財産を管理し，事務を処理し，及び行政を執行する機能を有し，法律の範囲内で条例を制定することができる。

第95条　1の地方公共団体のみに適用される特別法は，法律の定めるところにより，その地方公共団体の住民の投票においてその過半数の同意を得なければ，国会は，これを制定することができない。

第9章　改　正

第96条　この憲法の改正は，各議院の総議員の3分の2以上の賛成で，国会が，これを発議し，国民に提案してその承認を経なければならない。この承認には，特別の国民投票又は国会の定める選挙の際行はれる投票において，その過半数の賛成を必要とする。

②憲法改正について前項の承認を経たときは，天皇は，国民の名で，この憲法と一体を成すものとして，直ちにこれを公布する。

第10章　最高法規

第97条　この憲法が日本国民に保障する基本的人権は，人類の多年にわたる自由獲得の努力の成果であつて，これらの権利は，過去幾多の試練に堪へ，現在及び将来の国民に対し，侵すことのできない永久の権利として信託されたものである。

第98条　この憲法は，国の最高法規であつて，その条規に反する法律，命令，詔勅及び国務に関するその他の行為の全部又は一部は，その効力を有しない。

②日本国が締結した条約及び確立された国際法規は，これを誠実に遵守することを必要とする。

第99条　天皇又は摂政及び国務大臣，国会議員，裁判官その他の公務員は，この憲法を尊重し擁護する義務を負ふ。

第11章　補　則

第100条　この憲法は，公布の日から起算して6箇月を経過した日（昭22・5・3）から，これを施行する。

②この憲法を施行するために必要な法律の制定，参議院議員の選挙及び国会召集の手続並びにこの憲法を施行するために必要な準備手続は，前項の期日よりも前に，これを行ふことができる。

第101条　この憲法施行の際，参議院がまだ成立してゐないときは，その成立するまでの間，衆議院は，国会としての権限を行ふ。

第102条　この憲法による第1期の参議院議員のうち，その半数の者の任期は，これを3年とする。その議員は，法律の定めるところにより，これを定める。

第103条　この憲法施行の際現に在職する国務大臣，衆議院議員及び裁判官並びにその他の公務員で，その地位に相応する地位がこの憲法で認められてゐる者は，法律で特別の定をした場合を除いては，この憲法施行のため，当然にはその地位を失ふことはない。但し，この憲法によつて，後任者が選挙又は任命されたときは，当然その地位を失ふ。

◆編者・執筆者紹介

高乗　正臣（たかのり　まさおみ）
（平成国際大学名誉教授）　〈第２章，第４章―第１節～第５節〉
奥村　文男（おくむら　ふみお）
（大阪国際大学名誉教授）　〈第５章―第１節〉
青柳　卓弥（あおやぎ　たくや）
（平成国際大学教授）　〈第１章〉
太田　航平（おおた　こうへい）
（平成国際大学准教授）　〈第５章―第７節～第８節〉
杉山　幸一（すぎやま　こういち）
（日本大学教授）　〈第５章―第６節〉
髙澤　弘明（たかざわ　ひろあき）
（日本大学准教授）　〈第５章―第３節〉
高乗　智之（たかのり　ともゆき）
（国士館大学教授）　〈第４章―第10節～第11節〉
成瀬トーマス誠（なるせ　とーます　まこと）
（国士舘大学准教授）　〈第５章―第５節〉
松村　比奈子（まつむら　ひなこ）
（拓殖大学講師）　〈第５章―第４節〉
村松　伸治（むらまつ　しんぢ）
（日本文化大學教授）　〈第４章―第６節～第９節〉
山﨑　将文（やまさき　まさふみ）
（京都橘大学教授）　〈第３章〉〈憲法用語の基礎知識〉
吉田　直正（よしだ　なおまさ）
（近畿大学講師）　〈第５章―第２節〉

プラクティス
法学実践教室 Ⅱ ［第５版］　《憲法編》

平成14年４月10日　初　版第１刷発行
平成15年４月10日　補正版第１刷発行
平成18年４月10日　第２版第１刷発行
平成22年４月10日　第３版第１刷発行
平成29年３月10日　第４版第１刷発行
令和５年12月20日　第５版第１刷発行

編著者　高乗正臣
　　　　奥村文男

発行者　阿部成一

〒162-0041 東京都新宿区早稲田鶴巻町514番地
発行所　株式会社　成文堂
電話 03(3203)9201(代)　☆振替 00190-3-66099
Fax 03(3203)9206
http://www.seibundoh.co.jp

製版・印刷・製本　藤原印刷

ISBN 978-4-7923-0725-7 C3032　**検印省略**

定価（本体2000円＋税）